Frostig / Müller
Teilleistungsstörungen

Teilleistungsstörungen

Ihre Erkennung und Behandlung bei Kindern

Herausgegeben von
Marianne Frostig und Helmuth Müller

Mit Beiträgen von
Ernst Berger
Beatrice von Bernuth
Wolfgang Dornette
Marianne Frostig
Helmuth Müller
Christa Seidel
Eleanor M. Semel

Mit 14 Abbildungen, davon 7 auf 4 Farbtafeln

Urban & Schwarzenberg · München-Wien-Baltimore 1981

Anschriften der Herausgeber

Dr. Marianne Frostig, Professor of Special Education and Scholar in Residences, Mount St. Mary's College, Doheny Campus, 10 Chester Place, Los Angeles, California 90007, USA.

Prof. Dr. Helmuth Müller, Flüggenstr. 10, D-8000 München 19.

Anschriften der Mitarbeiter

Dr. Ernst Berger, Univ.-Klinik für Neuropsychiatrie des Kindes- und Jugendalters (Vorstand Prof. Dr. W. Spiel), Währinger Gürtel 74–76, A-1090 Wien.

Beatrice von Bernuth, Kirchrather Str. 31, D-5100 Aachen.

Dr. Wolfgang Dornette, Kinderneurologisches Zentrum des Landes Rheinland-Pfalz (Direktor Prof. Dr. J. Pechstein), Kerschensteiner-Str. 94, D-6500 Mainz.

Dr. Christa Seidel, Dipl.-Psych., Dahlmannstr. 23, D-3400 Göttingen.

Dr. Eleanor M. Semel, Boston University, 765 Commonwealth Ave., Boston, Mass. 02215, USA.

CIP-Kurztitelaufnahme der Deutschen Bibliothek

Teilleistungsstörungen : ihre Erkennung u. Behandlung bei Kindern / hrsg. von Marianne Frostig u. Helmuth Müller. Beitr. von Ernst Berger ... – München ; Wien ; Baltimore : Urban und Schwarzenberg, 1981.
  ISBN 3-541-08781-1
NE: Frostig, Marianne [Hrsg.]; Berger, Ernst [Mitverf.]

Gebrauchsnamen, Handelsnamen, Warenbezeichnungen und dergleichen, die in diesem Buch ohne besondere Kennzeichnung aufgeführt sind, berechtigen nicht zu der Annahme, daß solche Namen ohne weiteres von jedem benützt werden dürfen. Vielmehr kann es sich auch dann um gesetzlich geschützte Warenzeichen handeln.
Alle Rechte, auch die des Nachdruckes, der Wiedergabe in jeder Form und der Übersetzung in andere Sprachen, behalten sich Urheber und Verleger vor. Es ist ohne schriftliche Genehmigung des Verlages nicht erlaubt, das Buch oder Teile daraus auf photomechanischem Weg (Photokopie, Mikrokopie) zu vervielfältigen oder unter Verwendung elektronischer bzw. mechanischer Systeme zu speichern, systematisch auszuwerten oder zu verbreiten (mit Ausnahme der in den §§ 53, 54 URG ausdrücklich genannten Sonderfälle).
Satz und Druck: Tagblatt-Druckerei, Haßfurt. Printed in Germany.

© Urban & Schwarzenberg 1981

ISBN 3-541-08781-1

Inhaltsverzeichnis

Kapitel I
Motivation zu diesem Buch *(Helmuth Müller)* 1

Schulversagen 1
Intelligenz der Kinder 1
Perzeptionsdefizite und die Erkenntnisse von Marianne Frostig 2
    Teilleistungsstörungen 2
        Ein schwieriger Fall 3
Zu diesem Buch 6

Kapitel II
Grundfragen zur perzeptiven und kognitiven Entwicklung des Kindes;
Prinzipien der Diagnostik und der Behandlung
spezifischer Lernstörungen *(Marianne Frostig)* 8

Einleitung 8
Stufen der perzeptiven und frühen kognitiven Entwicklung 10
        Die sensomotorische Phase 12
        Die Phase maximaler Sprachentwicklung 13
        Die Phase der maximalen Entwicklung der visuellen Wahrnehmung 14
        Auditive Wahrnehmung 15
Die Entwicklung höherer kognitiver, sozialer und emotionaler
Fähigkeiten 15
        Die Entwicklung der Vorstellung 16
        Die Bedeutung der integrativen Funktion 16
        Die soziale und emotionale Entwicklung 17
Diagnostik 19
    Screening und psychometrische Tests für Kleinkinder und Schulkinder
    mit Lernstörungen 19
        Überprüfung durch den Lehrer 20
        Psychometrische Bewertung 21
        Die Diagnose sensomotorischer Funktionen 22
        Sprache 23
        Wahrnehmungsfunktionen 23

Auditive Wahrnehmung	26
Höhere kognitive Prozesse	27
Behandlung	29
Sozial Benachteiligte	29
Unterstützung der Mütter	29
Prinzipien der Therapie von spezifischen Lernstörungen	31
Förderung kognitiver und kommunikativer Fähigkeiten	32
Verbesserung psychischer Funktionen und der Lernfähigkeit	33
Die Behandlung sensomotorischer Funktionen	33
Sprachtraining	34
Die Schulung der visuellen Wahrnehmungsfähigkeit	36
Die Ausbildung höherer kognitiver Funktionen	38
Besserung globaler Verhaltensstörungen	40
Konzentrationsmangel	40
Aufmerksamkeitstraining	40
Verspieltheit	41
Die Behandlung der Impulsivität	42
Störungen der integrativen Funktionen	44
Unterstützung der emotionalen und sozialen Entwicklung des Kindes	45
Streß und emotionaler Bereich. Kritik des Behaviorismus	45
Disziplin im Klassenzimmer	46
Der Einfluß der Gleichaltrigen-Gruppe auf die soziale Entwicklung	48
Die Beziehung zwischen Erwachsenen und Kindern	49
Die Rolle des Lehrers	49
Die Rolle des Kinderarztes	50
Das Gebot der Stunde: Teamarbeit	52
Fallbeispiele	52
Literaturverzeichnis	55

Kapitel III
Diagnose und Therapie von visuellen
Perzeptionsstörungen *(Christa Seidel)* 58

Einführung	58
Zur Definition	59
Visuelle Perzeptionsstörung bei psycho-organischem Syndrom	60
Diagnose von visuellen Perzeptionsstörungen	61
Der M. Frostig Entwicklungstest der visuellen Perzeption	65
Therapie	68
Notwendigkeit der Therapie von Wahrnehmungsstörungen	68

Zielsetzung der Frostig-Therapie	69
Ausbildung der Therapeuten und Anwendungsbereiche	69
Voraussetzungen zur Durchführung der Frostig-Therapie	70
Auswahl der Patienten	70
Alter der Patienten	70
Therapieform als Einzel- oder Gruppentherapie	70
Therapieraum	70
Methodische Hinweise	71
Therapiedauer	75
Das Frostig-Therapieprogramm (Übersicht)	75
Visuo-motorische Koordination (VM)	77
Vorübungen (VM)	78
Arbeitsbogen (VM)	79
Figur-Grundwahrnehmung (FG)	79
Vorübungen (FG)	80
Arbeitsbogen (FG)	80
Wahrnehmungskonstanz (WK)	80
Vorübungen (WK)	81
Arbeitsbogen (WK)	81
Wahrnehmung der Raumlage (RL)	81
Vorübungen (RL)	82
Arbeitsbogen (RL)	84
Wahrnehmung räumlicher Beziehungen (RB)	84
Vorübungen (RB)	85
Arbeitsbogen (RB)	85
Fallbeispiel (Diagnostik und Therapieverlauf in der Langzeitbeobachtung)	85
Literaturverzeichnis	94

Kapitel IV
Funktionale Grundlagen und Teilleistungsstörungen in ihrer Auswirkung auf die Sprachentwicklung des Kindes *(Wolfgang Dornette)* 99

Was ist Sprache?	99
Funktionale Grundlagen der Sprache	100
Die Sprechwerkzeuge	100
Die zentralnervösen Sprachzentren	101
Zentralnervös-motorische Grundlagen	101
Sensorisch-perzeptive Grundlagen	102
Auditive Perzeption und Sprache	103

    Taktil-kinästhetische Perzeption und Sprache 105
    Visuelle Perzeption und Sprache 106
    Die Steuerfunktionen des Frontallappengebietes 107
    Die Integration modalitätsspezifischer und steuernder Funktionen als Grundlage der Sprache 107
Die Entwicklung der Sprache und der ihr zugrundeliegenden sensomotorischen Funktionen 108
    Die Entwicklung der Wahrnehmungen 108
        Modalitätsspezifische Entwicklung 108
        Intermodale Entwicklung 109
        Seriale Integrationsentwicklung 109
    Die Entwicklung der Motorik 110
    Die Entwicklung der Sprache 110
    Die Entwicklung der Sprache: Reifung oder Umwelteinfluß? 113
Teilleistungsstörungen und Sprachentwicklung 114
    Modalitätsspezifische Störungen 120
        Zentral-auditive Störungen 120
        Taktil-kinästhetische und feinmotorische Störungen 122
        Zentral-visuelle Störungen 122
    Intermodale Störungen 123
    Seriale Integrationsstörungen 123
Hinweise zur Diagnostik 124
Hinweise zur Therapie 125
Literaturverzeichnis 125

Kapitel V
Diagnose und Behandlung des gestörten Sprachverständnisses und der Sprechfähigkeit *(Eleanor M. Semel)* 127

Welche Momente erregen Verdacht auf auditive Perzeptionsstörungen? 127
    Beispiele 127
    Hören, Auswählen und Verstehen 127
    Verdachtsmomente 128
Auditive Perzeption ist unerläßlich! 129
    Das Lesen 130
    Die kognitiven Prozesse 131
    Die zwischenmenschlichen Beziehungen 131
    Das Überleben in unserer geräuschvollen Welt 131
Kinder mit gestörter auditiver Perzeption 132
    Der auditive Prozeß 133

Zur Diagnostik 135
Phonologie 138
   Auditive Aufmerksamkeit 138
   Auditive Lokalisation 139
   Figur/Hintergrund-Diskrimination im auditiven Bereich 140
   Auditive Diskrimination 141
   Erkennen auditiver Sequenzen 142
Linguistik 143
   Synthese und Analyse 143
   Auditive Ergänzung 144
   Auditive Syntax 145
   Morphologie 146
   Auditive Segmentation 147
Semantik/Kognition 147
   Vokabularspezifische Störungen 147
   Klassifikation 149
   Beziehungen 149
   Gedächtnis 150
   Auditiv-visuelle Koordination 151
Therapie 151
   Das Semel Auditory Processing Program 152
     Lehrbeispiele 152
     Allgemeine Hinweise 158
     Spezielle Hinweise für Lehrer 160
   Phonetische Hilfsmittel 160
   Taktil-kinästhetische Hilfsmittel 160
   Visuelle Hilfsmittel 160
Literaturverzeichnis 161

Kapitel VI
Legasthenie *(Beatrice von Bernuth)* 162

Einführung in das Problem der Lese- und Rechtschreibschwierigkeiten
(Legasthenie) 162
   Allgemeine Beschreibung 162
   Allgemeine Fragestellungen 163
Zur Theorie der Legasthenie-Forschung 163
   Die medizinische Forschung 163
   Die physiologisch-psychologische Forschung 165
     Der physiologisch-experimentalpsychologische Abschnitt 165

    Der testpsychologische Abschnitt 165
    Die psychologisch-pädagogische Forschung 170
Der Umgang mit dem Problem der Legasthenie 172
    Grundannahmen als Ausgangspunkt für Fördermaßnahmen 172
    Ermittlung notwendiger Maßnahmen 173
Durchführung einer Legasthenie-Behandlung 180
    Förderung durch Legasthenie-Therapie 183
    Behandlungserfolg 185
Zusammenfassung 186
Literaturverzeichnis 186

Kapitel VII
Modellvorstellungen zum Problem der hirnfunktionellen Bedingungen von Perzeptions- und Teilleistungsstörungen *(Ernst Berger)* 189

Problemstellung 189
    Konzepte 189
Neuropsychologie 190
Neuropsychologische Modelle 191
    Funktionelle Hirnorgane 191
        Tierversuche und anatomische Korrelate 192
        Konsequenzen für Teilleistungsstörungen bei Kindern 193
    Analytisch-synthetischer Perzeptionsvorgang 194
        Reafferenzprinzip 194
        Supramodale Integration 195
        Kodierung 196
    Höhere psychische Funktionen 197
        Motivation, Aufmerksamkeit 197
        Wahrnehmung – Sprache – Denken 198
Konsequenzen aus den neuropsychologischen Forschungsergebnissen . 199
Literaturverzeichnis 199

Kapitel I
Motivation zu diesem Buch

Helmuth Müller, München

Schulversagen

Von Jahr zu Jahr versagen mehr Kinder in der Schule, nicht nur in Deutschland, sondern z. B. auch in den USA. Die betroffenen Eltern sind verzweifelt und sehen mit den ersten schulischen Mißerfolgen ihre Hoffnungen auf einen späteren gehobenen Beruf ihres Kindes dahinschwinden. Pädagogen suchen die Schuld für die schlechten Leistungen in „Unkonzentriertheit" und in außerschulischen Einflüssen, Hausärzte schließlich wollen nicht glauben, daß Kinder, die sie jahrelang in Betreuung hatten und für intelligent hielten, spezifische Lernstörungen aufweisen sollen. Was ist der Grund für solche Lernschwierigkeiten? Hatten sie sich nicht bereits weit früher, z. B. im Kindergarten, angekündigt? Was soll man tun? Wo soll die Nachhilfe einsetzen? Je größer der Druck von den Eltern wird, je gründlicher die „Nachhilfe" bei den Hausaufgaben einsetzt, desto schlechter ist oft der Erfolg und desto trotziger oder auch stiller wird das Kind. Denn am meisten leiden die Kinder selbst unter ihrer Unfähigkeit, den Schulanforderungen gerecht zu werden und in der Klasse zu bestehen.

Intelligenz der Kinder

Die Aufmerksamkeit auf Fehlentwicklungen des Intellektes und der Auffassungsgabe von Kindern ist bei allen, die sich mit Krankheitsfrüherkennung und mit Erziehung von Kindern von Berufs wegen zu befassen haben, in den letzten Jahren sehr viel größer geworden. Vorlagen über Entwicklungsprofile, was ein Kind zu diesem oder jenem Alterszeitpunkt zu leisten habe, und sog. Screening-Tests werden auch von Eltern in Anspruch genommen, so daß mehr Kinder als „auffällig" zu den Kinderärzten gebracht werden, welche dann entscheiden sollen, ob das Kind noch normal sei oder sich bereits anomal verhalte. Dabei wird oft übersehen, daß Leistung nicht Intelligenz und Intelligenz schon gar nicht das Ergebnis dessen ist, was bestimmte globale Intelligenzleistungstests in einer Zahl, z. B. IQ (Intelligenzquotient) oder EQ (Entwicklungsquotient) = 1,0 oder 100 ausdrücken. Dabei soll keineswegs verkannt werden, daß extreme Ergebnisse nach oben gute Intelligenz und solche nach unten eine intellektuelle Minderleistung sehr wahrscheinlich machen, aber sie schließen nicht aus, daß auch bei Hochbegabten Teilleistungsstörungen vorkommen. Spezifische Teilleistungsstörungen sind, graduell unterschiedlich, bei insgesamt schwacher Begabung häufiger als bei guter. Ja, man kann sogar sagen, die Suche nach besonderen Schwächen und Stärken eines Kindes habe gerade dann einzusetzen, wenn eine Gesamtschwäche der intellektuellen Leistungen, im weitesten Sinn: Lernstörungen, vorliegen. Dabei spielt es eine untergeordnete Rolle, welche pathogenetischen Ursachen dieser Leistungsschwäche zugrunde liegen, wobei selbstverständlich besondere, z. B. neurologisch faßbare Sinnes- oder Bewegungsstörungen mit ihren integrativen Behinderungen bei der Aufstellung eines Behandlungsplanes berücksichtigt werden müssen.

Perzeptionsdefizite und die Erkenntnisse von Marianne Frostig

Die Erkenntnis, daß viele Lernstörungen Folge bestimmter Schwächen der Wahrnehmung (Perzeption), des Verstehens und der Einsicht (Kognition) sowie der Sprache sind, ist noch nicht Allgemeingut aller Erziehenden, aller Jugendpsychologen und Kinderärzte geworden. Damit ist die Motivation zu diesem Buch gegeben. Es ist das unvergängliche Verdienst von Frau Marianne Frostig, durch ihre Untersuchungen über Störungen der visuellen Perzeption dazu beigetragen zu haben, Lernstörungen besser einzugrenzen, sie testen und vor allem: sie zu behandeln. Dabei ist Marianne Frostig längst darüber hinausgewachsen, die Ursache von Lernstörungen allein oder gar vorwiegend in einer Entwicklungshemmung einzelner perzeptiver Fähigkeiten zu sehen; sie ist im Gegenteil der Meinung, daß es sich gewöhnlich um eine Kombination unterschiedlicher Störungen handelt, die in der Therapie berücksichtigt werden müssen, wobei jedoch die gestörten Perzeptionsfähigkeiten besonders störend, aber auch trainierbar sind, wie es die Bücher und die Vorträge, die Marianne Frostig in aller Welt gehalten hat, nachweisen.

Teilleistungsstörungen

Unter Teilleistungsstörungen, englisch: specific learning disabilities, wollen wir in diesem Buch solche minderentwickelten Fähigkeiten verstehen, die im Vergleich zur sonstigen intellektuellen Entwicklung zurückgeblieben sind. Diese spezifischen Lernstörungen kommen bei hochintelligenten, durchschnittlich intelligenten wie minderbegabten Kindern vor.

Um zu verstehen, was mit dieser Definition praktisch gemeint ist, soll ein Kind meiner eigenen Erfahrung geschildert werden.

Ein schwieriger Fall

Jan Z., Sohn eines erfolgreichen, in der Industrie tätigen Vaters und einer kulturell interessierten, intelligenten Mutter, war der erste Junge nach zwei älteren Schwestern. Schwangerschaft und Geburt waren völlig normal verlaufen. Jan entwickelte sich normal, lief pünktlich an seinem ersten, nämlich dem eigentlich zweiten Geburtstag, frei, sprach die ersten Worte mit $1^1/_2$ Jahren, seinen ersten Dreiwortsatz mit knapp 2 Jahren und war mit 3 Jahren auch nachts sauber. Im Kindergarten galt er als sprachlich gewandt, aber nicht gerade ideenreich, im Spiel schloß er sich vielmehr den anderen Kindern an. Er war etwas tolpatschig, und am auffallendsten: er zeichnete und malte nicht und lernte die Uhr nicht und kannte die Farben nicht. Verglich die Mutter die Fähigkeiten ihres 5jährigen Sohnes mit denen der älteren Schwestern im korrespondierenden Alter, so kamen ihr Bedenken, ob man Jan mit 6 Jahren einschulen könne. Sie wußte, daß Mädchen in der Entwicklung schneller seien als Knaben. Es wurde vereinbart, daß man bei dem nun $5^3/_4$ Jahre alten Jungen einen Schulreifetest durchführen solle, dessen Methode nicht bekanntgegeben wurde. Jan bestand jedenfalls diesen Test glatt, nur der Zeichentest fiel schlecht aus. Mengenbegriffe: überdurchschnittlich gut.

So wurde denn Jan mit genau 6 Jahren in eine 1. Schulklasse eingeschult, in der er der damals bevorzugten Ganzwortmethode gemäß im Lesen und Schreiben unterrichtet wurde. Jan, der ehemals lustige Junge, lernte nicht Lesen und lernte nicht Schreiben. Oft saß er vor Verzweiflung starr in seiner Bank, blickte ratlos auf sein Heft herab und kritzelte irgend etwas darauf. Dies wurde noch schlimmer, als die Lehrerin – gepriesen seien ihre pädagogischen Talente! – Jan wegen seiner Unfähigkeit in die Gruppe der Gastarbeiterkinder setzte, die begreiflicherweise nicht Deutsch verstehen und daher auch nicht Deutsch schreiben und lesen lernten. Und weder die Gastarbeiterkinder noch Jan konnten Verse auswendig lernen. Im Rechnen aber glänzte Jan. Und noch etwas konnte er: er schrieb, nein malte vorgeschriebene längere Texte, das Vorbild stets mit seiner Malerei vergleichend, minutiös genau nach. Nur: er hatte keine Ahnung, was er da schrieb. Bei den Diktaten brachte er nichts zu Papier. Den Eltern war klar: In diesem Stadium mußte etwas geschehen. Frau Z. erkannte, daß Jan wohl an einer Lese-Rechtschreibschwäche leide und engagierte eine Lehrerin zur Nachhilfe. Gleichzeitig wurde gegen Ende des 1. Schuljahres eine fachneurologische Untersuchung veranstaltet, die hauptsächlich apparativ abgewickelt wurde: außer einem Echolot mit dem Ergebnis eines auf 9,5 mm erweiterten 3. Hirnventrikels war nichts Auffälliges gefunden worden. Ein Intelligenztest ergab einen IQ von 134. Am Versetzungstermin forderten die Eltern, daß Jan die 1. Klasse wiederholen sollte – er wurde aber versetzt.

Als Jan $7^1/_2$ Jahre alt geworden war und seine deprimierte Stimmung die Eltern mehr und mehr bekümmerte, wurde mir der Junge zur Untersuchung gebracht. Die Hefte Jans und die Diagnose Legasthenie hatte man gleich mitgeliefert. Aber die Sache stellte sich als schwieriger heraus, als ich ursprünglich angenommen hatte. *Im sensomotorischen Bereich* war Jan fast normal entwickelt. Feinbewegungen der Finger und Füße, Schwung und Gleichgewicht machten einen altersnormalen Eindruck. Aber die Grob-Motorik war mehr kraftvoll als geschickt, einen Ball konnte Jan nur selten auffangen. Stehen auf einem Bein: gut. Hüpfen auf

Abb. 1. Jan Z., „Haus, Baum" im Alter von $7^1/_2$ Jahren.

einem Bein: ungeschickt mit groß-ausladenden Armbewegungen. Knöpfeln, Handhabung der Schere und Nadel dagegen waren knapp altersmäßig.

Die mitgebrachten Hefte bewiesen auf den ersten Blick die Lese-Rechtschreibeschwäche. Die *schwere visuelle Perzeptionsstörung* bei sehr guten sonstigen intellektuellen Leistungen überschritt das bei Legasthenie gewohnte Maß jedoch bei weitem: Jan lieferte mit $7^1/_2$ Jahren Zeichnungen wie ein knapp 5jähriges Kind (s. Abb. 1). Dabei war die sprachliche Ausdrucksfähigkeit gut und gewandt. Jan erwies sich als durchaus in der Lage, rechnerisch mit Mengen und Zahlen zu operieren, während Zahlenreihen nachzusprechen oder gar auswendig zu lernen, wie etwa das Einmaleins, nicht möglich war (*auditive Sequenzstörung*). Das Lernen von Versen funktionierte nur, wenn sie in eine Melodie eingebaut waren. Darüber hinaus bestanden Schwierigkeiten, sich die Namen seiner Kameraden zu merken, so daß er zu Hause nicht von ihnen erzählen konnte. Er kaschierte das z. B. so: „Ach Vati, wir beide können uns ja keine Namen merken, wie hieß doch der . . . gleich?" Sobald Jan den Kameraden sah, wußte er auch dessen Namen, so, wie das auch alten Leuten so geht. Die innere Vorstellung von der Gestalt eines recht kurz gewachsenen Freundes, den er einmal beschreiben sollte, fehlte. Ein Wort in Buchstaben aufzulösen, gelang höchst ungenügend, und war es dann richtig zu F-i-s-c-h geworden und hatte er es laut nachgesagt, wußte er beim zweiten Mal vor dem ch plötzlich nicht mehr, welches Wort er buchstabiert hatte: Der Begriff Fisch war nicht gegenwärtig. Dabei war ihm ein Fisch kein Unbekannter, wenn er ihn z. B. im Aquarium oder im Fluß sah.

Jan sah und hörte seiner Mutter gerne zu, wenn sie aus Bilderbüchern vorlas, aber er mußte stets hören und sehen zur gleichen Zeit.

Visuelle und auditive Perzeptionsstörungen hatte ich bereits bei vielen Kindern entdeckt, sowohl bei lerngestörten Schulkindern wie bei Vorschulkindern. Aber erst die Vorträge von Marianne Frostig hatten mir die Systematik der Untersuchung und die Trainingsmöglichkeit vor Augen geführt. Damals, als Jan in meine Sprechstunde kam, gab es die Frostig-Tests noch nicht in deutscher Sprache. Im einzelnen ergaben sich folgende Befunde bei Jan:

Grobneurologische Störungen lagen nicht vor, Motorik s. o. Die visuomotorische Koordination, also die Fähigkeit, kurvige oder gerade oder winklige Linien zwischen Begrenzungen von unterschiedlicher Weite zu führen, entsprach etwa einem 6jährigen Kind. – *Figur-Grund-Wahrnehmung*: Keine Unterscheidungsmöglichkeit. *Wahrnehmungskonstanz*: Ausgesprochen schlecht entwickelt. Wahrnehmung *der Stellung im Raum* und *räumliche Beziehungen*: Ausgesprochen schlecht. (Die Beschreibung der Tests findet sich im Kap. III von Christa Seidel.)

Es wurde den Eltern klargemacht, daß es sich bei Jan nicht um eine konstitutionelle Form der Legasthenie handelt, sondern daß hier so erhebliche visuelle Perzeptionsstörungen vorliegen, daß eine spezielle Therapie arrangiert werden sollte. Besonders auffällig war darüber hinaus, daß der intelligente Junge bei guter sprachlicher Ausdrucksfähigkeit Störungen der akustischen serialen Merkfähigkeit aufwies und daß er die Lücken der visuellen Perzeptionsfähigkeit und des mangelhaften optisch gewonnenen Verständnisses mit der akustischen Schiene bis zu einem gewissen Grade auszugleichen in der Lage war.

Für die Schule ließ dieser Befund weitere Schwierigkeiten erwarten. Jan wurde in die 1. Klasse zurückversetzt, was seine Stimmung sofort verbesserte. In der Klasse fand er alsbald Freunde. Im Sportverein lernte er Fußball und hatte Spaß daran. Im Winter war er ein guter Skiläufer. Eine Nachhilfelehrerin, die angeblich Erfahrungen mit Legasthenie-Kindern hatte, half beim synthetischen Schreiben. Aber es gelang – 1973/74 – nicht, eine Frostig-Therapie zur Förderung der visuellen Perzeption zu organisieren. Allmählich lernte Jan, durch viel Nachsicht, aber auch von Rückschlägen begleitet, zu schreiben, jedoch etwa ein Buch zu lesen, war er bis zum Alter von über 11 Jahren nicht in der Lage. Trotzdem wurde Jan auf Anraten des Rektors der Volksschule in ein humanistisches Gymnasium in eine Klasse versetzt, die sich fast ausschließlich aus Legasthenikern zusammensetzte.

Was wurde aus dem Jungen, den ich nun mehrere Jahre nicht wieder zu Gesicht gekommen hatte? Malen, Zeichnen, Basteln lehnte er bis zum Alter von 14 Jahren völlig ab, Sportnachrichten in der Tageszeitung sowie „Asterix" las er erst ab Ende des 12. Lebensjahres. Aufsätze sind heute mit über 14 Jahren gut, aber besonders im letzten Viertel voller Rechtschreibefehler. Die Versetzungen erfolgten regelmäßig ohne Berücksichtigung der Schreibleistungen bei hoher Bewertung der mündlichen Leistungen. In Mathematik war Jan gut, in Geometrie gab es, begreiflicherweise, große Schwierigkeiten. In Latein war Jan ordentlich, Grammatik machte ihm keine Schwierigkeiten, aber nach wie vor machten sich Merkstörungen bei Vokabeln bemerkbar. Dabei hatte er sich viele Eselsbrücken gebaut, Wortkategorien legte er in unterschiedlichen Farben an etc. In Geographie war er mäßig, Biologie und Geschichte gut, doch wurden stets die mündlichen Leistungen als ungleich besser beurteilt als die schriftlichen. Jan war sozial sehr gut eingeordnet, schließlich wegen seiner sportlichen Kameradschaftlichkeit Klassensprecher. Seine Lieblingsbetätigung: Umgang mit Radio, Hörspielgestaltung, die er auf Band sprach. Geblieben sind Perzeptionsstörungen, aber die allgemeine Orientierungsfähigkeit hat sich gebessert. Die Pubertät hat nun eingesetzt, was ihn in mäßige Opposition zu den älteren Schwestern bringt. Lieblingsspiel: Memory, in dem er alle Mitspieler zu schlagen pflegt.

Jans Stetigkeit, seine Kameradschaftlichkeit und seine kritische Intelligenz, die die Schwächen kompensierten, verhalfen Jan zu einem guten Abschneiden in der Schule. Hätte Jan das Glück gehabt, etwa durch eine spezielle Behandlung der visuellen Perzeption gefördert worden zu sein, hätte er, wie man aus Vergleichsfällen weiß, heute weit weniger Schwierigkeiten. Die Prognose für später muß nach wie vor offenbleiben, zumal in allen gehobenen Berufen Lesen und Verstehen und das Studium aus Büchern unabdingbar sind, es sei denn, er wende sich mehr der Mathematik und Physik zu.

Zu diesem Buch

Der Fall von Jan Z. ist in mancherlei Hinsicht lehrreich. Kinder mit Teilleistungsschwächen haben es immer schwer, zu einem gesunden Selbstwertgefühl zu finden; zu viele Nackenschläge haben sie während ihrer Lernjahre einzustecken.

Spätestens dann, wenn Kindergarten- und Schulkinder verstimmt und traurig sind oder uneinfühlsam aggressiv reagieren, sollte man an das Vorliegen besonderer Leistungsschwächen denken und sie genau darauf hin untersuchen.

Wir alle wissen heute noch immer viel zuwenig von den neurophysiologischen Vorgängen im Gehirn und über die Stufen der Entwicklung, die sich vielfach überlappen und besonders gut zu erkennen sind an der Grenze von Perzeption zu Kognition. Und wir wissen zuwenig über die integrativen Funktionen und kompensativen Möglichkeiten eines gut funktionierenden menschlichen Gehirns. Den Kinderärzten ist die Förderung der geistigen Entwicklung durch a) die Übung der Motorik und b) die emotional günstige Atmosphäre wohl bekannt. Ihre Wichtigkeit ist durch die heutigen Pädagogen wiederentdeckt worden, ohne allerdings bewußt in der praktischen Pädagogik eingesetzt und gestaltet zu werden. Frau Frostig wird in ihrem Artikel mehrfach darauf hinweisen.

In diesem Buch schildern Fachleute ihre diagnostischen und therapeutischen Wege und Erfahrungen bei und mit teilleistungsgestörten Kindern. Alle diese Fachleute betonen, daß Teilleistungsstörungen selten wirklich isoliert auftreten. Oft erkennt man solche Kinder an ihrer auffälligen Motorik – aber man darf nicht in den Fehler verfallen, motorisch hölzern sich bewegende Kinder von vornherein als intellektuell minderbegabt zu stigmatisieren; wir alle kennen hochbegabte, aber motorisch steife und ungeschickte Kinder. Einer der begabtesten Schulkameraden meines Jahrgangs war ein langer und schmal aufgewachsener Junge mit Arachnodaktylie, wie ich das später erkannte, dem Syndrom der Spinnenfingrigkeit. Im Turnen und Sport war die Note 5 oder 6 noch geschmeichelt.

Die Legasthenie ist eine der häufigsten hier einschlägigen Teilleistungsstörungen. Sie wird von manchen Pädagogen geleugnet (Schlee „Legasthenieforschung am Ende?", Urban & Schwarzenberg, München 1976), aber die Kernsymptome sind nicht zu übersehen. Nicht jedes Kind mit vielfachen Fehlern im Diktat leidet an Legasthenie! Die visuelle Perzeption ist an dieser Fehlfunktion in unterschiedlicher Weise beteiligt. Viele Kinder kommen gut zurecht, wenn sie das Schreiben synthetisch lernen, während andere Kinder viel schneller mit der Ganzheitsmethode das Schreiben erlernen. In manchen Familien scheint Legasthenie teildominant aufzutreten. Bei entsprechendem

Unterricht lernen sie – verspätet – normales Lesen und schließlich auch Rechtschreibung. Frau von Bernuth schildert ihre Behandlungsmethode.

Der Arzt wird wohl niemals selbst die Behandlung übernehmen können. Aber er wird die Diagnose stellen und als Wegweiser fungieren müssen. Zunehmend befassen sich Psychologen mit diesen Kindern. Viele von ihnen werden den Lehrern in den ersten Klassen der Grundschule auffallen, die Lehrer sollten ihren Schularzt oder Schulpsychologen verständigen und eventuell den Kinderarzt einschalten. Nur Zusammenarbeit der verschiedenen Berufsgruppen, die sich mit Kindern befassen, wird die bestmöglichen Resultate erzielen. Über Vorteile und Schwierigkeiten der Teamarbeit ist bei Frau Frostig einiges zu lesen.

Es ist das Ziel dieses Buches, die Problematik der betroffenen Kinder deutlich werden zu lassen und die Aufmerksamkeit von allen, die sich von Berufs wegen mit Kindern zu befassen haben, also der *Kinderärzte*, der *Kindergärtnerinnen, Sozialpädagogen, Frühpädagogen, Psychologen, Kindertherapeuten* und *Lehrer*, zu sensibilisieren und die Kenntnisse zu vermitteln, die heute über solche spezifischen Lernstörungen bekannt sind.

Kapitel II
Grundfragen zur perzeptiven und kognitiven Entwicklung des Kindes; Prinzipien der Diagnostik und der Behandlung spezifischer Lernstörungen[1]

Marianne Frostig, Los Angeles (USA)

Einleitung

Das Rätsel der auftretenden und oft so lange währenden Lernschwierigkeiten bei Kindern kann nicht gelöst werden, bevor man nicht die zahlreichen möglichen ätiologischen Faktoren eruiert und die Symptome analysiert hat; erst dann kann man diejenige Behandlungsstrategie festlegen, die für die bestehenden Symptome die besten Aussichten hat. *Es gibt keine einheitlichen Behandlungsmethoden, um mit Lerndefiziten fertigzuwerden, wo immer auch die Ursachen dafür liegen mögen.* Die Behandlungsmethoden müssen für den jeweiligen Bedarf jedes lernbehinderten Kindes zugeschnitten sein. Mehrere amerikanische Pädagogen nennen das den „psychopädagogischen Maßanzug" („effecting psycho-educational match").

Oft hören wir von Besonderheiten eines lernbehinderten Kindes, etwa, daß es sich nicht konzentrieren könne, oder daß es besondere Schwierigkeiten beim Lesen habe, oder daß es unruhig – hyperkinetisch – sei, oder daß es störanfällig für jeden Reiz sei, oder daß es „alles" vergesse. Wer aber hat andererseits nicht lerngestörte Kinder gesehen, denen jegliche Aktivität abgeht? Oder solche, die ausgezeichnet lesen, aber Schwierigkeiten mit dem Rechnen haben? Oder solche, deren Verhalten durch besonders langsame Reaktionen auf gegebene Reize charakterisiert ist?

Wären alle lernschwierigen Kinder gleich, brauchten wir keine Diagnose. Leider gibt es jedoch nur wenige Besonderheiten, die fast allen lernschwierigen Kindern gemeinsam sind. Hobbs et al. (Hrsg.) diskutieren darüber, was man als Hauptdefizite ansehen könnte, nämlich Defizite der Rezeptionsprozesse als Folge neurophysiologischer Dysfunktionen des kindlichen Gehirns. Gallagher behauptete, das einzige gemeinsame Charakteristikum, das diese

---
1 Übersetzerin: Dr. Marina Kolb.

Kinder als zu einer Gruppe zugehörig ausweise, sei, daß zwischen ihnen größere Unterschiede bestünden als zwischen Kindern einer „normalen" Gruppe. Dieses Phänomen kann als Folge der komplexen und ätiologisch unterschiedlichen Lernstörungen mit unterschiedlichen Symptomen erklärt werden. Unterscheidbare Erscheinungsarten erfordern unterschiedliche Behandlungsmethoden.

Nichts desto trotz – es gibt durchaus Gemeinsamkeiten unter den betroffenen Kindern. Da ist es – selbstverständlich und vor allem – der mangelhafte Lernerfolg im Vergleich zu anderen Kindern gleicher Intelligenz, der sie zu einer Gruppe zusammenführt. Sie zeigen entsprechend Gallaghers Feststellung eine sehr *mangelhafte Ausgewogenheit* ihrer eigenen psychischen Funktionen, unausgewogen aber auch im Vergleich mit anderen Kindern mit und ohne Lernstörungen. Ein anderes allgemeines Kennzeichen ist die *Desorganisation mancher ihrer psychischen Funktionen*, ein drittes betrifft die *Perzeptionsstörungen.* Schließlich beobachtet man häufig eine gewisse Labilität und Überempfindlichkeit in ihrer physischen und oft genug auch psychischen Anpassung an die Umgebung, so z. B. intestinale Unverträglichkeiten, allergische Manifestationen u. a. Viele Kinder ertragen Hitze und Kälte schlechter als ihre normalen Altersgenossen. Längeres Sitzen (in der Schule) macht die Kinder müde und bald lernunfähig (de Quiros) und anderes mehr.

Sehr unruhige, erethische und desorganisierte Kinder sind schwierig zu behandeln; im Umgang mit ihnen müssen die Lernreize wohldosiert werden, jede Überstimulierung muß vermieden werden. Cruickshank hat darüber viele Untersuchungen angestellt. Die Forderung, Zurückhaltung in den Lernanreizen für unruhige oder Kinder mit Teilleistungsstörungen zu üben, stürzt manchen Lehrer, der besonders viel erreichen will, in Verwirrung. Untersuchungen an zerebral geschädigten Kindern und Versuchstieren hatten immer wieder gezeigt, daß eine streng dosierte Stimulierung für begrenzte Lernziele zwar eine Voraussetzung ist, unruhige Kinder zu disziplinieren (van Goli), aber seine Forderungen werden flankiert und – z. T. durch Cruickshanks Untersuchungen – relativiert. Lernbehinderte Kinder können unter den verschiedenen gegebenen Stimuli nicht auswählen – gibt man viele, so sind sie schnell überfordert und reagieren bald mit Unkonzentriertheit, so daß die Aufmerksamkeit für ein spezielles Lernziel gerade nicht erreicht wird. Die Lernstimulierung muß also auf begrenzte Aufgaben beschränkt werden. Auf der anderen Seite darf keine Langeweile entstehen; vor allem soziale Stimulierung in der Schulklasse muß erfolgen, wenn immer das Kind solche erträgt.

Der genannten körperlich-funktionellen Labilität entspricht die psychische. Lernbehinderte Kinder sind oft schlechter Laune, ja reagieren mit Zornanfällen oder sind deprimiert. Kinder unter solchen Bedingungen in der Schule oder Behandlung zu motivieren, ist schwierig, denn sie verbrauchen mehr oder weniger alle ihre Energie, Zornausbrüche und Aggressionen zurückzudrängen und mit ihren negativen Gefühlen fertig zu werden.

Soviel Allgemeines zum Umgang mit lernschwierigen Kindern. Um einen Behandlungsplan aufzustellen, benötigen wir erst einmal eine sehr differenzierte Diagnose, um festzustellen, in welchen Teilbereichen sich Leistungsstörungen finden. Die Forderung, die in diesen Kapiteln vertreten wird, lautet:

- Früherfassung einer Lernstörung,
- sorgfältiges diagnostisches Verfahren vor der Behandlung,
- Teamarbeit mehrerer Spezialisten, um dem lerngestörten Kind am besten zu dienen.

Stufen der perzeptiven und frühen kognitiven Entwicklung

Der Versuch, die perzeptive und kognitive Entwicklung eines Kindes zu verbessern, muß die Abfolge, in der sich die kognitiven Funktionen entwickeln, berücksichtigen. Während der ersten Entwicklungsjahre verändert sich ein Kind so sehr, daß jeder Aspekt der Erziehung – wie, warum und was gelehrt wird – zu jedem bestimmten Zeitpunkt vom Entwicklungsstand des Kindes abhängt.

Der Begriff „Entwicklungsstand" bezieht sich auf die ständig stattfindenden Veränderungen in allen Bereichen des kindlichen Wachstums und Verhaltens – seinen Bewegungen, seiner Wahrnehmungsfähigkeit, seiner Sprache, seinen Denkprozessen, seinen Gefühlen und seiner sozialen Anpassung. In diesem Kapitel werden wir uns hauptsächlich mit der Beziehung der kommunikativen und kognitiven Entwicklung des Kindes zum schulischen Lernen befassen.

Entwicklung kann als ein kontinuierlicher Prozeß verstanden werden, wobei Veränderungen in Ausmaß und Differenzierung stattfinden. In den letzten Jahrzehnten hat sich mehr und mehr die Ansicht durchgesetzt, daß die kognitive Entwicklung jedoch nicht ein kontinuierlicher Prozeß ist, sondern daß sie in feststellbaren Stufen abläuft. Die Charakteristika, die das Kind auf jeder Stufe seiner Entwicklung erwirbt, werden in die Fähigkeiten integriert, die in der nächsten Stufe auftreten, und jede spätere Phase modifiziert und ändert das, was in früheren Phasen erworben wurde.

Die Erforschung der Entwicklung beim gesunden Kind wird durch die Untersuchung pathologischer Abweichungen von der regulären Entwicklung psychologischer Funktionen ergänzt. Solche Abweichungen und Verzögerungen können nach einem Trauma, einer Krankheit oder als Folge ungünstiger Umweltbedingungen auftreten, oder sie können genetisch bedingt sein.

Bei Kindern mit Lern- und Anpassungsschwierigkeiten findet man oft gewisse psychologische Funktionen hervorragend ausgebildet, während andere Fähigkeiten zu wünschen übrig lassen. *Diese Unausgeglichenheit in der Entwicklung* trifft in geringerem Umfang für alle Kinder zu und sollte deshalb nicht unbedingt als pathologisch gewertet werden. Sprengt diese Unausgeglichenheit jedoch den Rahmen des Normalen, so können krankhafte Entwicklungen die Folge sein. Wenn ein Kind mit leichtem Entwicklungsrückstand in keiner der gestellten Aufgaben den Erwartungen entspricht, so kann es sich unterlegen und minderwertig vorkommen, eine potentielle Entwicklung, die die Schwierigkeiten des Kindes noch verstärken könnte. Eine beträchtliche Unausgeglichenheit in der kognitiven Entwicklung läßt sich als Signal dafür verstehen, daß im Erziehungsprozeß jene Fähigkeiten besonders berücksichtigt werden müssen, die einen Entwicklungsrückstand aufweisen.

Eine Kombination von Tests mit gründlicher Beobachtung und Interviews sollte deshalb den Untersucher wie auch den Erzieher und Therapeuten mit jenem Wissen versorgen, dank dessen sich ein *Programm aufbauen* läßt, *das optimal auf die Individualität des Kindes zugeschnitten ist.* Erzieher und Therapeut müssen die Stärken des Kindes genau kennen, um sie für ihre Lehrzwecke auszunutzen. Haben sie die Lücken und Mängel festgestellt, muß mit gezielten Verbesserungsversuchen begonnen werden. Diese Befunde sind mit den Normen der jeweiligen Altersstufen zu vergleichen, für die der allgemeine Grundlehrplan (Curriculum) aufgestellt wird. Ein Kind mag z. B. noch nicht jene Stufe der Entwicklung erreicht haben, die zum Erlernen der vorgeschriebenen Begriffe und Fähigkeiten nötig ist, obwohl durchaus die Möglichkeit besteht, daß diese Begriffe und Fähigkeiten auf einer späteren Stufe der Entwicklung nachgeholt werden könnten. Nicht immer ist es freilich angezeigt, den Erziehungsprozeß zu verlangsamen, weil es schwierig sein kann, den Nöten des Kindes abzuhelfen, wenn die maximale Entwicklungsphase dieser Fähigkeit abgelaufen ist. Daher sollte sich ein Lehrplan, dem die Kenntnis der Stufen der Entwicklung zugrundeliegen, wesentlich mehr auf Sprache und Wahrnehmungsfähigkeiten konzentrieren. Inhaltslernen und Erlernen akademischer Fähigkeiten sollten dann im Mittelpunkt der Grundschuljahre stehen, während Theorie und Logik dem Lehrplan der Haupt- und Aufbauschuljahre vorbehalten werden sollen.

Die Kenntnis der einzelnen Entwicklungsstufen ist Voraussetzung für eine erfolgreiche Arbeit mit der Gruppe bzw. der Schulklasse. Eine schulische Umgebung, die optimal für ein 5jähriges Kind ist, paßt z. B. keineswegs für ein 12jähriges.

Es läßt sich kaum bestreiten, daß die kognitive Entwicklung des Kindes von seinem Erbgut abhängt. Es entwickelt sich jedoch nur in der Interaktion mit seiner Umwelt, durch seine Wahrnehmungen, seine Aktivitäten und durch seine vorwiegend sprachliche Kommunikation mit anderen Menschen. Über den Stellenwert der einzelnen Interaktionsarten sind sich die Wissenschaftler nicht einig. Binet (1904) betont die Rolle der Wahrnehmung in seinem Konzept von der „Intelligenz"; Piaget (1950) betonte die Rolle der Handlung, Vygotsky (1962) und Luria (1961) gehören zu denjenigen Wissenschaftlern, die vor allem die Bedeutung der Sprache hervorheben.

Wir sind dagegen der Meinung, daß alle diese psychischen Funktionen als gleichrangig angesehen werden müssen. Die Altersstufen, in denen sich diese kognitiven und kommunikativen Funktionen, die zusammen die sog. Intelligenz bilden, maximal entwickeln, lassen sich ziemlich genau festlegen, überlappen sich aber zum großen Teil. Der Leser dieses Kapitels kennt die einzelnen Entwicklungsstufen sicher gut. Wir beschränken uns daher auf eine kurze Erörterung, in der der Zusammenhang zwischen Entwicklungsstufen und notwendigen Erziehungsmaßnahmen aufgezeigt werden soll.

Die erste Stufe wird gewöhnlich die sensomotorische Phase genannt.

Die sensomotorische Phase

Der Begriff „sensomotorisch" weist auf die Integration von sensorischen und motorischen Funktionen hin. Vom Zeitpunkt der Geburt an, oder kurze Zeit später, nimmt das Kind seine Umwelt wahr und reagiert auf sie.

Es erforscht seine Umwelt und sich selbst mit allen Sinnen und Bewegungen gleichzeitig. Es erforscht einen Gegenstand, indem es ihn anfaßt, ihn ableckt, ihn wirft, indem es versucht, ihn zu schlagen, zu verstecken, wieder hervorzuholen, ihn woanders hinzulegen, mit ihm Lärm zu machen, usw. Durch diese simultanen Aktivitäten entwickelt das Kind verschiedene Gruppen von sensomotorischen Fähigkeiten. Die ersten beiden Gruppen sind die bewußte Wahrnehmung der eigenen Person und die bewußte Wahrnehmung der Umgebung. Sobald das Kind die äußere Welt bewußt wahrnimmt und lernt, viele Eigenschaften seiner Umwelt zu erkennen, wird es auch sich selbst als verschieden von seiner Umgebung wahrnehmen. Die anderen beiden Gruppen betreffen motorische Fertigkeiten – die Fähigkeit, sich im Raum zu bewegen und die Fähigkeit, Gegenstände zu bewegen. Die Beherrschung dieser vier Gruppen von sensomotorischen Fähigkeiten ist der erste Schritt des Kindes in Richtung Unabhängigkeit und zukünftigem Lernen.

Die sensomotorischen Funktionen, die sich in den ersten 12 bis 18 Monaten entwickeln, stellen die notwendige Grundlage für die Fähigkeit des Kindes dar, Gesehenes und Gehörtes zu unterscheiden und die Aufmerksamkeit auf etwas zu richten. In dieser Phase lernt das Kind, sich durch den Erwerb von Bewegungsabläufen und Erwartungen in bezug auf die Ergebnisse seiner Handlungen im Raum zu orientieren und zeitliche und räumliche

Abläufe zu erfassen. Nach Piaget entwickelt das Kind ein Zeitgefühl und einen Sinn für den Ablauf von Geschehnissen, basierend auf sensomotorischen Schemata. Schemata sind automatisierte Verhaltensweisen. Wenn sie einmal erlernt sind, werden sie nie mehr vergessen. Sie beinhalten immer sensorische und motorische Komponenten[1].

Die Beherrschung sensomotorischer Fähigkeiten ist eine Vorbedingung für den Spracherwerb, denn die Sprache – gesprochen, geschrieben oder gelesen – verläuft in Stufen und nach einem bestimmten Schema. Ein Verhalten, das in Stufen abläuft, muß zuerst in Form von zielgerichteten Bewegungen erworben werden.

Wie alle anderen sich entwickelnden Fähigkeiten entwickeln sich sensomotorische Funktionen auch noch weiter, wenn ihre maximale Entwicklungsphase schon abgelaufen ist. Diese spätere motorische Entwicklung kann allerdings bei einigen Kindern nur schwach ausgeprägt sein. Möglicherweise sind ihrer Entfaltung in zeitlicher und räumlicher Hinsicht enge Grenzen gesetzt (Stadtkinder). Andere Kinder zeigen Entwicklungsverzögerungen ohne erkennbare Gründe; sie sind unbeholfen, schwach, steif und zeigen besonders häufig Koordinationsstörungen. Sie sind also motorisch gehemmt und zeigen als Folge davon intellektuelle, soziale und emotionale Entwicklungsstörungen, weil ihnen erfolgreiche Bewegungserlebnisse vorenthalten werden. Die Bewegungserziehung sollte deshalb einen vorrangigen Platz im Lehrplan erhalten.

Viele Kinder mit Lernschwierigkeiten haben Zeichen einer neurologisch bedingten Störung der Motorik und Sensorik wie z. B. bisher unentdeckte leichte Paresen, Ataxie oder Apraxie, die die Kinder behindern. Nur eine sehr sorgfältige neurologische Untersuchung kann solche leichten Ausfälle aufdecken. Diese Kinder benötigen selbstverständlich eine Sonderbehandlung, die der Arzt in regelmäßigen Intervallen überwachen wird, um den Fortschritt oder auch Fehlentwicklungen rechtzeitig zu erkennen.

Die Phase maximaler Sprachentwicklung

Die Phase maximaler Sprachentwicklung fällt teilweise mit der Phase maximaler Entwicklung der sensomotorischen Funktionen zusammen und dauert nach deren Abschluß noch an.

Alle normalen menschlichen Wesen erwerben irgendeine Form der Sprache – unabhängig davon, in welche Kultur oder soziale Schicht sie hineingeboren

---

[1] Die normalen Entwicklungsstufen können im pathologischen Zustand verändert sein. Kinder mit schweren Formen zerebraler Lähmung können sprechen lernen, obwohl sie nur sehr wenig zielgerichtete Bewegungen ausführen können (hierzu später weitere Beispiele; vgl. S. 53).

werden. Darüber hinaus werden bestimmte Kategorien oder Begriffe der Sprache in der gleichen, unveränderten Reihenfolge erworben. Kinder sprechen ihre ersten Worte gewöhnlich im Alter von 10 bis zu 14 Monaten; im Alter von $1^1/_2$ bis zu 2 Jahren kombinieren sie erstmals Worte, und im Alter von 40 bis 50 Monaten verwenden und verstehen sie beinahe alle grammatischen Strukturen ihrer Muttersprache. Die maximale Entwicklung des passiven sowie des aktiven Wortschatzes findet in der Zeitspanne zwischen dem 12. bis 18. Monat und dem 3. und 4. Lebensjahr statt.

Im Alter von etwa 5 Jahren ist das Kind fähig, einige Tausend Worte und nahezu alle syntaktischen Formen seiner Muttersprache zu verstehen und zu gebrauchen. In diesem Alter kann das Kind auch die „innere Sprache" – auch internalisierte Sprache oder Gedanken – einsetzen, die seine Handlungen lenken (Luria, 1961), eine der Voraussetzungen für die Einschulung.

Der Verlauf der frühen sprachlichen Entwicklung wird durch die Interaktion von biologischen, sozialen, kognitiven und affektiven Einflüssen bestimmt. Wenn einer dieser Einflüsse gestört ist, bleibt dies nicht ohne Auswirkung auf die Sprachentwicklung: Sie kann sowohl verzögert als auch beschleunigt werden. *Da viele Faktoren Sprachdefizite hervorrufen können, werden Sprachentwicklungsstörungen häufig beobachtet.* Bei der Behandlung der Sprachdefizite müssen daher alle diese Einflüsse bedacht und berücksichtigt werden.

Die Phase der maximalen Entwicklung der visuellen Wahrnehmung

Die Wahrnehmung visueller Stimuli läßt sich schon kurze Zeit nach der Geburt nachweisen, die Wahrnehmungsfunktionen entwickeln sich jedoch am stärksten im Alter zwischen dem 4. und 8. Lebensjahr. Schon nach der Geburt hat das Kind zumindest begrenzt die Fähigkeiten, Stimuli seiner Umgebung zu unterscheiden und zu erkennen; während der Kindheit lernt es dann, durch den simultanen Einsatz seiner Sinne und Bewegungen seine Welt zu verstehen und sich ihr anzupassen. Nach den ersten $3^1/_2$ Jahren wird die Umwelt hauptsächlich durch Sehen und Hören (durch den Einsatz der Entfernungsrezeptoren, der Augen und Ohren) begriffen und verstanden.

Die Wahrnehmung im zweidimensionalen Raum entwickelt sich viel später als die Wahrnehmung im dreidimensionalen Raum. Um Formen im zweidimensionalen Raum wahrnehmen zu können, muß das Kind neue und seltsame Fähigkeiten entwickeln. Das Kleinkind kann beispielsweise zwei Objekte unterscheiden, deren räumliche Anordnung verschieden ist; aber im Sinne der Anpassung ist es für ein Kind wichtiger, daß es seine Mutter erkennt, ob es sie nun von vorne oder von hinten, von rechts oder links sieht. Ebenso ist es für ein Kind wichtiger, daß es ein Auto als solches erkennt, unabhängig davon, ob sich das Auto annähert oder entfernt; oder daß ein Kind einen Hund als

Hund erkennt (der beißen kann), ob es ihn nun von vorne oder hinten sieht. Durch das Lesenlernen wird diese an die natürlichen Bedingungen angepaßte Wahrnehmungsleistung beeinträchtigt, weil das Kind zwischen einzelnen Buchstaben des Alphabets, wie b und d und p und q unterscheiden muß und daher auf die räumliche Anordnung jedes Buchstabens achten muß. Wir wissen alle, daß dies vielen Kindern schwerfällt.

Im Alter zwischen 7 und $8^1/_2$ Jahren erreicht die Entwicklung der visuellen Wahrnehmung ihren Höhepunkt. In der Tat sind alle Fähigkeiten im Bereich der visuellen Wahrnehmung, die in den ersten Jahren des schulischen Lernens erforderlich sind, im Repertoire eines sieben- bis achtjährigen Kindes, das sich „normal" entwickelt hat, enthalten. Ausfälle in der visuellen Wahrnehmung können das schulische Lernen, besonders in den ersten Schuljahren, verzögern. Die Schulung der Wahrnehmung sollte daher als Teil des Sprachtrainings im Lehrplan vertreten sein.

Auditive Wahrnehmung

Die auditive Wahrnehmung ist erst in den letzten Jahren intensiver untersucht worden. Ähnlich wie bei visueller Wahrnehmung scheinen sich die komplexen Fähigkeiten der auditiven Perzeption, wie z. B. die auditive Figur-Hintergrund-Wahrnehmung und Wiedererkennung und das Unterscheiden auditiver Sequenzen, am stärksten in der ersten Zeit des Kindergarten- oder Vorschulbesuches zu entwickeln. Auditive Mängel können sprachliche Lücken sowie Sprachstörungen zur Folge haben, die sich beim Schreiben und Lesen bemerkbar machen. Weiteres s. Kap. IV.

Die Entwicklung höherer kognitiver, sozialer und emotionaler Fähigkeiten

Die Entwicklung kognitiver Fähigkeiten tritt im Alter von etwa 7 Jahren in ein neues Stadium. Während der vorhergehenden Perioden der maximalen Entwicklung der Sprache und der Wahrnehmung wird die Anpassung des Kindes an die Umwelt im allgemeinen durch seine besonderen und gegenwärtigen Erfahrungen bestimmt; im Alter von etwa $6-7^1/_2$ Jahren tritt das Kind nun in ein Stadium ein, das Piaget (1970) die Phase der konkreten Operationen genannt hat. In dieser Phase ist das Kind neugierig, aktiv, begierig, Dinge zu erforschen, und sein Verständnis weitet sich aus und umfaßt Ereignisse, die zeitlich und räumlich entfernt liegen. In diesem Alter interessiert sich das Kind für Dinge, die nicht direkt wahrgenommen werden können, und es ist fähig, sie in der Vorstellung zu durchleben, sie zu malen, zu berichten und zu beschreiben. Es schmiedet gerne Zukunftspläne und zieht Schlußfolgerungen aus Ereignissen der Vergangenheit (White, 1965).

Die Entwicklung der Vorstellung

Während die Sprache die Umwelt durch den Gebrauch verbaler Symbole (Worte) repräsentiert, wird die Umwelt in der Vorstellung durch reproduzierbare auditive, kinästhetische und visuelle Bilder repräsentiert. Die Vorstellungsfähigkeit ist eine Voraussetzung für angemessene Gedächtnis- und Denkleistungen.

Ohne die Fähigkeit der bildhaften Repräsentanz werden flexible Vorstellungsabläufe nicht möglich. Später ist diese Fähigkeit erforderlich, um einen gelesenen Text zu verstehen, da Worte, gleich ob gesprochen oder geschrieben, visuelle oder auditive Erinnerungen hervorrufen müssen. Wenn ein Kind Schwierigkeiten in der Entwicklung von Vorstellungen hat, jedoch durchaus fähig ist, Worte zu assoziieren, so kann ein reines Herunterlesen ohne Verständnis die Folge sein. Möglicherweise betont ein Kind beim Lesen alle Worte und Sätze richtig, ohne den Inhalt im geringsten zu verstehen. Die verbale Vorstellungsfähigkeit kann am besten durch Phantasie- und Rollenspiele, durch Theaterspielen und durch allerlei kreative Aktivitäten geschult werden. Auch das Anhören von Erzählungen trägt zur Entwicklung der Vorstellungskraft bei.

Manche Kinder benutzen die auditive Vorstellung stärker als die visuelle Vorstellung – sie buchstabieren z. B. Worte, indem sie sich die Klangabfolge ins Gedächtnis rufen und nicht die visuell wahrgenommenen Buchstaben. Die auditive Vorstellungskraft sollte durch schulische Aktivitäten aufgebaut werden, wie z. B. durch Buchstabieren nach dem Gehör, durch Kopfrechnen und durch eine Vielfalt von sprachlichen Aktivitäten, wie ausführliches Erzählen von Geschichten, durch die Befolgung von gegebenen Instruktionen usw.

Die Bedeutung der integrativen Funktionen

Perzeption, Gedächtnis, Sprache sind Begriffe, die jedem Arzt, Therapeuten oder Lehrer bekannt sind; Integration aber ist ein in diesem Zusammenhang relativ unbekannter Begriff, und doch ist er von größter psychologischer und pädagogischer Bedeutung. Das dyslektische Kind kann oft das Lesen nicht lernen, weil es das Wortbild und die Erinnerung für die Laute mit der Bedeutung des Wortes nicht assoziieren kann. Ein Kind, das sich die Multiplikationstabellen nicht merken kann, hat ähnliche Schwierigkeiten. Mnestische Störungen sind oft auf diese assoziativen Schwierigkeiten zurückzuführen. Erinnerungen müssen durch einen gegenwärtigen Stimulus ausgelöst werden. Wenn solche Verbindungen nur mit Mühe hergestellt werden können, macht sich eine Gedächtnisstörung bemerkbar. Thatcher u. John, die in der Anwendung von Neurobiologie auf das Lehren und Lernen führend sind, haben die Bedingungen aufgezählt, die das Lernen und das Sich-Merken erleichtern. Dabei soll es sich nicht um Wiederholungen bestimmter Übungen handeln, sondern der gleiche Lernstoff sollte methodisch immer wieder neu und andersartig aufgebaut werden.

Alle Fähigkeiten, Sprache, Denken, Gedächtnis, Vorstellung, Wahrnehmung usw., beeinflussen sich gegenseitig. Das gesamte Spektrum kindlichen Verhaltens und der Gegebenheiten, die es beeinflussen, müssen beachtet werden.

Von großer Bedeutung für Arzt, Therapeut und Lehrer ist noch folgende Überlegung. Aus dem konstanten Ablauf der Entwicklung in bestimmten Aspekten darf man nicht den Schluß ziehen, daß das Kind die Fähigkeiten einer Entwicklungsstufe erst gut beherrschen müsse, bevor man mit der Schulung von Fähigkeiten beginnen könne, die einer späteren Entwicklungsstufe angehören. Ein gelähmtes Kind z. B., dem es im Gegensatz zum gesunden Kleinkind nicht möglich ist, bestimmte Bewegungen und andere sensomotorische Fähigkeiten zu entwickeln, kann die Sprache sowie Wahrnehmungsleistungen und höhere Denkprozesse durchaus weiterentwickeln und verfeinern. Ein Kind mit einer Wahrnehmungsschwäche im visuellen Bereich kann durchaus lesen lernen, ebenso wie ein blindes Kind, wenn auch durch spezielle Methoden. Aber der Aufwand an Energie, der für die Kompensation eines Entwicklungsrückstandes oder eines bleibenden Schadens erbracht werden muß, ist um ein Vielfaches höher.

Durch die Erfassung und Einschätzung der seelischen Funktionen eines Kindes wird es möglich sein, optimal ausgebildete Fähigkeiten für ein kompensatorisches Training auszuwählen und schwach ausgebildete Fähigkeiten für ein Aufbautraining auszuwählen.

Die soziale und emotionale Entwicklung

Die soziale und emotionale Entwicklung des Kindes läuft nicht so eindeutig in getrennten Stufen ab wie die Entwicklung seiner kognitiven Fähigkeiten. Emotionen ändern sich in Abhängigkeit von den jeweils erforderlichen Anpassungsprozessen und der geforderten Bewältigung dieser Anpassungen.

Die meisten Autoren definieren Emotion als Gefühl oder eine innere seelische Reaktion, die eine Person bewältigen muß. Sowohl Fraisse (1968), der die kognitive Richtung in der Entwicklungspsychologie vertritt, als auch Pribam (1971), der aus neurophysiologischer Sicht argumentiert, sehen Emotionen im Zusammenhang mit einer Form der Anpassung. Emotionen sind an allen Wahrnehmungen, Handlungen und an der Sprache beteiligt. Unangemessene Emotionen können nicht integriert werden, sie haben Störungen in der Anpassung und in der kognitiven Entwicklung zur Folge.

Das beste Gegengift gegen emotionale Störungen und das daraus resultie-

rende unangepaßte Verhalten ist die Freude. Das Kind sollte sein Leben nicht als bedrohlich, sondern als lohnend und erfolgreich erleben. Die Freude muß sich aus alltäglichen Aktivitäten ableiten, aus dem Zusammensein mit Gleichaltrigen und aus den erfolgreich gelösten Aufgaben, aus Arbeit und Spiel.

Lernbehinderte Kinder sind oft gehemmt und unsicher. Diese Unsicherheit stammt teilweise aus dem Bewußtsein ihrer eigenen Unfähigkeit. *Lehrer und Eltern sollten diesen Kindern, wo immer sie können, Erfolge ermöglichen.* Diese Kinder sollten zu Aufgaben ermuntert werden, die sie schaffen und auf die sie stolz sein können. Kinderärzte sollten die Eltern diesbezüglich beraten. Die Unsicherheit lernbehinderter Kinder hat aber oft auch einen rein körperlichen Grund. Die Arbeiten vom Lauretta Bender u. Jean Ayres u. a. haben gezeigt, daß viele dieser Kinder ein labiles Gleichgewicht besitzen; sie ärgern oft den Erwachsenen, weil sie sich an ihn anlehnen wollen und ein Übermaß von körperlichem Kontakt und Zärtlichkeit abverlangen. Es ist oft schwierig für den Arzt, den Eltern beizubringen, daß das Kind durch sein Verhalten zeigt, wie sehr es den physischen und psychischen Kontakt und die Stütze für seine Gleichgewichtsstörung braucht.

Als die Autorin noch die Direktorin des Frostig-Centers in Los Angeles war, wurden viele Kinder aufgrund ihres unangepaßten, aggressiven oder trotzigen Verhaltens aus öffentlichen Hauptschulen in dieses Zentrum überwiesen. Diese Kinder lebten sich gewöhnlich schnell ein, sie genossen die Schule und lernten arbeiten. Fälle späterer Delinquenz sind selten: In einer Nachkontroll-Untersuchung an Schulentlassenen gelang es uns, mit 61 früheren Schülern Kontakt aufzunehmen. Die Interviews mit den Jugendlichen und ihren Eltern ergaben, daß kein Jugendlicher delinquent oder drogensüchtig geworden war.

Am besten bemüht man sich um die Vorbereitung zu einer mehrstufigen Aktivität. Die Kinder können kleine Geldbeträge verdienen, wenn sie ihre Schulaufgaben erledigt haben. Dieses Geld fließt in eine gemeinsame Kasse und wird dann für Ausflüge in die Berge, für Sight-Seeing oder für eine Bootsfahrt verwendet. Die Vorbereitung solcher Aktivitäten trägt dazu bei, die Gruppe zusammenzuhalten und überträgt sich auf andere Aktivitäten. So waschen die Kinder ab oder kochen für das Personal, sie sammeln Papier, Glas und Metallreste und verkaufen sie. Die Lehrer helfen den Jugendlichen beim Autowaschen, Gemüseputzen und Papierbündeln. Die Kinder erfahren eine Erhöhung ihres Status und fühlen sich gleichberechtigt. Sie sind auch gerührt – wenn sie es auch nicht gerne zeigen – wenn sie sehen, wie das Personal in ihrem Auftrag arbeitet. Delinquenz und Aggression, eine Plage in öffentlichen Schulen, sind im Frostig-Zentrum kaum bekannt. Obwohl wir uns viel Mühe geben, das Leben bedeutungsvoll und angenehm zu gestalten, müssen wir jedoch gleichzeitig jedes gewalttätige, aggressive und unkooperative Verhalten abstellen.

Die emotionale und die soziale Entwicklung sind eng miteinander verbunden. Die soziale Anpassung kann operational als die Fähigkeit definiert werden, mit anderen Menschen oder mit der Natur auf eine Art und Weise zu interagieren, durch die weder die eigene Person noch andere Menschen oder zukünftige Generationen verletzt werden. Man erreicht dadurch gemeinsame Ziele und ermöglicht ein Überleben.

Die soziale Anpassung gründet sich daher auf die Bildung eines Wertsystems, das sich aus Lebenserfahrungen und besonders auch aus Erfahrungen, die die Älteren weitergeben, zusammensetzt. Die Schule kann dieses Wertsystem vermitteln. Ältere Kinder können verstehen, warum es wichtig ist, andere nicht zu verletzen. Die Erfahrungsbildung kleinerer Kinder kann so gesteuert werden, daß sie ihrer sozialen Anpassung förderlich ist.

Ein Wertsystem kann auch als Motivationssystem verstanden werden. Wir sind motiviert, das zu erreichen, was wir schätzen. *Ein Kind, dessen Wertsystem sich mit dem der Schule nicht vereinbaren läßt, wird nicht motiviert sein, die Ziele anzustreben, die von der Schule vorgegeben sind.* Bei älteren Kindern kann die Zweiteilung zwischen Erwartungen der Schule und den Motiven und Werten des Kindes zu einer Art Entfremdung, Verwirrung und zu Gefühlen der Sinnlosigkeit, des hoffnungslosen Dahintreibens und zu Delinquenz und Kriminalität führen.

Diagnostik

Screening und psychometrische Tests für Kleinkinder und Schulkinder mit Lernstörungen

Gegenwärtig werden in großem Rahmen Möglichkeiten für den Einsatz von Prüfmethoden untersucht, mit deren Hilfe Leistungsstörungen bei Kindern diagnostiziert werden können, die möglicherweise vor dem Eintritt in die Schule oder in den ersten Schuljahren ein spezielles Training benötigen.

Diese Tests können von einem Arzt, einem klinischen Psychologen oder einem anderen Therapeuten, oder auch von einem Lehrer mit entsprechender Ausbildung durchgeführt werden. In den USA ist gegenwärtig eine sehr große Zahl von Tests im Gebrauch, z. B. der „First Grade Screening Test" (Pate u. Webb, 1966); ferner „The Individual Learning Disabilities as a Classroom Screening Instrument" (Meier, Cozier u. Giles, 1970) u. a. Mit einer Prüfmethode werden wir uns näher befassen. Sie ist für Vorschulkinder und lerngestörte Schulkinder entwickelt worden: Search (Silver u. Hagin, 1976).

Search wurde entwickelt, um diejenigen Kinder am Ende der Kindergartenzeit oder zu Beginn der ersten Schulklasse identifizieren zu können, die wahrscheinlich Lernschwierigkeiten bereitet werden. Der Test wird individuell angewandt, die Dauer für die Durchführung und Auswertung beträgt nur etwa 20 Minuten und kann durch geübtes Schulpersonal erfolgen. Die Aufgaben, die im Search enthalten sind, wurden auf der Basis der klinischen Erfahrung der Autoren ausgewählt; außerdem wurden sie aus den faktorenanalytischen Daten von zweijähriger intensiver Untersuchung an Kindergartenkindern in einer Schule in New York City gewonnen.

Die Feststellung neurologisch bedingter Lernstörungen ist das Ziel von Search in der richtigen Annahme, daß lerngestörte, teilleistungsschwache Kinder oft krankhafte organisch-neurologische Symptome aufweisen. Nach Ansicht des Arztes Dr. Silver und der Psychologin Dr. Hagin handelt es sich um eine relative Unreife des Zentralnervensystems, das durch pädagogische Maßnahmen zur Nachreife gebracht werden könne. Search konzentriert sich auf das Prüfen der Entwicklung der auditiven und visuellen Wahrnehmung sowie der visuell-motorischen Fähigkeiten. Das Prüfverfahren dient dem Zweck, Risikokinder im Kindergarten zu prüfen und sie nach gründlicher klinischer Untersuchung durch ein individuell gestaltetes Therapieprogramm in der Schule zu behandeln. Dies hat sich als außerordentlich erfolgreich erwiesen. Nähere Hinweise zur Anwendung der Untersuchungsmethode nach Silver und Hagin findet man in der deutschen Publikation bei G. G. Allgöwer, 1978, und H. Steffen, 1975.

Das Förderungsprogramm ist unter Teach erschienen und hat sich als sehr erfolgreich erwiesen.

Perzeptuelle Tests nach Frostig oder Search sollen immer dann angewendet werden, wenn es sich um Kinder mit Lernstörungen handelt. Es kann nicht genug betont werden, daß spezielles Training erforderlich ist, wenn eine dieser Fähigkeiten, sei es auch z. B. gerade im mathematischen Bereich, schwach ist. Die Wichtigkeit gut entwickelter perzeptueller und perzeptuo-motorischer Fähigkeiten ist für alle Kulturtechniken bedeutungsvoll.

Überprüfung durch den Lehrer

Die besten Prüfmethoden sind wertlos, wenn man die Kinder während einer mehrfachen klinischen Untersuchung und bei Durchführung eines Aufbautrainings nicht dauernd überprüft. Dies trifft um so mehr zu, wenn klinisch angemessene Tests nicht zur Verfügung stehen, denn dann lastet die gesamte pädagogische Bewertung auf den Schultern des Lehrers, der seine Beobachtungen zur Diagnose von Lernstörungen bzw. der angemessenen oder ungenügenden Fähigkeiten des Kindes heranziehen muß.

Methoden der Verhaltensbeobachtung sollten alle Lehrer, Therapeuten und Kinderärzte während ihrer Ausbildungszeit lernen. Verhaltensbeobachtung ist nötig, selbst wenn klinische Tests durchgeführt werden, weil man durch standardisierte psychometrische Tests die Lernfähigkeit eines Kindes unter verschiedenen Bedingungen und mit verschiedenen Methoden nicht angemessen erfassen kann. Außerdem sollte die Diagnose nie eingleisig gestellt sein; sie sollte ferner ein kontinuierlicher Prozeß sein. Wenn das Kind aus einem Buch vorliest, muß der Lehrer beurteilen, ob das Kind die Geschichte versteht. Wenn das Kind das Einmaleins lernt, muß der Lehrer die Methoden begutachten, anhand derer es dies lernen, wiederholen und das Gelernte behalten kann und wie das Kind sein Wissen anwendet. Wenn der Lehrer im Unterricht die geometrischen Formen des Quadrates und des Rechtecks behandelt, muß er darauf achten, ob das Kind die Begriffe verstanden hat, ob es die Seiten messen kann, ob es die Formen visuell unterscheiden kann, ob es das Konzept der gleichen, benachtbarten und gegenüberliegenden Winkel versteht usw. Es ist notwendig, den gesamten ablaufenden Lernprozeß zu beurteilen, damit weitere Schritte geplant werden können. Der Lehrer spielt also eine zentrale Rolle bei der Einschätzung der Lernfähigkeit und des Wissens eines Kindes. Außerdem muß er seine soziale und emotionale Entwicklung ständig mit Interesse beobachten (und fördern).

Psychometrische Bewertung

Obwohl dem Einsatz von Screening-Tests in der Schule eine große Bedeutung zukommt, stellen doch die eigentlichen psychometrischen Tests eine wesentliche Hilfe bei der Diagnose der psychologischen Funktionen eines Kindes dar. Man verwendet Einzeltests (meist die sog. Intelligenztests) oder Testbatterien. Den Intelligenztests werden wir uns später zuwenden, da sie ohnehin meist nur Teile einer Testbattereie darstellen. Für die Erfassung spezifischer Störungen liegt eine Reihe von Tests vor, der Diagnostiker muß immer eine Auswahl treffen. In der Bundesrepublik Deutschland sind unter den genannten Testbatterien folgende Tests erschienen: der Hamburg-Wechsler Test für Kinder (Hawik bzw. Hawiva für Vorschulkinder), (Wechsler 1956, 1961, Eggert 1978); der Psycholinguistische Entwicklungstest (PET) (Angermaier 1974); der Frostig Entwicklungstest der visuellen Wahrnehmung (FEW) (Lockowandt 1979); der Bender-Gestalttest ist unter der Bezeichnung „Göttinger Formreproduktionstest" (G-F-T) in der deutschen Standardisierung publiziert worden (Schlange und Stein et al. 1972). Die Literaturangaben befinden sich im Kap. III von Christa Seidel. Aus den Testbefunden zeichnet der Untersucher ein Profil der kognitiven und kommunikativen Fähigkeiten des Kindes. Wenn man die Profile mehrerer Kinder aufeinanderlegt, so kann der Lehrer leicht ersehen, welche Fähigkeiten in einer bestimmten Gruppe am häufigsten defizient sind, so daß er, je nach Aktivität, Gruppen nach den verschiedenen Bedürfnissen der Kinder zusammenstellt (Frostig, 1967).

Die Diagnose sensomotorischer Funktionen

Die motoskopische Untersuchung im Kleinkindalter ist dem Kinderarzt größtenteils geläufig. In wenigen Jahren wird die Münchner Funktionelle Entwicklungsdiagnostik auch für dieses Alter zur Verfügung stehen. *Leichte Bewegungsstörungen („Ungeschicklichkeit") werden vom Kinderarzt allerdings oft übersehen oder in ihrer Bedeutung als Zeichen für eine allgemeine Entwicklungsstörung unterschätzt.* Für die Beurteilung motorischer Funktionen bei Kindern ab 6 Jahren hat sich die „Lincoln Oseretsky Skala zur Erfassung der motorischen Entwicklung" als brauchbar erwiesen (Sloan, 1955, in der deutschen Bearbeitung von D. Eggert, 1971). Dieser Test differenziert jedoch nicht zwischen einzelnen psychomotorischen Fähigkeiten (Thans, 1955). Er erfüllt daher nicht unsere Zwecke, da wir eine Testbatterie benötigen, die aufgrund ihrer Untersuchungsergebnisse als Basis für den Aufbau individueller wie Gruppenprogramme für Schulkinder dienen müßte. In den USA haben die Lehrer häufig Angst, die Bewegungserziehung oder irgendeine andere Art von Körpererziehung durchzuführen, weil sie während ihrer eigenen Ausbildung nicht dafür vorbereitet wurden.

Neuerdings haben Pädagogen, vor allem Newell Kephart sowie Kiphard (1979; 1979) und andere dazu beigetragen, Lehrer von regulären und von Sonderschulen auf die Bedeutung motorischer Funktionen für alle Aspekte der kindlichen Entwicklung und des Lernens aufmerksam zu machen. Nähere Angaben hierzu finden sich im Beitrag von Christa Seidel, Kap. III.

Wir wollten eine Batterie von motorischen Tests entwickeln, die einerseits als Grundlage für Trainingsprogramme für Kinder mit mangelhaft ausgebildeter Motorik und Lernfähigkeit gedacht war, und die andererseits die Basis für den Aufbau eines grundlegenden Programms der Bewegungserziehung für alle Kinder liefern sollte. Deshalb wurde die „Frostig Developmental Battery of Motor Skills" (Orpet, 1972) entwickelt. Sie verbindet einen entwicklungspsychologischen Ansatz mit der psychometrischen Messung psychologischer Funktionen. Die Testbatterie trägt der Tatsache Rechnung, daß über die Eigenschaften der Bewegung in verschiedenen Studien im allgemeinen Einigkeit erzielt worden ist. Koordination, Geschwindigkeit, Leichtigkeit, Flexibilität, Stärke, Ausdauer und Balance gehören zu den häufig durch Faktorenanalysen bestätigten Eigenschaften (Nicks und Fleishman, 1960, vgl. Tabelle 1).

Kephart (1971) erkannte auch eine Eigenschaft der Bewegung, die er „an sich ziehen und abstoßen" (nach etwas greifen, festhalten, loslassen usw.) nannte. Dr. Orpet fand in seiner Analyse einen Faktor, der dem „An-sich-Ziehen-und-Abstoßen"-Faktor von Kephart ähnelt und nannte ihn „visuell gelenkte Bewegung". Dieser Faktor macht sich auch in Bewegungen bemerkbar, bei denen ein Gerät verwendet wird, um einen Gegenstand abzufangen, zu erhalten, zu lenken oder weiterzugeben, wie z. B. der Gebrauch eines Schlägers, um den Ball abzufangen oder weiterzugeben, der Gebrauch eines Schwertes oder eines Degens, um ein Ziel zu treffen, der Gebrauch eines Schlagholzes, eines Balles usw.

Orpet verwendete 12 Untertests, um die folgenden Fähigkeiten zu messen: beidseitige und einseitige Koordination, visuell-motorische Koordination, Flexibilität, Stärke, Geschwindigkeit, Leichtigkeit, Balance und visuell gesteuerte Bewegungen. Der Faktor „Leichtigkeit" konnte durch die Faktorenanalyse nicht bestätigt werden. Möglicherweise sollte man Leichtigkeit als Interaktion von Geschwindigkeit und Koordination definieren – eine Kombination, die für viele Sportarten von Bedeutung ist.

Die Frostig-Testbatterie für Bewegungsfertigkeiten und -qualität ist 1979 neu erschienen. Da ich das Center verlassen habe, hatten wir leider keine Gelegenheit, den Test zu revidieren. Z. Zt. wird zur Überprüfung motorischer Fähigkeiten in Deutschland vor allem der Körperkoordinationstest für Kinder verwendet (KTK) von Schilling u. Kiphard 1974.

Sprache

Die Sprache als diagnostisches Merkmal für Entwicklung ist in vorhergehenden Kapiteln bereits besprochen worden. Die formale Beurteilung der sprachlichen Fähigkeiten kann durch den Illinois-Test der psycholinguistischen Fähigkeiten (ITPA) vorgenommen werden. Auch in Deutschland erschien dieser Test. Er erfaßt nicht nur die Fähigkeiten des Kindes, zu verstehen und sich durch menschliche Sprache auszudrücken, sondern er mißt auch die Fähigkeiten, mit sprachlichen Begriffen umzugehen, wie z. B. Analogien zu bilden, bildliche Darstellung von Begriffen untereinander in Beziehung zu setzen usw. Außerdem erfaßt dieser Test die Ausdrucksfähigkeit durch Gesten, die korrektive Verwendung grammatischer Fälle, das Behalten auditiver und visueller Sequenzen und das Erkennen bestimmter Tonabfolgen sowie die Identifizierung unvollständig gemalter Bilder (visuelles Vervollständigen) und unvollständiger Worte (auditives Vervollständigen). Der ITPA erfaßt daher sowohl visuelle wie auch auditive Wahrnehmungsfunktionen und die kommunikativen Fähigkeiten. In deutscher Bearbeitung erschien PET als psycholinguistischer Entwicklungstest Angermeier 1974.

Wahrnehmungsfunktionen

Die visuelle Wahrnehmung ist im Kapitel von Christa Seidel diskutiert und wird daher nur kurz angesprochen. In Deutschland wohlbekannt ist der Frostig Developmental Test of Visual Perception, in deutscher Standardisie-

Tabelle 1. Faktoren in der menschlichen Bewegung und in Programmen der Körpererziehung.

Eigenschaften der Bewegung	Guilford	Nicks Fleishman (Zusfassg. v. 78 Studien)	Mosston	Kephart	Frostig und Maslow
Koordination und Rhythmus	*Koordination* Großmotorik Händigkeit Finger	*Koordination* Großmotorik Multiple Glieder		*Koordination* Großmotorik Auge-Hand Integration der beiden Körperhälften, an sich ziehen und abstoßen	*Koordination* versch. Muskelgruppen simultan auf beiden Seiten der Körperachse *Rhythmus* Abgehackte vs fließende Bewegungen; synchroner Ablauf erforderlich, vgl. Doll[5]
Schnelligkeit und Leichtigkeit	*Antrieb* allg. Reaktionszeit leichte Berührung Artikulations- geschwindigkeit Motor. Geschwindigk. Arm-Hand-Finger	*Geschwindigkeit* Bewegung einzelner Glieder Laufen *Leichtigkeit* Änderung der Richtung im Bewegungsablauf	*Leichtigkeit* Start Änderung der Haltung im Bewegungsablauf	*Kontakt* fassen nach, festhalten, loslassen Manipulation, um Information zu erhalten	*Geschwindigkeit* kontinuierl. Bewegung im Raum Lauf *Leichtigkeit* Beginn einer Bewegung, Änderung der Richtung
Flexibilität	*Flexibilität* Rumpf Bein	*Flexibilität* Geschwindigkeit	*Flexibilität* Rückgrat und Becken Schultergürtel Beuge nach vorne und seitwärts	Kephart verwendet den Begriff Flexibilität für das, was hier als Leichtigkeit definiert wird	*Flexibilität* Maximale Beugung und Streckung der Wirbelsäule u. der Extremitäten Drehung der Gelenke

Fortsetzung Tabelle 1

Eigenschaften der Bewegung	Guilford	Nicks Fleishman (Zusfassg. v. 78 Studien)	Mosston	Kephart	Frostig und Maslow
Stärke	*Stärke* allgemein Rumpf Glieder	*Stärke* explosiv dynamisch statisch	*Stärke* Schultergürtel und Arme Oberarm Unterleib Beine		*Stärke* allgemein spezifisch Muskelgruppen
Dauer		*Ausdauer*			*Ausdauer* Aufrechterhaltung der Bewegung für eine gewisse Zeit vgl. Cureton[6]
Balance	*Statische Präzision* Statische Balance Festigkeit der Arme	*Balance* Statisch dynamisch mit Objekten	*Balance* Bewegungen auf dem Boden Bewegungen am Gerät Bewegungen mit Unterstützung durch eine andere Person	*Balance* Aufrechterhaltung dynamische Beziehung zur Schwere	*Balance* statisch dynamisch mit Objekten

rung als FEW Frostig Entwicklungstest der visuellen Wahrnehmung erschienen. Er wird bereits von vielen klinischen Psychologen und Kinderärzten angewendet. Auch Lehrer könnten bei ihren Kindern spezifische Mängel in der Wahrnehmung ohne Tests bemerken. Dafür einige Beispiele:

Umkehrungen z. B. zwischen b und d oder p und q werden häufig bei Kindern beobachtet, die keine anderweitigen Mängel in der Wahrnehmung zu haben scheinen. Diesen Kindern fällt es gewöhnlich schwer, die *räumliche Anordnung von Gegenständen oder Personen* in bezug auf ihre eigene Position im Raum zu erkennen.

Die Schwierigkeit, die *Beziehung zwischen den einzelnen Teilen des visuellen Feldes* (die Wahrnehmung räumlicher Beziehungen) zu erkennen, wirkt sich besonders störend beim Rechnen aus, weil es dabei erforderlich ist, daß das Kind die Zahlen in einer bestimmten Reihenfolge erfaßt, je nachdem, welche Beziehung zwischen ihnen besteht. Wenn ein Kind beispielsweise 243 durch 51 teilen soll, so muß es multiplizieren können, es muß Zwischenergebnisse vermerken können, und es muß Zahlen in bestimmter Anordnung addieren können.

Bei Erwachsenen mit Hirnverletzungen hat man so häufig Wahrnehmungsmängel im Bereich der *Figur-Hintergrund-Wahrnehmung* festgestellt, daß man sie ursprünglich mit allgemeinen Wahrnehmungsmängeln gleichsetzte. Mangelhaft ausgebildete Figur-Hintergrund-Wahrnehmung wurde intensiv im Rahmen der Erforschung von Dysfunktionen des Gehirns hauptsächlich von Anhängern der Gestaltpsychologie wie Werner (1957), Goldstein (1948) und A. A. Strauss (1947) untersucht. Die Figur-Hintergrund-Wahrnehmung bezieht sich auf die Fähigkeit, sich auf einen Aspekt des visuellen Feldes zu konzentrieren, während man andere Aspekte ignoriert. Die visuelle Analyse komplexer Pläne, Muster oder Worte wird durch Mängel in der Figur-Hintergrund-Wahrnehmung erschwert.

Der Begriff der *Wahrnehmungskonstanz* bezieht sich auf die Tatsache, daß ein Objekt oder ein Muster so wahrgenommen wird, als hätte es unveränderliche Eigenschaften – trotz des veränderten Bildes auf der Netzhaut, das je nach Richtung, Entfernung, Farbe, Schattierung usw. variieren kann. Die Wahrnehmungskonstanz von Mustern bei zweidimensionalen Zeichnungen wird von einem Untertest des „Developmental Test of Visual Perception" (DTVP) erfaßt.

Auditive Wahrnehmung

Wie bereits erwähnt, wird die auditive Wahrnehmung durch Untertests des PET (die deutsche Bearbeitung des ITPA) sowie durch Untertests der Wechsler-Skalen Hawie und Hawiva geprüft, vgl. S. 21 u. 27 f. In Deutschland werden zur Überprüfung der auditiven Diskrimination vor allem der Bremer Artikulationstest (BAT) und der Bremer Lautdiskriminationstest (BLDT) verwendet (Niemeyer, W., Verlag Paul, Bremen 1973; vgl. auch Kap. V.).

Höhere kognitive Prozesse

Bis vor kurzer Zeit bestand das Testen im Rahmen psychologischer Untersuchungen gewöhnlich in der Durchführung sog. Intelligenztests. Die bei älteren Kindern gebräuchlichen Testformen erfassen hauptsächlich Funktionen, die sich etwa nach Vollendung des 7. Lebensjahres maximal entwickeln. Intelligenztests sind häufig das einzig verwendete Maß in der psychologisch-ärztlichen Diagnostik; sie bestimmen zu Unrecht Diagnose und Prognose, selbst wenn sie innerhalb einer Testbatterie dargeboten werden. Daher sollte man Intelligenztests kritisch unter die Lupe nehmen.

Die Konstruktion und der Einsatz von Intelligenztests wurden stark durch faktorenanalytische Methoden beeinflußt. Im Hinblick auf die Definition des Intelligenzkonzeptes ist man sich noch immer nicht einig, verständlicherweise. Denn die Intelligenz ist nicht eine einheitliche Fähigkeit oder Kraft, sondern sie setzt sich aus unterschiedlichen Begabungen zusammen, ganz abgesehen davon, daß Intelligenztests, streng genommen, immer nur Leistungen, aber nicht Begabungen zu messen in der Lage sind. Im großen und ganzen stimmen IQ-Maße mit Bewährung im täglichen Leben überein, aber diese Aussage hat viele Ausnahmen, und für die spezifische Lernsituation in der Schule sind so viele äußere und innere Gegebenheiten maßgebend, daß eine Prognose aus einem Intelligenztest nur mit großem Vorbehalt möglich ist. Die Rolle kognitiver Fähigkeiten, die für die jeweilige Aufgabe notwendig sind, ist unterschiedlich und in ihrem Umfang noch weitgehend unbekannt.

In den Vereinigten Staaten haben sich Minderheiten gegen den Einsatz von Intelligenztests gewandt, weil Kinder mit einem mangelhaften kulturellen Hintergrund benachteiligt sind und aufgrund der Unterschiede vorschulischen Lernens und als Folge ihrer ausdrucksarmen Sprache niedrige Testwerte erzielen. In Kalifornien, wo der Zustrom der Landarbeiter aus Mexiko besonders groß ist, mußten die Schulen die Durchführung von Intelligenztests einstellen, weil die Ergebnisse dem Unterricht nicht förderlich waren. Dies gilt mutatis mutandis genau so für die Gastarbeiterkinder in der Bundesrepublik Deutschland. Durch sorgfältige stufenweise Eingliederung dieser Kinder in reguläre Klassen gelingt es, eine Anpassung zu ermöglichen, obwohl diese Kinder aus anderen Ländern, aus anderer Kulturschicht mit anderer Sprache und unterschiedlichem Erfahrungsgrund stammen.

In der Testbatterie, die im Frostig-Zentrum angewendet wird, ist der Hawik, Hawie und Hawiva in dieser oder jener Weise als prinzipieller Test für höhere kognitive Funktionen üblich. Diese Tests erfassen, ähnlich wie beim Binet-Test, die für das schulische Lernen besonders wichtigen Teileigenschaften. Die Fähigkeit, Beziehungen zu erkennen und Inhalt im Gedächtnis zu speichern, ist auch immer Teil des schulischen Lernens. Daher werden diese Fähigkeiten, die im verbalen Teil des Hawik geprüft werden, wie Information, allgemeines Wissen, Auffassungsfähigkeit, allgemeines Verständnis, Rechnen, Wortschatz und Gemeinsamkeitfinden sowie Zahlennachsprechen eindeutig durch die Schulerfahrungen des Kindes beeinflußt. Im Leistungsteil des Hawik werden Fähigkeiten erfaßt, die in unseren verbal orientierten Schulen gewöhnlich vernachlässigt werden. Die Problematik der Untertests, wie Mosaiktest, Bilderordnen, Figurenlegen, ist allgemein bekannt.

Die Vermittlung von Aufgaben und Methoden, welche die im Hawik bzw. Hawie und Hawiva erfaßten Fähigkeiten umfassen, wurde in dem Buch „Lernprobleme in der Schule" von Frostig u. Maslow 1978 ausführlich diskutiert.

Im Untertest Bildergänzungen besteht die Aufgabe für das Kind darin, Einzelheiten der zuvor dargebotenen Bilder zu erinnern und zu beurteilen. Die Fähigkeit, visuell wahrgenommene Inhalte zu erinnern, zu beurteilen und zu vergleichen ist in vielen Berufen erforderlich, z. B. in der Anthropologie, in der Biologie und in der Kunst.

Der zweite Untertest erfaßt die Fähigkeit zur Analyse und Synthese visueller Muster (Mosaiktest). Diese Fähigkeit ist notwendig beim Buchstabieren, beim Lesen, bei der Erfassung geometrischer Sachverhalte, beim Umgang mit Landkarten und Abbildungen, beim Lesen von Computerausdrucken, bei der Entwicklung von Modellen usw.

Im dritten Untertest, dem Bilderordnen, wird die Fähigkeit getestet, eine Beziehung zwischen einzelnen Bildern herzustellen, logische Verbindungen aufzuzeigen, in Abfolgen zu denken und menschliche Beziehungen zu beurteilen. Diese Fähigkeiten sind besonders in alltäglichen und sozialen Situationen erforderlich.

Der Untertest zur Objekt-Zusammenstellung (Figurenlegen), der dem Kind die Aufgabe stellt, ein Puzzle zusammenzusetzen, erfordert, daß man nach einem Plan vorgeht und fähig ist, visuelle Inhalte zu vervollständigen, z. B. die Vervollständigung eines visuellen Musters, einer Abfolge oder eines bildlich dargebotenen bedeutungsvollen Ganzen. Um Modelle entwickeln, eine Maschine reparieren oder neu bauen zu können, sind solche Fähigkeiten erforderlich; das trifft auch für Lesefertigkeiten und für die Darstellung von Diagrammen und anderen visuellen Abbildungen zu.

Die Vermittlung von Aufgaben und Methoden, die die im WISC erfaßten Fähigkeiten umfassen, werden in großer Ausführlichkeit in dem Buch „Probleme im Klassenzimmer" (Frostig u. Maslow, 1978) diskutiert.

Behandlung

Sozial Benachteiligte

Es ist anzunehmen, daß dieselben pränatalen, perinatalen und postnatalen Faktoren, die die schulische Laufbahn des Kindes aus gutsituierter Familie gefährden, auch die Kinder sozial benachteiligter Familien treffen. Aber diese Faktoren wirken sich bei letzteren wegen der unzureichenden prä-, peri- und postnatalen Versorgung stärker aus, weil sie mit unzureichender Ernährung und den mangelhaften hygienischen Bedingungen sowie mangelhafter Förderung im sprachlichen und kognitiven Bereich verbunden sind.

Die Schichtunterschiede scheinen in der Tat groß zu sein. Lovell (1961) stellte z. B. fest, daß nur 15% der britischen Kinder aus der Unterschicht mit 12 Jahren imstande waren, formal operational zu denken, während Sommerville (1974), welcher Kinder gleichen Alters aus einem privilegierten Wohngebiet in Canberra (Australien) testete, herausfand, daß 75% dieser Kinder formal operational denken konnten. Die schwächere Entwicklung kognitiver Fähigkeiten bei der sozial benachteiligten Bevölkerung, die man weltweit festgestellt hat, führte zu einer Vielfalt vom Heilungs- und Besserungsprogrammen, die hier nicht Themata des Buches sein können. Sie laufen darauf hinaus, Vorschulprogramme für Kinder aus benachteilligten Schichten zu entwickeln und „schlechte" Schüler durch begleitende Betreuung in der Schule zu fördern. Gerade letztere Programme enttäuschten. Nach allem, was wir wissen, kann die Hilfe für Kinder benachteiligter Familien kaum früh genug einsetzen; die Untersuchungstermine zur Krankheitsfrüherkennung in der Bundesrepublik Deutschland geben dem aufmerksamen Arzt genügend Material an die Hand, um zu beurteilen, welche Kinder besonders gefördert werden müßten.

Unterstützung der Mütter

Ein erstes Schwergewicht der Intervention muß auf der Verbesserung der Mutter-Kind-Beziehung liegen. Die Erfolge von Interventionsprogrammen in der Familie scheinen freilich um so größer zu sein, in welch höherem Maße der Vater oder weitere Familienmitglieder in das Programm einbezogen werden können (Bronfenbrenner, 1973).

Aus der bisher zur Verfügung stehenden Information kann man den Schluß ziehen, daß bei Interventionsprogrammen die Mitarbeit der Mutter gegeben sein muß, ganz gleichgültig, ob sie nun von Fachkräften oder von Hilfspersonal, zu Hause oder im Therapieraum des Arztes, in der Schule oder durch soziale Einrichtungen durchgeführt werden. Man muß ihr erklären, worin die Bedürfnisse des Kindes bestehen und wie das Kind reagiert, wenn seine

Bedürfnisse nicht befriedigt werden. Ernährung, Hygiene und Verhinderung von Krankheiten müssen erklärt oder vorgeführt werden, unabhängig vom Alter des Kindes; ebenso wichtig sind Gespräche über die Handhabung psychologischer Sachverhalte.

Ein angemessener Umgang mit psychologischen Belangen hängt weitgehend vom Wohlbefinden der Mutter ab. Auch sie braucht – wie das Kind – Anerkennung und Unterstützung und sollte dies von einem Berater, einer Hilfsperson, von einem Arzt oder den jeweils Beteiligten erhalten.

Die individuelle, sozusagen private Unterstützung der Stellung der Mutter zu ihren Kindern ist vermutlich die erfolgreichste. Die Berufsarbeit einer Mutter ist freilich ein ernstes Handikap. Viele Mütter müssen oft verspätet die wechselseitige Kommunikation in Worten, Gesten, im Lächeln und in den Zärtlichkeiten lernen, die für das heranwachsende Kind von Anbeginn an unerläßlich ist. Sie müssen wissen, daß das Kind diesen körperlichen Kontakt und fortwährende Zuwendung und die Beschäftigung mit ihm so nötig hat wie Nahrung und Sauberhaltung. Derartige Zuwendung muß mancher unerfahrenen Mutter von der Säuglingsschwester der Neugeborenenabteilung und von ihrem Hausarzt gezeigt werden. Aber auch Großmütter, Nachbarn, Freunde sind hier gefordert, wenn sie Defekte der Zuwendung bei der Mutter entdecken.

In diesem Punkte wende ich mich an Ärzte, Schwestern und Betreuer: Ich habe Kliniken besichtigt, in denen Kinder in Betten lagen, an deren Fußende Decken hingen, so daß die Aussicht des Kindes eingeschränkt war, oder daß Spielsachen an der Decke mit Bändern befestigt waren, die die Kinder höchstens sehen, aber nicht fassen und bewegen konnten.

Vom 4. Lebensmonat an benötigen Kinder Gegenstände, die sie anfassen, später, mit denen sie auch spielen können. Das Kind muß zu einer großen Vielfalt von Reizbedingungen Zugang haben, damit sich das Nervensystem normal entwickeln kann. Um sich optimal entfalten zu können, muß das Kind seine Umwelt überblicken können, es muß sie erreichen, wegstoßen, fassen, halten, loslassen, drehen – kurz, es muß Gegenstände auf verschiedene Weise manipulieren, bewegen und die Effekte dieser Bewegungen beobachten können. Alle Kinder – und Kleinkinder im besonderen – brauchen den körperlichen Kontakt mit einer Person. Man muß darauf achten, daß beim Baden, Abtrocknen und Ankleiden des Kleinkindes ein angenehmer körperlicher Kontakt zustande kommt; aber das reicht nicht aus. Ein Kleinkind muß gehalten und gestreichelt werden. Ein Kind braucht auch verbale Anregung. Spätestens ab der 8. Lebenswoche sollte man mit dem Kind sprechen. Verbale Stimulierung ist für die sprachliche Entwicklung des Kindes von größter Bedeutung! Ein Kind braucht also eine große Vielfalt an Stimulierung durch Objekte, durch geliebte Personen und durch seinen eigenen Körper.

Das Vorschulkind muß im Spiel, bei der Arbeit oder bei der Unterstützung Erwachsener oder anderer Kinder die Erfahrung machen, daß es diesen Situationen in kognitiver und motorischer Hinsicht gewachsen ist. Aktivitäten, wie die Lösung eines Puzzles, ein Botengang für die Mutter, das Zuknöpfen der eigenen Kleider – das sind Beispiele von Aktivitäten, die dem Kind den Stolz der Bewältigung vermitteln.

Bei dem Kind im Vorschulalter sollte man auch eine innere Welt des Phantasiespiels aufbauen. Diesen und den etwas älteren Kindern sollte man helfen, neue Arten der Bewegung – Radfahren, Dreiradfahren, Rollerfahren, Springen, Galoppieren und Hüpfen zu lernen. Auch beim Erwerb solcher natürlicher Bewegungsabfolgen werden Kinder mit Lernstörungen sehr viel Unterstützung nötig haben.

Die Schlußfolgerungen, die man aus den nicht wenigen durchgeführten Interventionsprogrammen ziehen kann, sind folgende: Der Aufbau besserer elterlicher Pflege ist entscheidend, und außerdem kann sich kein Kind ohne angemessene gesundheitliche Betreuung und Ernährung und ohne daß die Eltern wenigstens ein geringes Einkommen haben und ein Mindestmaß an Sicherheit bieten, normal entwickeln.

Dem Kinderarzt kommt für die Unterweisung der Eltern größte Bedeutung zu. Wenn das Kind eingeschult ist, kann der Arzt versuchen, die sich häufig bildende Kluft zwischen Eltern und Schule zu überbrücken, indem er Diskussionen zwischen Schulpersonal und Familie anregt und um Verständnis für beide Teile besorgt ist.

Das Konzept der gegenseitigen Anerkennung und der Zusammenarbeit in der gemeinsamen Erziehungsarbeit muß das Bestehen auf Autorität und fachlichen Rechten und Pflichten ersetzen, das man so oft bei Fachkräften, gleich welcher Richtung, findet.

Prinzipien der Therapie von spezifischen Lernstörungen

Schulprogramme für die Mehrheit entsprechen wenig den Bedürfnissen von Kindern, die einen Erfahrungs- und kulturellen Hintergrund haben, der nicht dem Durchschnitt entspricht, oder deren Lernschwierigkeiten besondere Erziehungsmethoden erforderlich machen.

Folgende 4 Aspekte der Erziehungsarbeit sind für uns gleichrangig:
1. Die Entwicklung der kognitiven und kommunikativen Fähigkeiten des Kindes.
2. Die Verbesserung der allumfassenden „globalen" Schwierigkeiten im Verhalten des Kindes.
3. Die Behandlung emotionaler Probleme und die Unterstützung des Kindes bei seiner sozialen und emotionalen Anpassung an die Umwelt.

4. Die Vermittlung von schulischen Fertigkeiten und von Wissen anhand spezieller Methoden, die seinem kognitiven Stil angepaßt sind, so daß sein Leistungsfortschritt optimal ist.

Wie bereits erwähnt, beeinflussen sich alle kognitiven, emotionalen und sozialen Faktoren gegenseitig.

Förderung kognitiver und kommunikativer Fähigkeiten

Kinder können Lerndefizite kompensieren, aber die Kompensation ist häufig lückenhaft. Der Einfluß von Defiziten kann zeitweise schwächer werden, um später wieder stärker hervorzutreten. Ein Kind, dem z. B. das Lesen zu Beginn der Schule Schwierigkeiten bereitet, weil es die räumliche Anordnung von Buchstaben nicht richtig wahrnehmen kann, hat möglicherweise keine Leseschwierigkeiten mehr, wenn es die anfängliche Schwierigkeit beim Entziffern der Buchstaben überwunden hat; aber es könnte später aufgrund desselben Mangels Schwierigkeiten beim Notenlesen und bei der Erfassung von Symbolen in der Algebra oder in der Geometrie bekommen. Es wurde auch schon darauf hingewiesen, daß der Aufwand an Energie bei dem Versuch, Mängel zu kompensieren, das Kind überfordern könnte.

Die Ausschaltung spezifischer Defizite sollte daher in Angriff genommen werden, sobald sie erkannt sind. Kognitive Fähigkeiten sind für die Lösung von schulischen und außerschulischen Aufgaben, für den Genuß des Lebens und für die Erfassung seines Sinnes von Bedeutung. Ein Kind, dessen Lernfortschritt durch mangelhaft ausgebildete Fähigkeiten beeinträchtigt ist, muß dazu angeleitet werden, seine kognitive Stärke zu seinem Vorteil einzusetzen. Der Lehrer muß seine Anweisungen deshalb dem kognitiven Stil des Kindes anpassen.

Die meisten Pädagogen, Sonderpädagogen, Psychologen und Studenten, die sich mit der Entwicklung des Kindes befassen, treten dafür ein, individuell zugeschnittene Behandlungsprogramme auf der Basis einer sorgfältigen Wertung der Stärken und Schwächen des Kindes einzusetzen. Sie sind sich bewußt, daß es schwierig ist, einzelne Fähigkeitsbereiche genau zu erfassen.

Andere Autoren halten es dagegen für wenig sinnvoll, spezifische Fähigkeiten und Fähigkeitsbereiche zu diagnostizieren und zu therapieren, nicht, weil ein solcher Ansatz keine Besserung erzielen könnte, sondern *weil psychische Funktionen und Teilleistungsstörungen bislang noch unzureichend definiert* sind. Es sei dahingestellt, ob man aus diesem Grunde den Wert von Wahrnehmungstests und -schulungen oder von Tests und Schulungen in anderen Bereichen (sensomotorisch, sprachlich, motorisch usw.) herabsetzen sollte, vorausgesetzt, daß *das Programm einen abgerundeten integrativen*

Ansatz verfolgt, wobei bestimmte Fähigkeitsbereiche stärker berücksichtigt werden (*Frostig* 1972, S. 7).

Mängel im Bereich der visuellen Wahrnehmungen findet man bei lernbehinderten Kindern am häufigsten. Sie werden bei etwa 75% der Kinder diagnostiziert, die in das Frostig-Zentrum überwiesen werden. Störungen im sprachlichen und sensomotorischen Bereich sowie Störungen in den höheren kognitiven Funktionen einschließlich des Gedächtnisses treten häufig mit ihnen kombiniert auf. Das Sozialverhalten, die emotionale Entwicklung, die Fähigkeiten zur Integration und die Fähigkeit, die Aufmerksamkeit zielgerecht zu lenken, sich zu konzentrieren und die Konzentration aufrechtzuerhalten, sind oft ebenfalls mangelhaft ausgebildet. Alle diese Mängel müssen bei der Entwicklung von Unterrichtsmethoden, im Stundenplan und bei der Gestaltung der schulischen Umgebung für ein Kind oder für eine Gruppe von Kindern berücksichtigt werden. Wenn möglich sollte man die gegenseitige Anpassung der Eigenschaften des Kindes und der schulischen Umgebung in dreifacher Weise vornehmen: zunächst muß man die Fähigkeiten des Kindes analysieren; danach sollte eine Analyse über die Fähigkeiten erstellt werden, die die Aufgabe verlangt (Analyse der Aufgabe); und schließlich sollten verschiedene Vorgehensweisen zur Lösung eines Problems analysiert werden (Prozeßanalyse).

Wir sind der Meinung, daß die Bewertung des Kindes und die Analyse der Aufgaben sowie die Prozeßanalyse notwendig sind, um einen maximalen Lernfortschritt zu erzielen. Es besteht jedoch noch keine einheitliche Meinung über den Stellenwert jeder dieser Analysearten im Unterricht, obwohl dieses Thema seit Jahrzehnten diskutiert wird.

Verbesserung psychischer Funktionen und der Lernfähigkeit

Auf die Berücksichtigung von Testergebnissen für die Aufstellung individualisierter Programme wurde bereits hingewiesen. Einschlägige Behandlungsmethoden unzureichend ausgebildeter Fähigkeiten werden nunmehr hier besprochen.

Die Behandlung sensomotorischer Funktionen

Die Therapie sensomotorischer Funktionen war bereits Gegenstand früherer Veröffentlichungen der Autorin (Bewegungserziehung, 1973; Bewegen-Wachsen-Lernen, 1974) und wurde in kurzer Form in der Anleitung zum Wahrnehmungstraining für Lehrer (Frostig und Horne, 1975) dargestellt. Diese Veröffentlichungen enthalten Anweisungen für den Einsatz des Bewegungstrainings (einschließlich der Entfaltung der Körperwahrnehmung und der Kreativität) in Normalschulen wie auch bei Kindern mit Lernstörungen. Außerdem werden die Struktur einer Unterrichtsstunde im Bewegungstraining, der Zweck des Bewegungstrainings und die Charakteristika des Bewegungstrainings diskutiert und Beispiele für Übungen gegeben. Der Hauptzweck dieser Veröffentlichungen liegt darin, den Lehrer, dem die notwendige Ausbildung für den Unterricht im Bewegungstraining fehlt, zu unterstützungen. Die Übungen sind nach den Bewegungscharakteristika geordnet, die mit der „Frostig-Movement-Skills-Test-Battery" (Orpet, 1972) erfaßt werden.

Der Leser wird sich erinnern, daß es sich um Koordination, Stärke, Geschwindigkeit, Behendigkeit, Flexibilität und Balance handelt. Das Training für die Auge-Hand-Koordination und die Koordination der feinmotorischen Bewegungen sollte simultan erfolgen. Hinweise zur Durchführung dieses Trainings finden sich auch in Programmen zur Verbesserung der visuellen Wahrnehmungen, so schon bei Montessori, Fröbel, aber auch in verschiedenen Kindergarten-Manualen und in Kunst- und Gestaltungsbüchern.

Sprachtraining

In dem Buch „Lernprobleme im Klassenzimmer" (Hippokrates-Verlag 1978) wurden verschiedene Ansätze einschließlich eines diagnostischen Ansatzes diskutiert, der auf dem Illinois-Test für psycholinguistische Fähigkeiten basiert. Hinweise finden sich ferner in den Kapiteln IV u. V.

Wahrnehmung und Empfindung, Wahrnehmung und Vorstellung wirken bei den kommunikativen Fähigkeiten aufs engste zusammen. Wie sich eine Person äußert, hängt von ihrem Alter, ihrem Geschlecht, ihrem Ausbildungsstand, ihren Erfahrungen, ihrer gegenwärtigen Stimmung, ihren aktuellen Motiven und Wünschen und von der Art und Weise, in der von einer (anderen) Person eine Botschaft verlangt wird, ab. Sprachfunktionen lassen sich daher nur im Zusammenhang mit allen anderen psychischen Funktionen verstehen. Der Begriff „Psycholinguistik" weist auf diese Tatsache hin. Der Illinois-Test für psycholinguistische Tätigkeiten (ITPA) analysiert die Sprachfunktionen des Kindes einschließlich der nichtverbalen Kommunikation nach drei Dimensionen:

1. nach expressiven, rezeptiven und assoziativen Funktionen,
2. nach der automatischen Wahrnehmung versus der Vorstellung (den Denkprozessen) und
3. nach dem Wahrnehmungsmodus (visuell und auditiv).

Der ITPA prüft jedoch keine kinästhetische und Tastwahrnehmung. Weiteres über psycholinguistische Beeinflussung s. Kap. V.

Die Schulung der verbalen Ausdrucksfähigkeit kann gut mit dem Training auditiver, visueller und rezeptiver Funktionen kombiniert werden. Der notwendige visuelle Erfahrungshintergrund beim Kind kann durch die Darbietung von Objekten, Bildern, Dias und Filmen sowie durch spielerische Gestaltung vermittelt werden, an denen sich das Kind aktiv beteiligt.

Der Fähigkeit des nicht verbalen Ausdrucks, durch Gebrauch von Gesten, von Mimik, von Bewegung und durch zeichnerische Darstellung, hat man im Stundenplan der Schule wenig Bedeutung beigemessen. Aber Pantomimik, Tanz, Kunst und Kunsthandwerk, Bildhauerei, Schnitzen und Malen, wie sie etwa in den Waldorf-Schulen geübt werden, fördern Kreativität, gezieltes Vorgehen, motorische Koordination, Vorstellungsfähigkeit und Gedächtnisleistungen. Sie stellen notwendige Bestandteile in einem abgerundeten Stundenplan dar. Sie tragen auch zu Gelassenheit und Lebensfreude bei und geben dem Leben einen Sinn.

Die assoziativen Prozesse laufen zum Teil automatisch ab, zum anderen Teil erfordern sie Denkprozesse. Jegliches Verhalten und daher auch jegliches Lernen umfaßten assoziative Prozesse. Ein Großteil des Lernens besteht in der routinemäßigen Durchführung von Aufgaben, die zu Beginn Denken und Konzentration erforderten. Beispiele dafür sind das Alphabet, das Einmaleins und historische Daten.

Der grammatisch richtige Gebrauch der Syntax kann immer dann weiter aufgebaut und gefestigt werden, wenn man sich sprachlich mitteilt. Der Unterricht sollte so strukturiert sein, daß für die Kinder die Möglichkeit und der Anreiz besteht, selbst zu Wort zu kommen.

Das visuelle Verständnis steht in enger Beziehung zu der Figur-Hintergrund-Wahrnehmung; es kann mit Hilfe von Übungen der visuellen Perzeption aufgebaut werden. Das auditive Verständnis kann eingeübt werden (falls das Kind richtig hört), indem man dem Kind unterschiedliche Dialekte oder gemurmelte Worte vorspricht und ihm die Aufgabe stellt, zu versuchen, den Inhalt zu verstehen. Grobe Störungen der auditiven Perzeption wirken sich sehr nachteilig aus, weil ein Defizit in der auditiven Figur-Hintergrund-Wahrnehmung einem Kind erschwert, eine gesprochene Mitteilung in einem Raum mit vielen Geräuschen wahrzunehmen. Die auditiv-perzeptionelle Schlußfolgerung steht zu der auditiven Figur-Hintergrund-Wahrnehmung in derselben Beziehung wie die visuelle Schlußfolgerung zu der visuellen Figur-Hintergrund-Wahrnehmung. Der Autorin sind keine Ergebnisse bekannt, die den Erfolg des Trainings des auditiven Verständnisses leugnen.

Auch das Gedächtnis ist eine psychische Funktion, die für jedes Verhalten von Bedeutung ist; ohne Gedächtnis würden wir uns wie ein neugeborenes Kind benehmen. Die ITPA erfaßt zwei Gedächtnisleistungen, die in jedem Trainingsprogramm enthalten sind, das auf diesem Test basiert. Es handelt sich um das Gedächtnis für auditive Abfolgen und für Abfolgen von visuell dargebotenem Material.

Beispiele des Gedächtnistrainings für auditive Abfolgen sind in dem Buch „Lernprobleme im Klassenzimmer" (Frostig u. Maslow, 1976) enthalten. Im folgenden geben wir ein Beispiel eines sequentiellen Spiels. Jedes Kind muß eine Abfolge von Satzteilen wiederholen, die mit jeder erfolgreichen Wiederholung länger wird.

1. Kind: Ich fliege zum Mars und nehme einen Raumanzug mit.
2. Kind: Ich fliege zum Mars, nehme einen Raumanzug und einen Raumhelm mit.
3. Kind: Ich fliege zum Mars, nehme einen Raumanzug, einen Raumhelm und sechs Tafeln Schokolede mit.
4. Kind: Ich fliege zum Mars, nehme einen Raumanzug, einen Raumhelm, sechs Tafeln Schokolade und einen Photoapparat mit . . . u. s. w.

Das Gedächtnis für visuelle Sequenzen kann während des Kunst- und Bastelunterrichts oder während des Wahrnehmungstrainings durchgeführt werden, wobei man das Kind bittet, bestimmte Muster mit unterschiedlichem Material zu erinnern und zu reproduzieren. Die meisten Aktivitäten können auch in das Lernen von schulischen Fertigkeiten oder Inhalten eingebaut werden.

Die Schulung der visuellen Wahrnehmungsfähigkeit

Störungen und Mängel der visuellen Perzeption beeinträchtigen die Anpassung des Kindes auf vielfache Weise, weil die Wahrnehmung als eine der grundlegendsten Funktionen des Organismus – wenn nicht tatsächlich als die zentralste Funktion überhaupt – angesehen werden kann. Merleau-Ponty (1964) prägte den Ausdruck des „Primates der Wahrnehmung" und schrieb: „Wir hören nie auf, in der Welt der Wahrnehmung zu leben. Die Wahrnehmung liegt all unseren motorischen und affektiven wie auch sensorischen Funktionen zugrunde." Alles Verhalten basiert in der Tat auf der Wahrnehmung. Das Training der visuellen Wahrnehmung spielt eine bedeutende Rolle bei der Behandlung von Lernstörungen, weil eine mangelhaft ausgebildete Wahrnehmung sich störend auf alle anderen psychischen Funktionen auswirken kann, und weil der Gesichtssinn beim Menschen dominiert. Sprache, motorische Funktionen und Denkprozesse sind von Wahrnehmungsprozessen abhängig; ihre Entwicklung wird verzögert oder sogar unterbrochen, wenn visuelle, auditive oder kinästhetische Wahrnehmungsprozesse gestört sind.

Die grundlegende Bedeutung der Wahrnehmung zeigt sich auch in der Beziehung zwischen Wahrnehmungsfunktionen und Intelligenz. Binet (1969) definierte Intelligenz als Wahrnehmung und als Funktionen, denen Wahrnehmungsprozesse zugrundeliegen. Er schrieb: „Das, was man im strengen Sinne als Intelligenz bezeichnet, besteht aus zwei prinzipiellen Dingen: zunächst wird die externe Welt wahrgenommen, und danach werden diese Wahrnehmungen in Form von Gedächtnisinhalten verändert und gespeichert."

Die Schulung der visuellen Wahrnehmung wird von Dr. Seidel behandelt. Außerdem stehen verschiedene deutsche Übersetzungen der Autorin und ihrer Mitarbeiter zur Verfügung, die sich mit dem Wahrnehmungstraining befassen. Eine zusätzliche Behandlung dieses Themas sollte sich daher erübrigen. Wir werden statt dessen einige grundlegende Prinzipien darstellen.

Zunächst müssen wir die Frage beantworten, für welche Kinder ein Training der visuellen Wahrnehmung in Frage kommt.

Die visuelle Wahrnehmung darf nicht nur im Zusammenhang mit dem schulischen Lernen gesehen werden, sie muß vielmehr im Zusammenhang mit allen Erfahrungen und Aktivitäten gesehen werden, die das Kind gegenwärtig und in Zukunft unternimmt. Wahrnehmungsfähigkeiten sind in allen Lernsituationen in- und außerhalb der Schule erforderlich. Wenn ein Kind ein Wort im Wörterbuch oder eine Nummer im Telefonbuch nachschlägt, wenn es experimentiert oder malt oder bastelt, bei all diesen Aktivitäten werden Wahrnehmungsfähigkeiten eingesetzt.

Mängel in der Wahrnehmung behindern ein Kind sehr stark bei geometrischen Aufgaben. Wenn die räumliche Wahrnehmung nur schwach ausgebildet ist, sind Orientierungsstörungen die Folge; Menschen mit diesen Mangelerscheinungen fühlen sich in einem neuen Hotel oder in einer unvertrauten Umgebung verloren.

Wenn jemand eine schöne Landschaft bewundert, wenn er mit Symbolen arbeitet, wenn er eine Landkarte oder ein Diagramm liest – bei all diesen Fähigkeiten spielt die visuelle Wahrnehmung eine Rolle.

Dies sind nur Beispiele für Aktivitäten, die verschiedene Wahrnehmungsfähigkeiten erfordern. Gerade weil die visuelle Wahrnehmung in so vielen Situationen eine Rolle spielt, kann eine große Anzahl von Aktivitäten für die Therapie von Störungen im Bereich der visuellen Wahrnehmung eingesetzt werden.

Das Training der visuellen Wahrnehmungsfähigkeit sollte so breit wie möglich angelegt werden (vgl. die Bücher der Autorin). In jedem Unterricht sollte der Lehrer darauf achten, ob es einem Kind schwerfällt, an speziellen Übungen teilzunehmen, die die visuelle Wahrnehmungsfähigkeit beanspruchen. Kann es sich konzentrieren und die Konzentration über eine längere Zeitspanne beibehalten? Nimmt es seine Umwelt bewußt wahr? Kann es aus einem Bild den Sinn ersehen? Zu häufig wird die Effektivität des Trainings der visuellen Wahrnehmung nur anhand seiner Effekte auf den Erwerb schulischer Fähigkeiten, besonders des Lesens, beurteilt.

Es ist sicher die Hauptaufgabe einer Schule, grundlegende Fertigkeiten zu vermitteln; ein Training der visuellen Wahrnehmungen kann diese Aufgabe entscheidend erleichtern. Um dieses Ziel zu erreichen, sollte der Lehrer ein „Transfertraining" durchführen, indem er dem Kind Ähnlichkeiten zwischen den Wahrnehmungsübungen und den Aufgaben, die in der Schule durchgeführt werden, aufzeigt.

Der Lehrer oder Therapeut zeigt dem Kind, wie es die Kreise, schrägen Linien und Kurven, die es im Training gelernt hat, zum Schreiben von Buchstaben einsetzen kann. Ein weiteres Beispiel ist der Transfer von Fähigkeiten, die bei den Übungen der spezifischen Figur-Hintergrund-Wahrnehmung erworben werden, auf spezifische Lesefertigkeiten. Das Kind sollte bei den Übungen auf den Gebrauch von Prüftechniken aufmerksam gemacht werden und dann diese Fähigkeiten bei der Durchsicht einer Seite nach Informationen einsetzen. Man sollte dem Kind zeigen, daß es die Fähigkeiten, die es in der Schule lernt, im Alltag brauchen kann. Die Schulung des Gedächtnisses für Sequenzen kann ihm helfen, ein Kartenspiel zu gewinnen; Buchstaben kann es besser unterscheiden, wenn zuvor Übungen zur Erfassung der Formkonstanz durchgeführt worden sind. Die Wahrnehmung von räumlichen Beziehungen ist notwendig für das Buchstabieren, für Anagrammspiele, für das Lösen von Kreuzworträtseln und möglicherweise auch für das Gewinnen eines Wettstreits im Fernsehen.

Die Ausbildung höherer kognitiver Funktionen

Kognitive Funktionen stehen gegenwärtig im Mittelpunkt des wissenschaftlichen Interesses. Sie umfassen alle diejenigen psychischen Prozesse, die das menschliche Wesen mit Information versorgen. Wahrnehmung, Gedächtnis und Denken sind Beispiel dieser Prozesse. Emotion und Sprache sind, wie oben beschrieben, untrennbar miteinander verbunden. Wenn man es in Piagets Worten ausdrücken will, kann man sagen, daß alle psychischen Prozesse der Assimilation von Information und der Akkommodation an neue Information dienen. Die kognitive Psychologie hat dem Lehrer für die Ausbildung kognitiver Funktionen neue Aufgaben gestellt. Aber Verhaltensregeln zum Training kognitiver Funktionen bestehen bisher keineswegs. Das mag daran liegen, daß kognitive Lernprozesse variabel und komplex sind. Eine Unterrrichtsmethode, die einer Situation angemessen sein kann, kann sich in einem anderen Zusammenhang nachteilig auswirken. Hierzu ein Beispiel: Der Erwerb von Fertigkeiten und Fakten gelingt gewöhnlich dann am besten, wenn man schrittweise vorgeht; aber wenn es darum geht, komplizierte Beziehungen zu erfassen, ist es möglicherweise besser, zunächst einen Überblick über das Thema und Problem zu geben.

Aufgrund der Interaktion zwischen einzelnen kognitiven Faktoren können diese experimentell nicht mit nur einer unabhängigen Variablen behandelt werden. Unwesentlichere Variablen können in Kombination mit anderen größere Bedeutung erlangen als jede Hauptvariable für sich allein. Jeder Lernende zeigt ein großes Spektrum von Strategien, mit denen er seine Lernaufgaben zu bewältigen versucht. Diese Strategien hängen von der Struktur des individuellen Fähigkeitsrepertoires ab.

Hieraus können zwei wichtige Schlußfolgerungen gezogen werden. Eine Schlußfolgerung haben wir bereits gezogen: Jeder Unterricht, der die Verbesserung der kognitiven Funktionen des Kindes zum Ziel hat, muß die individuellen Fähigkeitsmuster des Kindes berücksichtigen. Die zweite Schlußfolgerung ist: Je mehr unterschiedliche Ansätze ein Lehrer einsetzen kann, d. h. je größer seine didaktischen Fähigkeiten sind, desto besser wird er angemessene Techniken erfolgreich auswählen. Gewöhnliche Lehr- und Arbeitsbücher sprechen nicht ein breites Spektrum von Fähigkeiten des Schülers systematisch an, und daher ist es so notwendig, individuelle Lehrtechniken zu entwickeln. Das Training muß nicht nur die multivariablen Strategien umfassen, die zur Lösung kognitiver Problemstellungen angewandt werden können, wie z. B. der Gebrauch verschiedener Sinnesmodalitäten, also von visueller und auditiver Perzeption, die verschiedenen Formen des Hinterfragens, die Kombination von verbaler und nichtverbaler Darbietung usw; mit einem lerngestörten Kind müssen zusätzlich spezielle praktische Übungen durchgeführt werden.

Das Buch „Lernprobleme im Klassenzimmer" gibt viele Beispiele von Übungen, die den Aufbau mangelhaft ausgebildeter kognitiver Fähigkeiten zum Ziel haben. Das Kind sollte lernen, Probleme zu lösen, relevante Informationen zu erfragen, und es sollte trainiert werden, mnemotechnische Entwürfe einzusetzen, um das, was es sieht und hört, besser behalten zu können. Ferner sollte es klassifizieren und kategorisieren lernen wie auch Informationseinheiten zueinander in Beziehung zu setzen.

Der Lehrer wird dem Kind am meisten helfen, wenn er sich von dem Grundsatz leiten läßt, daß das letzte Ziel der Erziehung nicht im Lernen einzelner Fakten liegt, wie z. B. der Name einer Hauptstadt, die Höhe eines Berges oder das Einmaleins. Einige der vorrangigen Erziehungsziele sollten darin bestehen, dem Kind Erfahrungen zu vermitteln, die es ihm ermöglichen, weitere Informationen zu erwerben, um ein integriertes Wissen aufbauen zu können – selbst wenn es die Schule schon lange hinter sich hat. Außerdem sollte man dem Kind Erfahrungen vermitteln, die ihm dazu verhelfen, seinen Wortschatz zu vergrößern und die sein rechnerisches und logisches Denken verbessern und die es ihm ermöglichen, aus seinen Lebenserfahrungen zu lernen.

Besserung globaler Verhaltensstörungen

„Globale Verhaltensstörungen" oder „globale Symptome" zeigen sich gewöhnlich in der Art und Weise, wie ein Kind sich bewegt, kommuniziert, wahrnimmt und denkt. Bei fast allen lerngestörten Kindern beobachtet man diese globalen Symptome. Es wäre ein Irrtum, anzunehmen, daß diese Auffälligkeiten nur die neurologisch geschädigten Kinder betreffen. Schwer emotional gestörte und wirtschaftlich benachteiligte Kinder können ähnliche Charakteristika aufweisen.

Die globalen Eigenschaften von Kindern mit Lernstörungen vermitteln den Eindruck der Desorganisation. Sie sind gewöhnlich unaufmerksam, oft unruhig, können sich nicht konzentrieren und sind nicht fähig, sich auf längere Zeit mit einer Sache zu befassen. Auch ihre Wahrnehmung und ihre Motorik sowie der kognitive Bereich erscheinen desorganisiert, daher erzielen sie nur mangelhafte Leistungen. Ihre Emotionen sind oft überschießend; andere Kinder scheinen unbeteiligt, lethargisch und desinteressiert, während das normale Kind doch für bestimmte Zeiträume aktiv am Unterricht teilnimmt.

Konzentrationsmangel

So wurde die Hypothese aufgestellt, daß die Konzentrationsschwäche bei lerngestörten Kindern die stärkste Beeinträchtigung darstelle. Myklebust, Cruickshank u. Frostig aber vertreten die Auffassung, daß man spezifische globale Störungen unterscheiden kann, nämlich mangelhafte Zuwendung und Aufmerksamkeit für eine verlangte Aufgabe sowie unkontrollierte Impulsivität. Ob diese eine Folge eines „minimalen Hirnschadens" sind, mag dahingestellt bleiben. Zwei Ansätze sind notwendig, dem Kind zu helfen, seine Impulsivität zu kontrollieren. Die Kombination eines Trainings der Wahrnehmungsfähigkeit und die direkte Schulung der Kontrollfähigkeit und Aufmerksamkeit ist für die meisten lerngestörten Kinder sinnvoll.

Aufmerksamkeitstraining

Über die Definition psychologischer Begriffe läßt sich selten, wenn überhaupt, Einigkeit erzielen. Die Definition der Aufmerksamkeit stellt keine Ausnahme von dieser Regel dar. Hallahan (1975) unterscheidet vier Aspekte bei der Aufmerksamkeit:

1. Konzentration für aufgabenrelevante Stimuli
2. Kontrolle der Impulsivität
3. Wachheit (Vigilanz)
4. Fähigkeit, die Aufmerksamkeit flexibel einzusetzen.

Diese Aspekte der Aufmerksamkeit hängen eng miteinander zusammen, die Unterscheidung ist jedoch von heuristischem Wert, denn jeder dieser Aspekte der Aufmerksamkeit kann isoliert betrachtet werden.

Vielen lernbehinderten Kindern ist es nicht möglich, eine stark stimulierende Umgebung zu ertragen. Für solche Kinder muß man ein Klassenzimmer ohne Bilder und Informationstafeln schaffen.

Im folgenden sind einige Prinzipien angeführt, die dem Kind helfen, sich auf relevante Stimuli zu konzentrieren.

1. Das Kind muß wissen, welchen Bestandteilen des Unterrichts es sich zuwenden soll. Lehrer machen manchmal den Fehler, daß sie Kinder auffordern, aufzupassen, ohne deutlich zu sagen, *worauf* sie sich konzentrieren sollen.
2. Kinder mit Lernproblemen brauchen manchmal mehr Zeit als ein normales Kind, um auf einen Stimulus zu reagieren, und sie brauchen auch mehr Zeit, um korrekte Assoziationen aufzubauen. Hier darf man nicht drängen!
3. Der Lehrer sollte den kritischen Teil der Aufgabe hervorheben.
4. Bewegungs- und Berührungserlebnisse können bewirken, daß sich das Kind stärker einem Stimulus zuwendet. Dabei können Augenbewegungen ganze Körperbewegungen ersetzen. Diese Tatsache zeigte sich im Lernverhalten von Thalidomid-geschädigten Kindern, die lernen können, indem sie die Bewegungen anderer beobachten, ohne sie selbst ausführen zu können.
5. Wie bereits erwähnt, verbessert sich die Aufmerksamkeit, wenn das Kind lernt, einen spezifischen Stimulus, z. B. eine Figur, vom Untergrund zu unterscheiden. Hier kann man zusätzliche Stimuli einführen, um den Hauptstimulus hervorzuheben. Diese Hinweisreize können dann stufenweise abgebaut werden.

Verspieltheit

Mangelnde Aufmerksamkeit kann auch als „Verspieltheit" interpretiert werden. Eltern sollten einsehen, daß Verspieltheit ein Symptom und keine Sünde ist. Mißstimmung und Ärger in der Familie oder die Sorge der Eltern können wesentlich zur Störung eines Kindes beitragen. Der Familienarzt kann durch seine Beratung weiteren Schädigungen vorbeugen. Ängstliche Kinder oder solche, die sich vor Fehlern fürchten, ziehen sich in die Welt des Spieles zurück. Freudige Erwartung vermindert die Aufmerksamkeit gleicherweise. Das Verhalten des Kindes in der Schule vor Weihnachten oder Ostern zeigt das klar und deutlich.

Phantasie und Spiel sind an und für sich von außerordentlicher biologischer

Bedeutung. Die Phantasie ist für das seelische Gleichgewicht des Kindes von Wichtigkeit. Ein verträumtes Kind zeigt, daß es sich nicht gut an die Umwelt anpaßt und sich deshalb in seine Traumwelt zurückzieht – jeder Kinderarzt kennt das. Es ist seine oder des Psychologen Aufgabe, herauszufinden, warum sich das Kind nicht besser anpaßt; der Berater sollte möglichst die Lebensbedingungen und die Einsicht des Kindes fördern, es also zum Lernen motivieren, damit die Anpassung erleichtert wird.

Wenn das Kind seine Phantasien im Spiel ausdrücken kann, so zeigt es eine gesündere Reaktion, als wenn es in Reden phantasiert. Das Spiel ist die natürlichste und beste Art des Lernens. Vorstellungsgabe, Kreativität, logisches Denken, Problembewußtsein werden im Spiel geübt, und emotionale Störungen werden abreagiert. Das Spiel stört jedoch, wenn es die Zeit, die das Kind zum schulischen Lernen braucht, in Beschlag nimmt. Man muß nach der Ursache fragen: Ist das Kind verstört? Ist es zu sehr verwöhnt, oder will es sich nicht anstrengen? Ist es leicht ermüdbar? Sind die Anforderungen zu groß? Die Schulaufgaben zu langweilig? Oder hat das Kind insgesamt zu wenig Zeit für diese seine wichtigste Beschäftigung? Im Umgang mit der Familie werden Arzt und Psychologe die Ursache der Verspieltheit herausfinden.

Vielleicht ist es bei der Behandlung der Unaufmerksamkeit am wichtigsten, sich Pubrams Definition der Unaufmerksamkeit zu merken (Pubram 1969): „Unaufmerksamkeit ist eine Verteidigung gegen Stimuli, die nicht assimiliert werden können." Es ist kein Zweifel, daß die Umwelt gewöhnlich eine gewichtige Teilursache für Unaufmerksamkeit liefert.

Die Behandlung der Impulsivität

Impulsives Verhalten läßt sich häufig in Schulen für lernbehinderte Kinder beobachten. Es ist die Ursache für Auseinandersetzungen wie auch für die sogenannten „Kurzschluß-Fehlleistungen" bei der Arbeit des Kindes. Nach Luria stabilisiert sich normalerweise die innere direktive Kontrolle durch verbale Befehle im Alter von etwa 2 Jahren und 8 Monaten. Wir hören z. B., daß das Kind, das unerlaubt nach einem Bonbon greifen will, zu sich selbst sagt „nein, nein" und dann weggeht. Lernbehinderte Kinder sind jedoch häufig nicht fähig, ihre Handlungen durch die innere Sprache zu kontrollieren. Stets dann, wenn ein neuer Reiz auftritt, der die Neugier weckt oder eine Belohnung verspricht, kann das Kind nicht mehr dem zuvor erteilten Befehl nachkommen. „Die unmittelbare Orientierungsreaktion unterdrückt die Spuren der verbalen Aufforderung" (Luria 1969, S. 111).

Luria versuchte, die impulsiven Handlungen eines Kindes zu ändern, indem er ihm beibrachte, die innere Sprache einzusetzen, um sie unter

Kontrolle zu bringen. Luria versuchte sich mit Erfolg auch an lernbehinderten Kindern; seine Technik wurde von vielen Autoren in USA und Kanada kopiert bzw. weiterentwickelt.

Die Kontrolle des Verhaltens durch den Einsatz der Sprache als vermittelnde Variable ist besonders bei Kindern wichtig, denen es überhaupt schwerfällt, Anweisungen zu befolgen. Die Autorin beobachtete und viele andere Lehrer berichteten, daß neurologisch geschädigte Kinder oft nicht fähig sind, verbale Instruktionen zu befolgen, daß dies ihnen aber gelingt, wenn man ihnen erlaubt zu wiederholen, was der Lehrer gesagt hat. Man hat oft beobachtet, daß das Sprechen, das Verstehen und Behalten von auditiv wahrgenommenen Inhalten dadurch erleichtert wird. Die meisten Menschen werden beispielsweise eine Telefonnummer wiederholen, die sie sich merken wollen. Aber es gibt Kinder, die keine Handlung vollenden können, wenn sie nicht wiederholen, was sie tun sollen. Die Sprache hilft, Impulse zu kontrollieren.

Dies sind Elemente eines kognitiven Verhaltenstrainings. Der folgende Auszug aus einer Fallgeschichte mag das Vorgehen verdeutlichen.

Mike, ein sehr intelligenter, gutaussehender, großer und kräftiger 10jähriger Junge, litt unter starken und unkontrollierbaren Wutanfällen. Er war leicht verletzbar und reagierte mit Wutausbrüchen, wobei er seinen wirklichen oder imaginären Gegner angriff. Er wurde dann streng bestraft und reagierte mit Scham, Angst und Zurückgezogenheit. Er war der Meinung, ein „Nichtsnutz" zu sein und glaubte, jemanden verletzen oder töten zu können. Schließlich weigerte er sich, das Haus zu verlassen. Er ging nicht mehr zur Schule und wurde von einem Hauslehrer unterrichtet. Wenn man ihn ab und zu zwang, das Haus zu verlassen, bestand er darauf, im Auto auf dem Boden liegend zu fahren, so daß ihn niemand sehen könne.

Als Mike zum erstenmal seine Therapeutin besuchte, wurde er in der gewohnten Art im Auto gebracht und weigerte sich, seinen geschützten Ort zu verlassen. Die Therapeutin ging zum Auto und sagte, sie wisse, daß er sich nicht wohlfühle und daß sie ihm helfen wolle. Schließlich willigte er ein, mit ihr zu kommen. Die Therapeutin schlug dann vor, daß sie Vulkane untersuchen würden, und im Laufe der folgenden Wochen lasen sie über Vulkane, zeichnete Vulkane und bauten Vulkanmodelle. Die Tatsache, daß ein Vulkan „ausbrechen kann, wenn der Druck zu groß wird", wurde wiederholt diskutiert.

Eines Tages, als der Junge und die Therapeutin schon Freunde geworden waren, fielen der Malkasten und das Wasser auf den Boden. Mike wollte aufspringen; er errötete und mit erhobenen Armen rief er: „Jetzt gehe ich in die Luft." Die Therapeutin hielt ihn zurück, legte die Arme um seine Schultern und sagte mit tiefer Stimme, wobei sie jedes Wort betonte: „Zuerst – denken – wir –, dann – gehen – wir – in – die – Luft."

Mike hörte zu und entspannte sich. In der folgenden Diskussion wurde klar, daß Denken den Ausbruch überflüssig machen würde – aber man könnte ja vergessen zu denken. Deshalb wäre es sinnvoll, wenn Mike sich bei jedem aufkommenden Ärger an den Satz erinnern würde: „Zuerst denken wir, und dann gehen wir in die Luft."

Im Laufe der nächsten Wochen tat die Therapeutin häufig etwas, das Mike gewöhnlich ärgerte, nachdem sie ihn vorgewarnt hatte. Sie störte Mike z. B. beim Modellbauen und sagte: „Komm, wir gehen spazieren." Wenn Mike sich zu ärgern begann, sagte die Therapeutin: „Zuerst . . .", und Mike vollendete den Satz. Nach sechsmonatiger Behandlung konnte Mike wieder die Schule besuchen, und sein Verhalten in der Schule und zu Hause war einwandfrei.

In dieser wie auch in anderen Untersuchungen stellte die Behandlung durch Selbstinstruktionen nur *einen* Aspekt der Behandlung dar, obwohl es hier der kritische Teil war. Die Therapeut-Kind-Beziehung, das Einschalten der Pause vor dem Handeln, das Bemühen, Eltern und Kind die psychologische Bedeutung der Wutanfälle verständlich zu machen, waren weitere wichtige Aspekte der Behandlung.

Störungen der integrativen Funktionen

Störungen der integrativen Funktionen können als globale Mängel bezeichnet werden, weil sie in gleicher Weise alle Aspekte des Verhaltens beeinträchtigen, ähnlich wie der Verlust an Kontrolle und Aufmerksamkeitsschwächen. Die neurophysiologischen Grundlagen der integrativen Funktionen lassen den Schluß zu, daß zahlreiche Lern- und Anpassungsschwierigkeiten durch Störungen der integrativen Funktionen verursacht werden (vgl. S. 16).

Als Ursache für diese Störungen vermutet man einerseits organische Hirnschäden, andererseits das Fehlen frühkindlicher Erfahrungen, die zur Entwicklung integrativer Fähigkeiten notwendig sind. Auch eine schlechte Ernährung in den ersten Lebensjahren wird hier besonders angeschuldigt, doch pflegen sich in Situationen, die eine mangelhafte Ernährung bedingen, weitere kulturelle und emotionale Mängel abzuspielen. Integrationsfähigkeit bedeutet die visuell-motorische Kontrolle, deren Fehlen den Erwerb des Lesens und Schreibens hemmt. Das Lesen fordert die koordinierte Zusammenarbeit beider Hirnhemisphären (Rudel und Denckla, 1976), dasselbe trifft für das Schreiben und die Entwicklung der Rechenfähigkeit zu.

Störungen in der Integration sind bei allen hirngeschädigten Kindern außerordentlich häufig, und auch der Wechsel zwischen verschiedenen Sinnesmodalitäten wie auch zwischen visuellen und auditiven Stimuli sowie das Gedächtnis können beeinträchtigt sein. Moya Tyson (1961) hat darauf hingewiesen, daß der Zeichen-Symbol-Test im Hamburg-Wechsler Intelligenztest für Kinder besonders die assoziativen und integrativen Funktionen erfaßt und daher ein besserer Indikator für Lernschwierigkeiten ist als jeder andere Untertest. Dieser Zeichen-Symbol-Test korreliert relativ hoch mit der anfänglichen Lesefähigkeit.

Das Training von assoziativen Funktionen und von Integrationsfähigkeit beruht auf gleichzeitiger Stimulation mehrerer Sinnesfunktionen, z. B. Anschauen und Hören, dann Sprechen; oder in der Kodierung von Aufgaben, also das Ersetzen von Testworten durch Zeichensymbole, ähnlich wie im Hamburg-Wechsler Intelligenztest für Kinder. Ferner sind Analogieaufgaben nötig, wie sie in jeder Schulklasse durchgeführt werden. Stets hat sich – darüber hinaus und für eine normale Schulklasse unüblich – die Bewegungserziehung nach mündlicher oder figürlicher Anweisung als hervorragend fördernd für die Assoziationsfähigkeit erwiesen. Beispiele dafür findet man bei Frostig/Maslow „Lernprobleme im Klassenzimmer".

Unterstützung der emotionalen und sozialen Entwicklung des Kindes

Ein Aspekt der integrativen Funktionen, der noch nicht erwähnt wurde, ist die Integration des Denkens, Wahrnehmens und Handelns mit Emotionen. Jedes Verhalten hat eine affektive Tönung. Die Struktur des Kindes selbst zeigt, daß eine Trennung kognitiver und affektiver Funktionen nicht möglich ist. Die Formatio reticularis und das limbische System sind an jeder Aktivität beteiligt. John u. Killan (1959) fanden, daß die kortikalen Impulse bei motiviertem Organismus zwei- bis dreimal stärker sind als beim nicht motivierten. Es handelt sich freilich um Experimente an Katzen. Aber alltägliche Beobachtungen lassen keinen Zweifel daran, daß Emotionen den menschlichen Organismus motivieren, sich effektiver der einlaufenden Information zuzuwenden. Motivation ist notwendig für die Konzentration und für die Aufrechterhaltung der Aufmerksamkeit (Vigilanz). Ärzte und Psychologen sollten erkennen, daß die *Ursachen für akute Lernstörungen oft im emotionalen Erlebnisbereich liegen,* während Lehrer, ihrer Ausbildung entsprechend, mehr dazu neigen, Kinder durch Angst vor Strafe oder durch eine extrinsische Belohnung zu motivieren. Ein solches Eingreifen wird die Ursache der Lernstörung kaum beseitigen.

Streß und emotionaler Bereich. Kritik des Behaviorismus

Die effektivste Motivation für ein gesundes Kind ist eine intrinsische; sie setzt sich zusammen aus dem Wunsch, zu wissen, zu lernen, Anregung zu bekommen und weiterzumachen. Alle Kinder müssen freilich auch ein gewisses Maß an Streß und Enttäuschung ertragen, der Streß darf ein Kind nur nicht überfordern. „Was Kinder gesund hält, ist ihre Fähigkeit, den Streß mit ihren eigenen Kräften zu meistern" (Murphy 1976).

Aber was geschieht mit den Kindern, die keine inneren Kräfte besitzen?

Bei Kindern mit Lernproblemen muß Streß vermieden werden, weil sie eben nicht die inneren Kräfte besitzen, die nötig sind, um zu bestehen, und weil sie ohnehin bereits unter Streß stehen, weil sie um ihre Störung wissen und weil sie von ihren Familien, von anderen Kindern und vom Lehrer zurückgestoßen werden. Sie werden möglicherweise für Fehler bestraft, die sie nicht vermeiden können, und dafür, daß sie nicht erfolgreich sind. Grundsätzlich gilt, daß lernbehinderte Kinder Situationen nur schlecht bewältigen können, in denen Nachdenken verlangt wird. Sie sind desorganisiert, sie haben Mängel in der Sprache und womöglich zusätzlich in der Wahrnehmung und in ihrer Merkfähigkeit. Murphy führte den Begriff der „primären Anfälligkeit" ein und meinte damit den desintegrierenden Einfluß von Mängeln, die organisch bedingt sind, entweder durch ihre Verankerung in ihrem Genom, durch ein vorausgegangenes Trauma oder durch Krankheit.

Der äußere und innere Streß führt zu weiterem Zusammenbruch, zur Hemmung kognitiver Funktionen und zu weiteren emotionalen Störungen. *Das Bewußtsein teilleistungsgestörter Kinder, „nichts" leisten zu können, verstärkt die Streßsituation.* Ein Kind zum Beispiel, das sich örtlich und räumlich gut orientieren kann und das sich alles im Hause einprägen kann, das aber sprachbehindert ist, oder ein Kind, das sich ausdrücken kann und einen intelligenten Eindruck macht, jedoch an Merkstörungen leidet und sich z. B. das Einmaleins nicht einprägen kann, wird zwangsläufig verwirrt werden. Solche Kinder mögen sich fragen: „Warum kann ich das nicht? Wer bin ich? Werde ich fähig sein, meine täglichen Aufgaben zu bewältigen?" Diese Kinder benötigen daher viel Nachhilfe, um das Klassenpensum zu bewältigen, aber auch dafür, soziale Beziehungen zu Gleichaltrigen und Erwachsenen aufbauen zu können. Erst müssen sie wissen, daß sie dem Lehrer vertrauen können, und sie müssen seine Unterstützung und Führung akzeptieren und damit ihre Angst abbauen. Reduktion von Angst führt bekanntlich häufig allein schon zu einer Verbesserung der Leistung.

Unglücklicherweise wird die emotionale und damit soziale Erziehung des Kindes in vielen Ländern stark vernachlässigt. In USA wurden Kognition und Informationsverarbeitung zu den Hauptthemen der Diskussion im Erziehungssektor. Silberman (1970, S. 8) führt den Mißerfolg der Schulen bei den Bemühungen um bessere Schulleistungen und um eine bessere kognitive Entwicklung und seelische Gesundheit auf die Überbetonung der Kognition und auf die Vernachlässigung der affektiven Erziehung zurück. Das ist zweifellos richtig.

Disziplin im Klassenzimmer wird zuweilen nur innerhalb des theoretischen Rahmens der Lerntheorie und der Verhaltenskontrolle gesehen. Im Behaviorismus wie auch im kognitiven Behaviorismus liegt die Betonung auf Kontrolle. Diesen Methoden im Unterricht liegen zwei Annahmen zugrunde: Vertreter der behavioristischen Methoden gehen von der Annahme aus, daß Kinder primär nicht intrinsisch motiviert sind zu lernen und daß daher der Lernfortschritt gering sein müsse und unerwünschtes Verhalten in der Klasse auftreten könne, wenn keine extrinsischen Anreize gesetzt würden. Die zweite Annahme besteht darin, daß das Verhalten geändert werden kann, wenn die Vorbedingungen und Konsequenzen des unerwünschten Verhaltens modifiziert werden. Hierzu ein Beispiel:

Johnny wird angewiesen, eine Rechenaufgabe zu lösen. Er sitzt da und schaut aus dem Fenster. Der Lehrer gibt Johnny eine schlechte Note. Die Vorbedingung für Johnnys Verhalten war die Überforderung durch den Lehrer, die Konsequenz war die schlechte Note und vermutlich eine Zurechtweisung zu Hause.

Wenn der Lehrer die Vorbedingungen des unerwünschten Verhaltens zu dem Zweck ändert, das Verhalten selbst zu modifizieren, hat er möglicherweise den Schwierigkeitsgrad der Probleme geändert; er könnte Johnny z. B. ermutigen, während er die Anweisungen gibt, er könnte ihm Hilfsmittel an die Hand geben oder er könnte ihm eine Belohnung für seine Anstrengungen versprechen. Die Konsequenz könnte in einem Brief an die Eltern über die gute Arbeit ihres Kindes bestehen, oder es können kleine Geschenke oder zusätzliche Freizeit gewährt werden usw. Solche sukzessiven Veränderungen der Vorbedingungen und Konsequenzen sind vermutlich notwendig, um die Ziele des Unterrichts zu erreichen.

Methoden der Verhaltensmodifikation können die Arbeit des Lehrers erleichtern und beim Aufbau von adäquatem Verhalten und Lernen behilflich sein, da die meisten Prinzipien der Verhaltensmodifikation jeden guten Unterricht auszeichnen. Beispiele sind unmittelbare Rückmeldung (umgehende Informierung des Kindes über die Richtigkeit seiner Reaktion), Informierung des Schülers über die Ziele des Unterrichts, wobei jeder Schüler sein Anfangsniveau selbst bestimmen kann, das Fortschreiten in sorgfältig beschriebenen kleinen Schritten, die Überprüfung des Fortschritts des Schülers, wobei gute Leistungen belohnt werden und Bestrafung vermieden wird. Skinner und seinen Anhängern kommt das Verdienst zu, diese Methoden entwickelt und systematisiert zu haben. Extrinsische Motivation, die man als unnötig, als Bestechung des Kindes oder als Verwöhnung ansah, wurde abgelehnt, bevor Skinner ihren Wert demonstrierte und die Lehrer überzeugte, daß sie ihren Platz im Klassenzimmer hat und daß sie ein unverzichtbares Mittel besonders bei lernwilligen Kindern darstellt. Aber unglücklicherweise wurden die Methoden der Verhaltensmodifikation für ein Allheilmittel gehalten und überstrapaziert. Das Verhaltenstraining bringt nämlich durchaus Nachteile im Unterricht: Kreativität, Stimmung und Emotionen des Kindes werden sträflich vernachlässigt.

Zweifellos muß ein Lehrer die Interessen, Stimmungen und Erlebnisse seiner Schüler berücksichtigen, bevor er auf ihr Verhalten reagiert. Ein Kind, das sich fürchtet, weil ein Zahnarzttermin bevorsteht, wird in der Schule besser auf den Trost des Lehrers und auf seine physische Nähe ansprechen, als wenn man sein störendes Verhalten ignorieren oder wenn man ihm nur eine Belohnung für gute Arbeit versprechen würde.

Die Kinder, die neu in eine Schule aufgenommen werden, sind häufig destruktiv und gehemmt. Wenn ihnen das Arbeiten nicht gefällt, kritzeln sie das ganze Papier voll, zerstechen es mit einem Bleistift und zerknüllen es. Dieses störende Verhalten kann gewöhnlich abgestellt werden, wenn man dem Kind ein Kritzelpapier gibt, um die Heftigkeit seines Ärgers abzuleiten, aber indem man andererseits auch darauf besteht, daß das Arbeitspapier so sauber wie möglich gehalten wird.

Die Gefahr der Verhaltensmodifikation im Unterricht besteht darin, den Menschen als ein Objekt der Kontrolle zu betrachten. Das Kind wird mehr manipuliert als erzogen.

Erfolg ist das beste Gegenmittel gegen Streß. Es ist wichtig, daß die Aufgaben, die man dem Kind stellt, nicht zu leicht sein sollen. Das Kind sollte fähig sein, seine Aufgaben mit einem gewissen Maß an Mühe und mit Ermutigung durch den Lehrer zu lösen. Der Erfolg muß real sein. Das Kind muß wissen, daß es Fortschritte macht.

Die Erkennung und Behandlung der so häufig vorkommenden Streßsymptome sind oft nicht ohne die Zusammenarbeit von Schule und Arzt möglich. Der physiologische Begriff des Streß ist vielen Lehrern fremd und oft weder von ihnen noch von den Eltern verstanden. Hier kann die Hilfe des Arztes ausschlaggebend sein.

Der Einfluß der Gleichaltrigen-Gruppe auf die soziale Entwicklung

Die soziale Struktur der Schulklasse kann vom Lehrer dazu benutzt werden, die seelische Gesundheit der Kinder zu verbessern. Zu diesem Zweck muß die Spielzeit des Kindes so strukturiert und gelenkt werden, daß ein gemeinsames Spiel zustande kommt und die Kinder Beziehungen untereinander aufnehmen können. Der Lehrer muß darauf bedacht sein, bei den Kindern Gemeinschaftsgefühl und Klassengeist zu wecken und zu pflegen. Beobachtungen aus dem Kindergarten lassen vermuten, daß selbst kleine Kinder zu Empathie fähig sind. Der Lehrer sollte immer seine Billigung ausdrücken, wenn er bemerkt, daß ein Kind zu dem anderen Kind freundlich ist oder ihm hilft, während es heute noch vielfach üblich ist, daß ein Lehrer alle Kommunikation der Kinder untereinander unterbindet.

Aktivitäten sollten so organisiert werden, daß kleine Gruppen von Kindern für ein gemeinsames Ziel zusammengestellt werden, wie z. B. die Bemalung einer Wand, das Sammeln von Informationen für einen Bericht über ein allgemeines Thema, das Sammeln von Rezepten für ein Klassen-Kochbuch, Berichte über verschiedene Aspekte der schulischen Aktivitäten, das Führen eines Tagebuches, Gartenarbeit, Pflege von Haustieren und so fort.

Die Beziehung zwischen Erwachsenen und Kindern

Obwohl man die Bedeutung der Gleichaltrigen-Gruppe nicht hoch genug einschätzen kann, sind doch Kontakte zu Erwachsenen nicht weniger wichtig. Bronfenbrenner (1970) bedauert Kinder, die in USA in eine Gleichaltrigen-Kultur gestoßen werden, ohne daß man ihnen Kontakt mit anderen Altersgruppen ermöglicht. Solches trifft auch für die Bundesrepublik Deutschland nur allzu oft zu. Die Bandenbildung mit all ihren zerstörerischen Nebeneffekten ist eine der Konsequenzen.

Kinder brauchen die Hilfe von Erwachsenen, um zusammenarbeiten zu können – andernfalls kommt es oft zu Zerstörungswut, Vandalismus, Aggressionen und Feindseligkeit. Dieser Prozeß wurde schon von Golding in seinem Buch „The Lord of the Flies" veranschaulicht. Erwachsenenleitbilder und Führer sind für die gesamte Jugendzeit von Bedeutung. Wir alle wissen, daß die moderne Schule die Persönlichkeit des Lehrers, verglichen mit den Lerninhalten, die das wesentliche Ziel waren, unterschätzt hat. Kinderärzte waren stets ein Gegner dieser versachlichten Vermittlung von Lerninhalten an Kinder.

Kanalisierung und Umlenkung der Aggression beinhalten mehr langfristige Ziele als der Einsatz sanfter und unauffälliger Methoden in der Klasse. Die Zähmung aggressiver Tendenzen ist eine selbstverständliche Voraussetzung für die Erhaltung der menschlichen Gesellschaft. Der Erzieher hat die Aufgabe, dem Kind klar zu machen, daß es auch andere kulturelle Werte neben den eigenen respektieren muß. Er muß dem Kind die Werte verdeutlichen, die in der Zusammenarbeit, in der Pflege, in der Liebe – passiv und aktiv (um ein häufig mißbrauchtes Wort zu benutzen) – liegen. Er sollte nicht den Wettstreit um seiner selbst willen fördern, indem er Situationen verhindert, die Feindseligkeit schaffen. Der Gegenpol ist Zusammenarbeit, wozu auch die Eltern der Kinder herangezogen werden sollten.

Die Rolle des Lehrers

Der Lehrer der unteren Klassen weiß heute erneut, welche zentrale Rolle er spielt – hoffentlich ist er durch Nebenaktivitäten oder mangelndes Talent nicht davon abgehalten. Er ist der Planer der Unterrichtsverteilung und Unterrichtsmethoden, er gibt den Ton an und sorgt für Kontakt der Kinder untereinander, er muß die Brücke zu den Eltern schlagen, um seine Erziehungsziele zu erreichen. Er muß für seine Kinder Modell, eine Brücke zur Realität, eine Stütze, ein Führer und ein Objekt der Zuwendung sein. Die wahre Kunst der Erziehung liegt darin, dem Kind zu helfen, seine eigenen Kräfte und Möglichkeiten zu entwickeln. Der Lehrer muß das Kind von seinen Hemmungen befreien, damit es lernen, wissen und entdecken will und damit es sich selbst und andere lieben, anerkennen oder zumindest akzeptieren kann, und damit es selbständig werden und Initiative ergreifen kann.

Die Rolle des Kinderarztes

Das zunehmende Wissen über Ursachen und Folgen von Behinderungen bei Kindern vermehrt die Pflichten und Aufgaben aller, vor allem aber des Kinderarztes, die Störungen zu vermeiden, die durch die Abweichung von der normalen Entwicklung verursacht sind. Diese neuen Aufgaben haben in verschiedenen Ländern zu unterschiedlichen Einrichtungen geführt und auch gewisse Änderungen in der Einstellung der Schule, des Arztes und der Gesellschaft dem lernbehinderten Kinde gegenüber bewirkt. Trotzdem wird die Entwicklung vieler Kinder auch heute noch nicht genügend gefördert, sie wird sogar vielerorts vernachlässigt oder durch falsche Maßnahmen gehemmt.

Durch den Aufschwung der Lernpsychologie und der Verhaltenspsychologie wurde der Einfluß der Umwelt auf die Entwicklung positiv gefördert, jedoch wahrscheinlich überschätzt. Die orthodoxen Verhaltenspsychologen haben behauptet, daß jedes Kind beinahe alles lernen könne, eine Behauptung, die allen Beobachtungen widerspricht. Doch hat der übergroße Optimismus dieser Verhaltenspsychologen dazu geführt, daß der Glaube an den unveränderlichen IQ ins Wanken geriet. Das ist sicher zu begrüßen. Es ist in Amerika üblich, daß Kinder, die in Spezialklassen eingeschult werden oder die in Spezial-Internaten untergebracht sind, sobald wie möglich wieder in die reguläre Klasse zurückgeschult werden und, wie meist nötig, in dieser Klasse durch Nachhilfeunterricht gehalten werden. Davon ist man in unserem Lande noch weit entfernt, obwohl die integrierte Erziehung besonders durch Hellbrügge immer wieder gefordert wird. Die Kinder in den integrierten Schulklassen haben größere Freiheiten der Entwicklung, ihre Prognose bezüglich Berufswahl nach der Schulentlassung wird dadurch wesentlich gebessert, während Sonderschüler häufig scheitern.

Es ist eine der wichtigsten Aufgaben des Kinder- oder Hausarztes, dem Pessimismus bezüglich der Weiterentwicklung dieser Kinder entgegenzutreten, den man noch vielerorts findet. Es wird wohl anerkannt, daß zerebralparetische Kinder ein spezielles Training benötigen, um ihre Bewegungsfähigkeit zu bessern. Daß der gleiche Gedankengang aber auch auf die Lernfähigkeit zerebral geschädigter Kinder zutrifft, ist keineswegs allgemein anerkannt. Auf beiden Gebieten existieren freilich gewisse Grenzen, deren wir uns bewußt sein müssen, ohne pessimistisch zu werden.

Ein Kinderarzt wird vermutlich nur selten über genügend Kenntnisse auf dem komplizierten Gebiet der Behandlung von Lernstörungen verfügen und es wird ihm an Zeit fehlen, sich hier gründlich einzuarbeiten. Die therapeutischen Aufgaben bei lerngestörten Kindern werden in zunehmendem Maße von besonders geschulten Heilpädagogen beiderlei Geschlechts übernommen werden müssen, die es sich auch zur Aufgabe machen, die Eltern in die richtige Spezialerziehung mit einzubeziehen. In den USA wird zur Zeit ein solches Studium vorbereitet.

Alle Kinder sollen die bestmögliche Erziehung, Schule und Therapie erhalten, ohne daß man ihnen ein Etikett aufheftet, das sie als minderwertig bezeichnet. Ärzte können hier helfen, ganz besonders darin, daß sie Lehrer und Laien aufklären.

Die Wichtigkeit der Früherkennung von Entwicklungsstörungen bei Risikokindern ist allgemein anerkannt. Die Frühdiagnose ist die Voraussetzung der Frühtherapie, welche als aussichtsreicher angesehen werden kann, als wenn sie erst im Schulalter einsetzt. Kinderärzte sollten mit entsprechenden Tests vertraut sein und eine Diagnose so früh wie möglich stellen.

Sehr wahrscheinlich, jedoch auch heute noch nicht statistisch gesichert ist es, daß Spastikerkinder eine größere Bewegungsfreiheit erhalten, wenn sie früh behandelt werden. Dies trifft wahrscheinlich in noch viel höherem Maße für Entwicklungsstörungen zu, die die Intelligenz und Lernfähigkeit betreffen, ganz besonders aber dann, wenn es sich um Teilleistungsstörungen handelt. Sie frühzeitig zu erkennen, ist daher das Gebot der Stunde. Die Verantwortung des Arztes ist dabei groß. Er muß dafür sorgen, daß Mütter und Erzieher mit ihren Risikokindern intensiver spielen, mit ihnen mehr als bisher sprechen und sie intellektuell stimulieren. Zuzuwarten, bis ein Kind „aus den Schwierigkeiten herauswachsen wird", wäre der größte Fehler. Das Problem der ethologischen Differentialdiagnose steht immer im Vordergrund. So schwere Entwicklungsstörungen wie die durch Phenylketonurie oder Hypothyreose bedingten erfordern ebenso ärztlichen Einsatz wie etwa Hirntumoren oder Epilepsie. Aber auch relativ geringe Störungen, wie z. B. chronische Verdauungsstörungen mit Malabsorption, können den Lernfortschritt behindern.

Wenn organische Ursachen der Lernstörungen weitgehend ausgeschlossen werden können, wird eine neurologische Dysfunktion angenommen, ganz besonders bei den hyperkinetischen Kindern. Sie erfordert, wie heute jeder Kinderarzt weiß, eine breit gefächerte Therapie, die sich nicht nur auf die Anwendung von Methylphenidat (Repeltin) beschränkt, zumal sich ergeben hat, daß hyperkinetische Kinder häufig aus unruhigen, „neuropathischen" Familien stammen.

Eine gesunde Lebensweise, gute Ernährung, einigermaßen pünktliche Mahlzeiten und Sorge für genügend Schlaf, frische Luft und Bewegung sind für alle, besonders aber für die lerngestörten Kinder, extrem wichtig.

Das Gebot der Stunde: Teamarbeit

Es wurde schon am Beginn dieses Abschnittes erwähnt, daß man in verschiedenen Ländern unterschiedliche Wege ging, behinderten Kindern und speziell lernbehinderten Kindern zu helfen. Eine Voraussetzung für die richtige Einstufung ist eine genaue neurologische und psychologische sowie psychopädagogische Diagnose. Diese Diagnostik allein verlangt bereits intensive psychologische Ausbildung, und das heißt Teamarbeit. Dabei sei dahingestellt, welcher Beruf für welchen Teilbereich besonders zuständig ist. Das hängt von der Vorbildung des einzelnen ab. Die Aufgabe des Psychologen besteht meistens darin, die Interaktion verschiedener Fähigkeiten zu beurteilen und nicht etwa den IQ allein als Voraussetzung für ein besonderes Lehrprogramm anzusehen. Der Lernspezialist ist meist ein Lehrer mit psychopädagogischer Vorbildung, der das Ergebnis des Psychologen und des Arztes in sein Lernprogramm umsetzt. Für jedes lernbehinderte Kind muß ein individuelles Programm aufgestellt werden, was große organisatorische Schwierigkeiten beinhaltet. Viele Jahre spezifischer Berufsausbildung und persönlicher Erfahrung sind erforderlich, um eine pädagogische Therapie lernbehinderter Kinder zu beherrschen. Die Zusammenarbeit von Arzt, Psychologen, Sozialarbeiter und Pädagogen wäre eine wesentliche Voraussetzung, lernbehinderten Kindern und solchen mit Teilleistungsstörungen optimal zu helfen.

Es ist durchaus möglich, daß ein solches diagnostisches und auf Förderung bedachtes Team auch einmal von einem Kinderarzt geleitet wird. Im allgemeinen wird aber der Kinderarzt die Funktion des Weichenstellers übernehmen. In USA gibt es Privatkliniken mit entsprechenden pädagogischen Möglichkeiten. Im allgemeinen ist die Aufgabe des Schularztes in seiner Schule damit beendet, daß er in einer doch verhältnismäßig kurzen Untersuchung bei einem der Schüler neurologische oder Verhaltensauffälligkeiten oder Teilleistungsstörungen feststellt oder vermuten kann. Es wäre vorzüglich, wenn der Kinderarzt als Berater bei der Durchführung eines Förderprogrammes fungieren könnte. Studenten von anderen Ländern, die in USA nun die Spezialausbildung zur Heilpädagogik durchmachen, sind voll des Enthusiasmus, weil die Frage der Leitung und der Verantwortung in heilpädagogischen Einrichtungen nicht so streng aufgeteilt ist wie in manchen europäischen Ländern. Die Vorteile für das Kind, aber auch die Vorteile für das Personal, die dadurch entstehen, daß das interdisziplinäre Team die Ideen und Erfahrungen teilt, ohne daß Statusfragen aufkommen, sind groß.

Fallbeispiele
Die folgenden Beispiele zeigen einige Aspekte der Zusammenarbeit in der Behandlung von Kindern mit Lernschwierigkeiten und Teilleistungsstörungen nach amerikanischem Muster.

Beispiel 1

Don ist 5 Jahre alt, der Sohn wohlhabender Eltern, die auf ihn sehr stolz sind. Sie bitten ihren Kinderarzt um Rat, weil die Kindergärtnerin sich beklagte, daß der Junge nicht stillsitzen wolle, keine Beschäftigung zu Ende führe, daß er impulsiv sei und seine Bewegungen merkwürdig eckig seien. So werfe er, ohne zu wollen, die Klötzchen der anderen Kinder um, verschütte die Farben und spreche dabei in einer Tour. Seine Schreibvorübungen zeigten oft nur eine wüste Kritzelei. Der Junge wolle nicht aufpassen. Die Kindergärtnerin fragt, ob Don nicht eine Medizin benötige.

Die Intelligenztests zeigen Resultate innerhalb der Norm. Der Psychologe beschreibt Don als lebhaft, ein wenig verwöhnt, ungewöhnlich intelligent, einem IQ von 138 entsprechend. Aber der Junge sei unkonzentriert und unbeherrscht. Der Arzt, der die Freude der Eltern bezüglich der Entwicklung des Knaben teilte, vermutete, daß das Tempo des Lesens, Schreibens und Lernens in der Schule für Don zu langsam sei. Don hat sich schon bei ihm beklagt, daß die Schule langweilig sei.

In den Vereinigten Staaten ist es möglich, daß ein begabtes Kind eine Klasse überspringt. Don wird daher auf Anraten des Arztes von der Vorschule in die 1. Klasse versetzt. Um auch spätere Schwierigkeiten zu vermeiden, erhält Don Entspannungstherapie von einer Gymnastin. Eine Psychologin lehrt den Jungen, sein Verhalten zu beobachten und sich selbst zu kontrollieren: „Kognitive Verhaltenstherapie". Die Eltern wurden von dem Arzt dahingehend beraten, jede Ängstlichkeit bezüglich Gesundheit zu unterdrücken. Einmal pro Monat sollte das Kind zum Arzt kommen, damit er es weiter beobachten könnte. Die Lehrerin erhielt Befunde und Ratschläge zum Schulbesuch. Ergebnis: Das Kind wird allmählich diszipliniert und bringt es zu guten Schulleistungen.

Beispiel 2

Thomas ist $7^1/_2$ Jahre alt, er besucht die 2. Klasse. Er ist der Sohn kürzlich eingewanderter Eltern. Thomas hat rasch Englisch gelernt; er war in seiner früheren Heimat ein guter Schüler gewesen. Jetzt lebt er in einer relativ ruhigen Vorstadt. Seine Eltern sind vernünftige Leute, die sich bemühen, ihre Kinder gut zu erziehen. Ein älterer Bruder fühlt sich in der neuen Umgebung wohl und kommt in der Schule gut mit.

Die Eltern sind sehr beunruhigt, weil die Lehrerin Thomas zum Schulpsychologen geschickt hatte. Dieser hatte empfohlen, Thomas von einem Arzt untersuchen zu lassen. Die Eltern wurden verständigt.

Die Lehrerin hatte beobachtet, daß Thomas Buchstaben und Zahlen oft verkehrt herum schrieb, den Bleistift manchmal in die linke und manchmal in die rechte Hand nahm und beim Schreiben auf die Tafel abwechselnd die linke und die rechte Hand benutzte. Wenn Thomas einen horizontalen Strich von links nach rechts ziehen sollte, wechselte er die Hände in der Mitte. Im Lesen und Rechnen machte er nur ungenügende Fortschritte.

Der Psychologe stellte eine mangelhafte Dominanz der Hände, einen leichten Tremor und insgesamt schlaffe Muskulatur fest und hielt daher eine ärztliche Untersuchung für erforderlich. Er fand eine Störung der visuellen Perzeption und ein schlechtes seriales Gedächtnis für auditive Reihenfolgen. Er war daher der Meinung, daß Thomas Nachhilfe brauche mit vorwiegender Schulung des visuellen perzeptionellen Trainings und mit Übungen im Lernen und in der Merkfähigkeit. Er sollte sequenzartige Folgen wie Wochentage, Alphabet, Namen der Monate, Additions- und Subtraktionstabellen üben. Die Sequenzen sollten in spielerische Form gekleidet werden und in verschiedenen Zusammenhängen gebracht werden. Zuzüglich sollte der Arzt Anweisungen bezüglich eines Programms für Körpererziehung erstellen.

Der Arzt nämlich hatte eine leichte Athetosis und wahrscheinlich Verzögerung der Entwicklung des Zentralnervensystems festgestellt.

Die gemeinsamen Bemühungen der Gymnastin und Erziehungstherapie halfen Thomas, in seiner Klasse bleiben zu können und seine Bewegungen besser zu kontrollieren. Die verstörten Eltern, die durch die Schwierigkeiten ihres Kindes sehr betroffen waren, wurden vom Arzt beruhigt und aufgefordert, mit der Schule zu kooperieren.

Die beiden Beispiele zeigen die Teamarbeit, wie sie sich unter besten Bedingungen bewährt hat. Aber diese besten Bedingungen sind nicht allzu häufig. Manchmal müssen Kinder monatelang auf die Untersuchung durch den Schulpsychologen oder den Arzt warten, viel zu wenige Kräfte sind angestellt. Ein Privatarzt und privater Psychologe sind für viele zu teuer. Auch an Spezialisten für Erziehungstherapie mangelt es, und „normale" Klassenlehrer sind oft überfordert. Auch pflegt das Team meist viel zu selten zusammen gemeinsame Fallbesprechungen durchzuführen. Viele Gespräche müssen telefonisch erledigt werden. Der Kinderarzt hat kaum Zeit, in die Schule zu kommen, und der Lehrer und Psychologe sehen keine Veranlassung, zum Arzt zu gehen.

So wichtig die Teamarbeit ist, so soll sie doch nicht zu einer Unzahl von Bezugspersonen führen, und berufliche Disharmonie muß unter allen Umständen vermieden werden. Wer die Führung des Falles übernehmen soll, wird bei unterschiedlichen Gegebenheiten unterschiedlich zu bestimmen sein. Kinder, die so glücklich sind, von einem echten Kinderarzt betreut zu werden, haben sicher in ihm einen Freund, Berater, Fürsprecher und Initiator für besondere therapeutische Verfahren. Denn er kennt das Kind und die Familie gewöhnlich schon lange, und zwar bevor Lehrer, Psychologe und Schularzt zur Entscheidung, was mit dem Kind schulisch schließlich zu geschehen habe, zu Rate gezogen werden. Aber in vielen Ländern sind die Kinder nicht so glücklich, einen Kinderarzt oder Hausarzt zu besitzen, der Zeit für Gespräche hat. In dieser Beziehung ist Deutschland bevorzugt.

In den USA sind immer eine oder zwei Personen in dem Team eingeschlossen, die hier noch nicht erwähnt wurden, nämlich *die Eltern*, die allen Änderungen des Erziehungsplanes zustimmen müssen und als Förderer oder Hemmer der Entwicklung des Kindes betrachtet und in die Therapie einbezogen werden müssen. Wann immer möglich, sollen auch die Wünsche eines Kindes in Betracht gezogen werden, der Erziehungsplan sollte mit ihm vorbesprochen werden, um Ängstlichkeit zu vermeiden.

Eine Diagnose bezüglich Leistungs- oder Teilleistungsstörungen genügt bekanntlich nicht. Eine optimale Behandlung ist eine höchst komplizierte Aufgabe für ein Behandlungsteam. Die Bereitschaft aller, einem „schwierigen", lerngestörten Kind zu helfen, ist unermeßlich groß. Mindestens für Deutschland kann von der Erfahrung ausgegangen werden, daß die Meinung eines Kinderarztes oder Hausarztes, der seinen Patienten schon lange kennt, von allen Beteiligten akzeptiert wird, wenn dieser nur die Initiative ergreift und das Talent besitzt, den wesentlichen Beteiligten an der Erziehung des Kindes die Probleme, wie er sie sieht, zu schildern. In der Regel heißt das, daß sich der Arzt nicht nur bei den Eltern, sondern möglichst auch beim Lehrer Gehör verschafft. Daß er selbst in den meisten Fällen nicht der einzige Therapeut sein kann, liegt auf der Hand.

Literaturverzeichnis

Angermaier, M.: Psycholinguistischer Entwicklungstest. Manual. Beltz, Weinheim 1974.
Ayres, A. J.: Sensory integration and learning disorders. Western Psychological Services, Los Angeles 1973.
Bender, L.: A visual-motor gestalt test and its clinical use. Amer. Orthopsychiat. Ass. Res. Monogr. 3 (1938).
Bender, L.: Problems in conceptualization and communication in children with developmental alexia. In Hoch P. H., J. Zubin (eds.): Psychopathology of Communication. Grune & Stratton, New York 1958.
Binet, A.: Children's perceptions (1890). In: Pollack, R. H., M. W. Brenner (eds.): The Experimental Psychology of Alfred Binet. Springer, New York 1969.
Bronfenbrenner, U.: Sat. Review, Oct. 7, 1967.
Bronfenbrenner, U.: Two worlds of childhood: U. S. and U. S. S. R. Russell Sage Foundation, New York 1970.
Bronfenbrenner, U.: Developmental research and public policy. In: Romanshyn, J. M. (eds.): Social Science and Social Welfare. Council on Social Work Educ., New York 1973.
Bronfenbrenner, U.: Is early intervention effective? In: Guttentag, M., E. L. Struening (eds.): Handbook of Evaluation Research, Vol. 2. Sage Publications, Beverly Hills, CA. 1975.
Cruickshank, W. M.: The learning environment. In: Cruickshank, W. M., D. P. Hallahan (eds.): Perceptual and learning disabilities in children, Vol. 1. Syracuse Univ. Press, Syracuse 1975.
Eggert, D., K.-D. Schuck: HAWIVA Hannover Wechsler Intelligenztest für das Vorschulalter. Huber, Bern-Stuttgart-Wien 1978.
Fraisse, P., J. Piaget: Experimental Psychology, its Scope and Method. Motivation, Emotion and Personality, Vol. 5, Basic Books, New York 1968.
Frostig, M.: Testing as a basis for educational therapy. J. spec. Educat. 2 (1967) 15–34.
Frostig, M.: Movement education: theory and practice. Follett Educational Corporation, Chicago 1970. Deutsch: Bewegungserziehung. Neue Wege der Heilpädagogik, 2. Aufl. Reinhardt, München 1975.
Frostig, M.: Visual perception, integrative functions and academic learning. J. learn. Disab. 5 (1972) 1–15.
Frostig, M., P. Maslow: Learning problems in the classroom. Grune & Stratton, New York 1973. Deutsch: Lernprobleme in der Schule. Hippokrates, Stuttgart 1978.
Frostig, M.: Bewegungs-Erziehung: Neue Wege der Heilpädagogik, übersetzt von M. Förster. Reinhardt, München 1973.
Frostig, M., D. W. Lefever, J. R. B. Whittlesey: The Marianne Frostig Developmental Test of Visual Perception. Consulting Psychologists Press, Palo Alto (Cal.) 1964.
Frostig, M., P. Maslow: Bewegen-Wachsen-Lernen. Bewegungserziehung, hrsg. von A. u. E. Reinartz. Crüwell, Dortmund 1974.
Frostig, M., P. Maslow: Lernprobleme in der Schule. Hyperion, 1976.
Frostig, M., D. Horne: Wahrnehmungstraining. Anweisungsheft, Heft 1, 2, 3, bearb. u. hrsg. von A. u. E. Reinartz. Crüwell, Dortmund 1974.
Golding, W.: Lord of the flies. Putnam, New York 1959.
Goldstein, K.: Language and Language Disturbances. Grune & Statton, New York 1948.
Guilford, J. P.: The Nature of Human Intelligence. McGraw-Hill, New York 1967.

Hallahan, P.: Comparative research studies on the psychological characteristics of learning disabled children. In: Cruickshank, W. M., D. P. Hallahan (eds.): Perceptual and Learning Disabilities in Children, Vol. 1. Syracuse Univ. Press, Syracuse 1975.
HAWIE siehe Wechsler.
HAWIVA siehe Eggert.
Hellbrügge, Th.: Integrierte Erziehung. Fortschr. Sozialpädiatrie Bd. 3, Urban & Schwarzenberg, München 1975.
John, E. R., K. F. Killam: Electrophysiological Correlates of Avoidance Conditioning in the Cat. J. Pharmacol. exp. Ther. 125 (1959) 252–274.
Kephart, N. C.: The Slow Learner in the Classroom (Rev. ed.). Merrill, Columbus, Ohio 1971.
Kiphart, E. J.: Motopädagogik. Modernes Lernen, Dortmund 1979.
Kiphard, E. J.: Psychomotorik als Prävention und Rehabilitation. Flöttmann, Gütersloh 1979.
Lockowandt, O.: Frostigs Entwicklungstest der visuellen Wahrnehmung, Manual, 3. überarb. Aufl. Beltz, Weinheim 1979.
Lovell, K.: A follow-up study of Inhelder and Piaget's The Growth of Logical Thinking. Brit. J. Psychol. 52 (1961) 143–153.
Luria, A. R.: The directive function of speech in development and dissolution. Word 16 (1959) 341–352.
Luria, A. R.: Verbal regulation of behavior. In: Brazier, M. A. B. (ed.): The central nervous system and behavior, pp. 359–424. Transactions of the third Conference, Josiah Macy Jr. Foundation, New York 1960.
Luria, A. R.: The Role of Speech in the Regulation of Normal and Abnormal Behavior. Pergamon Press, Oxford 1961.
Luria, A. R.: The origin and cerebral organization of man's conscious actions. Presented at the 19th International Congress of Psychology, London 1969. In: Saphir, S. G., A. C. Nitzburg (eds.): Children with Learning Problems. Brunner & Mazel, New York 1973.
Meier, J. H., V. O. Cozier, M. T. Giles: Individual Learning Disabilities Classroom Screening Instrument. Learning Pathways, Evergreen, Colo. 1970.
Merleau-Ponty, M.: The primacy of perception. Northwestern Univ. Press, Evanston (Ill.) 1964.
Murphy, L. B., A. E. Moriarty: vulnerability, coping, and growth: From infancy to adolescence. Yale Univ. Press, New Haven 1976.
Nicks, D. C., E. A. Fleishman: What Do Physical Tests Measure – A Review of Factor Analytic Studies. Technical Report I, prepared for the Office of Naval Research by Yale Univ. Departments of Industrial Administration and Psychology. Yale Univ. Press, New Haven 1960.
Orpet, R.: Frostig Movement Skills Test Battery. (Exp. ed.). Consulting Psychologists Press, Palo Alto, CA. 1972.
Pate, J., W. Webb: The First-Grade Screening Test. American Guidance Service, Minneapolis 1966.
Piaget, J.: The Psychology of Intelligence. Harcourt, Brace & World, New York 1950.
Piaget, J.: Perception, Motricité et intelligence. Enfance 2 (1956) 9–14.
Piaget, J.: Les praxies chez l'enfant. Rev. neurol. 102 (1960) 551–565.
Piaget, J.: Biologie et connaissance, essai sur les relations entre les régulations organiques et le processus cognitif. Ed. Gallimard, Paris 1967.
Piaget, J.: Science of Education and the Psychology of the Child. Orion Press, New York 1970.
Pribram, K. H.: Languages of the Brain. Prentice-Hall, Englewood Cliffs 1971.
Quirós, J. B. de: Diagnóstico diferencial de los sindromes vestibulares en el niño pequeño. Fonoaudiológica (Bueños Aires) 17 (1968) 6–102.
Quirós, J. B. de: Disturbances in the language of a child: the child who does not speak. Clin. Proc. Child. Hosp. (Wash.) 25 (1969) 192–205.
Quirós, J. B. de: Les aphasies infantiles: un probleme diagnostic. Réédudat. orthophon. Paris 7 (1969) 243–254.

Quirós, J. B. de: Exclusion in learning disabled children. 10th International Conference, Keynote Address presented to The Association for Children with Learning Disabilities. Reproduced by Learning Disabilities Program Staff, Center for Effecting Educational Change, Fairfax County Public Schools March 1973.
Quirós, J. B. de: Diagnosis of developmental language disorders. Folia phoniat. 26 (1974) 13–32.
Quiros, J. B. de: Diagnosis of vestibular disorders in the learning disabled. J. learn. Disab. 9 (1976) 39–47.
Quirós, J. B. de: Significance of some therapies on posture and learning. Acad. Ther. 11 (1976) 261–270.
Quirós, J. B. de, L. F. Coriat, L. Benasayag: Hacia el encuentro del esquema corporal a través de las respuestas neurológicas vestibulares. Fonoaudiol. (Bueños Aires) 7 (1961) 27–55.
Quirós, J. B. de, O. L. Schrager: Postural system, corporal potentiality and language. In: UNESCO: Foundations of language development, Vol. 3, pp. 297–307. Academic Press, New York 1975.
Quirós, J. B. de, O. L. Schrager, E. Tormakh: Learnings and language therapy. Proceedings of the XVth International Congress of Logopedics and Phoniatrics, pp. 763–782. Bueños Aires, August 14–19, 1972.
Rudel, R. G., M. B. Denckla: Relationship of I. Q. and reading score to visual, spatial and temporal matching tasks. J. learn. Disab. 9 (1976) 169–178.
Schilling, F., E. J. Kiphard: Körperkoordinationstest für Kinder KTK. Beltz Test GmbH, Weinheim 1974.
Schlange, H., B. Stein et al.: Göttinger Formreproduktions-Test (G-F-T). Zur Diagnose der Hirnschädigung im Kindesalter. Hogrefe, Göttingen 1972.
Silberman, C. E.: Crisis in the Classroom. Random House, New York 1970.
Silver, A. A., R. A. Hagin: Search: A Scanning Instrument for the Identification of Potential Learning Disability. Walker Educational Book Corp., New York 1976.
Skinner, B. F.: Science and human behavior. Free Press, New York 1953.
Skinner, B. F.: Verbal behavior. Appleton-Century-Crofts, New York 1957.
Skinner, B. F.: Operant behavior. In: Honig, W. K. (ed.): Operant behavior areas of research and application. Appleton-Century-Crofts, New York 1966.
Skinner, B. F.: Contingencies of reinforcements: a theoretical analysis. Appleton-Century-Crofts, New York 1969.
Sloan, W.: Lincoln-Oseretsky Motor Development Scale. Stoelting, Chicago 1955.
Sommerville, S. C.: The pendulum problem: Patterns of performance defining developmental stages. Brit. J. educ. Psychol. 44 (1974) 226–228.
Steffen, H.: Zur Klinik der Hirnreifungsverzögerungen. Neurologische, neuropsychologische u. psychiatrische Abrenzung eines Syndroms. Med. Habil. Schr., Med. Fak., Heidelbg. 1975.
Strauss, A. A., L. E. Lehtinen: Psychopathology and Education of the Brain-Injured Child. Grune & Stratton, New York 1947.
Thatcher, R. W., E. R. John: Functional Neuroscience Vol. I, Foundation of Cognitve Processes, John Wiley & Sons, New York 1917.
Vygotsky, L. S.: Thought and Language. M. I. T. Press, Cambridge (Mass) 1962.
Wechsler, D.: Hawik Handbuch. Hamburg-Wechsler-Intelligenztest für Kinder. Huber, Bern 1956.
Wechsler, D.: Die Messung der Intelligenz Erwachsener (HAWIE). Huber, Bern 1961.
Wepman, J.: Wepman Test of Auditory Discrimination. (Rev. ed.) Chicago: Language: Language Research. Associates, 1973.
Werner, H.: Comparative Psychology of Mental Development. (Rev. ed.) International Universities Press, New York 1957.
White, S. H.: Evidence for a hierarchical arrangement of learning processes. In: Lipsitt, L. P., C. C. Spiker (eds.): Advances in Child Development and Behavior, Vol. 2. Academic Press, New York 1965.
Wolfgang, M. E.: Freedom and violence. Educ. Res. 5,5 (1976) 7–10.

Kapitel III
Diagnose und Therapie von visuellen Perzeptionsstörungen

Christa Seidel, Göttingen

Einführung

Im Bereich der Psychopathologie des Kindesalters weisen viele Veröffentlichungen der letzten Jahre auf die wichtige Bedeutung von Perzeptionsstörungen hin. Insbesondere bei den klinischen Gruppen von Kindern mit manifester Hirnschädigung oder minimaler zerebraler Dysfunktion kommt den visuellen und auditiven Perzeptionsstörungen als sogenannte „Teilleistungsstörungen" ein besonders differentialdiagnostisches und therapeutisches Gewicht zu (Clark, 1962; Clements u. Peters, 1962; Cruickshank, 1973; Frostig u. Maslow, 1978; Johnson u. Myklebust, 1971; Lempp, 1973; Steffen, 1975; Wewetzer, 1959).

In diesem Zusammenhang werden z. B. *visuelle Perzeptionsstörungen bei Kindern mit Epilepsie und infantiler Zerebralparese* als wichtige psychoorganische Zeichen mit therapeutischer Konsequenz gewertet. E. Sander konnte 1974 nachweisen, daß Zerebralparetiker im Vergleich zu gesunden Kindern (ohne Körperbehinderung und ohne Hirnschädigung), aber auch im Vergleich zu Körperbehinderten ohne Hirnschädigung, zu leicht Hirngeschädigten ohne Körperbehinderung und zu lernbehinderten Kindern ohne Körperbehinderung die auffälligsten visuellen Wahrnehmungsstörungen in verschiedenen psychometrischen Verfahren zeigten. Im Vergleich zu anderen Behinderungsgruppen ist daher nach E. Sander bei zerebralparetischen Kindern eine intensive Wahrnehmungstherapie, verbunden mit einer speziellen Beachtung der bei dieser Gruppe signifikant ermittelten Rechenschwäche, besonders wichtig.

Außerdem erwies sich die gezielte Diagnose und Behandlung von visuellen Wahrnehmungsstörungen als notwendig bei *Kindern mit motorischen und sensorischen Sprachentwicklungsstörungen, Stammeln, Dysgrammatismus und Aphasie* (Gundermann, 1974; Seidel, 1970; Seidel und Biesalski, 1973; Stabenow, 1979. Steffen und Seidel, 1976). Auf die enge funktionale Beziehung von Sprachstörungen und Störungen der Handmotorik weist E. Bay 1969 hin. Die Beachtung von visuellen Perzeptionsstörungen gehört darüber hinaus zu den wichtigen Maßnahmen bei der Untersuchung von allgemein-geistigen Entwicklungsstörungen, bei Deprivation, bei Einschulungsuntersuchungen und der Begutachtung der Schulreife (Frostig u. Maslow, 1978; Lockowandt, 1974; Sprague, 1963) sowie bei der Früherkennung und Behandlung einer Auswahl von visuell perzeptiv gestörten Kindern mit Lese-, Rechtschreib- und Rechenschwäche (Deegener, 1978; Frostig u. Maslow, 1978; Steffen u. Seidel, 1976).

Auch nach Untersuchungen von R. Valtin (1970; 1972) kommt der Beachtung von visuellen Perzeptionsstörungen bei lese-rechtschreibschwachen Kindern mit Hirnschädigung eine wichtige Bedeutung zu, während nach ihren Untersuchungsergebnissen bei der Mehrzahl der Legastheniker soziokulturelle Milieufaktoren und emotionale Faktoren ein größeres diagnostisches und therapeutisches Gewicht haben. Mit dem folgenden Beitrag soll versucht werden, die diagnostische und therapeutische Bedeutung vor allem der *visuellen* Perzeptionsstörungen im einzelnen herauszustellen. *Visuelle Perzeptionsstörungen sind jedoch immer in ihrem Zusammenhang mit den anderen perzeptiven Funktionen zu beurteilen und zu behandeln.* Auf die häufig gleichzeitig auftretenden *Störungen im Bereich der auditiven, taktilen* oder *kinästhetischen Perzeption* wird deshalb an verschiedenen Stellen unter Einbeziehung diagnostischer und therapeutischer Maßnahmen ebenfalls hingewiesen.

Zur Definition

„Der Begriff visuelle Wahrnehmung bedeutet die Fähigkeit, visuelle Reize zu erkennen, zu unterscheiden und sie durch die Assoziation mit früheren Erfahrungen zu interpretieren" (Frostig u. Maslow, 1978). Visuell wahrzunehmen bedeutet nicht nur die Fähigkeit, gut zu sehen. Eine intakte periphere Sehfähigkeit zu besitzen, ist die Voraussetzung. Die Perzeption erfordert dagegen eine Interpretation der aufgenommenen Reize. E. S. Gollin und M. Moody definieren die Perzeption 1973 als ein Gefüge ineinandergreifender Operationen von einer initialen sensorischen Aufnahme der Stimuli bis hin zur Integration in kognitive Strukturen und ins Gedächtnis.

„Perzeption ist der Prozeß, durch den wir unsere Welt aufbauen mit der größtmöglichen Realitätsentsprechung und Konsistenz" (Bartlett, 1916). Perzeption ist ein aktiver, kontinuierlicher Prozeß und reflektiert die Besonderheiten eines Individuums so, wie alle anderen Aspekte des Verhaltens durch individuelle Eigenarten beeinflußt werden. Verschiedene Individuen zeigen deshalb Unterschiede in der Weise, wie sie die Außenwelt wahrnehmen. Dies geschieht bei einfachen perzeptiven Vorgängen, wie z. B. die Wahrnehmung von Form, Größe und Raumlage, sowie bei schwierigen perzeptiven Prozessen (z. B. Orientierung nach Landkarten oder Erstellung komplizierter technischer Konstruktionen). Frühere Erfahrungen und die wahrgenommene Umwelt beeinflussen die Haltung und Interessen eines Menschen, diese wiederum beeinflussen seine Wahrnehmung.

Perzeption ist ein integrierender Teil der Intelligenz. Aber nicht die gesamte Intelligenz ist Perzeption. Intelligenz schließt nach A. Binet die Weise ein, in der wir auf Perzeptionen reagieren (1969). Wie wir reagieren, hängt zum Teil von der Perzeptionsfähigkeit ab, darüber hinaus von anderen Fähigkeiten, von Gedächtnis, Sprache, Begriffsbildung, gedanklichen Prozessen und emotionalen Gegebenheiten (z. B. Motivierbarkeit).

Visuelle Perzeptionsstörung bei psychoorganischem Syndrom

Es ist seit langem bekannt, daß es nach *zerebralen Läsionen bei Erwachsenen* zu Ausfallserscheinungen kommen kann, die sowohl die organisierte Aufnahme von Reizen der Außenwelt einengen (Agnosien, sensorische Aphasien, z. B. mit Verlust der Lesefähigkeit) als auch die Möglichkeit ihrer Äußerung reduzieren (Apraxien, motorische Aphasien, Agraphien und Dysgraphien).

Als eine der ersten Autoren konnte L. Bender 1934 mit Hilfe des nach ihr benannten, zur Diagnose von Wahrnehmungsstörungen inzwischen sehr bedeutsamen, Bender-Gestalttests auf die engen Beziehungen von Aphasien und Störungen der visuomotorischen Gestaltfunktion hinweisen. Ähnlich wie Bender haben A. Rüssel, K. Conrad und J. Eisenson die differentialdiagnostisch wichtige Bedeutung visuell-perzeptiver und visuomotorischer Störungen bei erwachsenen Patienten mit zentralen Sprachstörungen, mit Agnosien, Apraxien und Aphasien experimentell belegt (Conrad, 1947; Rüssell, 1937).

Der enge Zusammenhang von Wahrnehmungs- und Sprachsymbolstörungen, einschließlich Störungen im Erlernen von und Umgang mit Zahl-Raum- und Zeitsymbolen, wird betont (Eisenson, 1954).

Vor allem seit dem 2. Weltkrieg wandte sich die Forschung dann auch verstärkt den *Problemen von Kindern mit zerebralen Schäden* zu. Bei allen unterschiedlichen Definitionsversuchen (eine zusammenfassende Darstellung geben Johnson und Myklebust 1971) wird übereinstimmend auf das sog. Strauss-Syndrom (Strauss u. Lehtinen, 1947) verwiesen, bei dem die Wahrnehmungsstörung als Folge einer frühkindlichen Hirnschädigung im Vordergrund steht. Bei der Begutachtung von kindlichen Perzeptionsstörungen sind im Unterschied zu erwachsenen Hirntraumatikern mit Perzeptionsstörungen entwicklungspsychologische Gesichtspunkte zu beachten. Bei einem *Erwachsenen* kommt es meist zu einem Rückfall auf frühe Entwicklungsstufen, oft auf einzelne Gebiete beschränkt und durch gezielte Übungen relativ rasch kompensierbar, während *Kinder* durch eine Perzeptionsstörung, auch wenn sie geringgradig ist, in ihrer gesamten Entwicklung tiefgreifend beeinträchtigt werden können. Eine Therapie muß deshalb ganzheitlich aufbauend ausgerichtet sein und bedarf oft langwieriger therapeutischer Maßnahmen. Der Begriff des „frühkindlich exogenen Psychosyndroms" (Lempp, 1973), der in den letzten Jahren als Bezeichnung einer leichten frühkindlichen Hirnschädigung verwendet wird, beinhaltet als wesentlichstes Merkmal eine sog. Teilleistungsstörung. Diese geht wiederum auf eine vorwiegend optische oder auch auditive oder taktile Erfassungsstörung (Gliederungsstörung) zurück. Im Zusammenhang mit Wahrnehmungsstörungen findet man bei Kindern mit manifester Hirnschädigung oder minimaler zerebraler Dysfunktion eine mehr oder weniger ausgeprägte Beeinträchtigung der grob- und feinmotorischen, sprachlichen und geistigen Entwicklung, der Konzentrationsfähigkeit, der Lernfähigkeit in der Schule (vor allem in den Leistungsfächern Lesen, Schreiben, Rechtschreiben und Rechnen) und des Verhaltens (hier vor allem Affektlabilität, Perseverationsneigung und andere spezielle Verhaltensauffälligkeiten (Göllnitz, 1953; Klosinsky et al., 1972; Lempp, 1970; Müller-Küppers, 1969, Strauss u. Kephart, 1955: Wewetzer, 1959. Eine Lateralitätsproblematik mit Rechts-Links-Diskriminierungsstörungen und Dominanzstörungen wird häufig beobachtet. (Deegener, 1978; Steffen u. Seidel, 1976). Alle bereits genannten Störungen sind als relativ isolierte Primärsymptome oder als charakteristischer Symptomkomplex diagnostizierbar. Primäre, durch die Schädigung entstandene Symptome führen jedoch auch häufig zu sekundären, reaktiven Symptomen und können von diesen weitgehend überdeckt werden, was durch eine umfassende Diagnostik im einzelnen abzuklären ist. Bei der Beurteilung visueller Perzeptionsstörungen als sog. psychoorganische Zeichen ist darauf zu achten, daß allgemeine Entwicklungsverzögerungen, Intelligenzdefekte (Begabungsmängel) emotionale Störungen und negative Milieueinflüsse (z. B. Deprivation) ebenfalls zu visuellen Perzeptionsstörungen führen können. *Erst eine Zusammenschau der medizinischen und psychologischen Befunde erlaubt diagnostische Schlußfolgerungen.*

Diagnose von visuellen Perzeptionsstörungen

Kinder mit visuellen Wahrnehmungsstörungen fallen dem *geschulten Beobachter* schon im Kindergartenalter, spätestens jedoch bei Schuleintritt auf. *Das Verhalten dieser Kinder* ist meist charakterisiert durch auffällige Konzentrationsstörungen, ein Ausgeliefertsein an Einzelreize, Reizgebundenheit, meist bedingt durch eine Figur-Hintergrund-Störung ohne die Möglichkeit einer gezielten Aufmerksamkeitsrichtung. Die Neigung zur Perseveration wird oft deutlich, die Kinder haben außerdem auffallend wenig Ausdauer beim Spiel und wechseln ständig die Spielinhalte. Kinder mit visuellen Perzeptionsstörungen zeigen häufig Sprachstörungen, vor allem Sprachentwicklungsstörungen, Stammeln und Dysgrammatismus. Sie versagen oft bei grob- und feinmotorischen sowie bei graphomotorischen Leistungen, beim Bauen und Konstruieren, beim Malen und Zeichnen. Die Entwicklungsstufe der gegenständlichen Zeichnung wird meist später erreicht, man findet eine längerdauernde Kritzelstufe. Die Umsetzung von Vorstellungen in visuelle und/oder akustische Zeichen und Symbole und umgekehrt fällt schwer. Beim Erwerb der sogenannten Kulturtechniken, wie Lesen, Schreiben und Rechnen, können sich bald Lernstörungen zeigen, Probleme beim Erlernen der Schrift (graphomotorische Unsicherheiten), bei der Rechtschreibung und beim Lesen (Probleme der Wahrnehmungskonstanz und der Wahrnehmung der Raumlage) sowie des Mengenerfassens (Wahrnehmung der räumlichen Beziehungen). In den Erziehungsberatungsstellen, schulpsychologischen Beratungsstellen, Kinder- und jugendpsychiatrischen Kliniken und kinderärztlichen und psychologischen Praxen haben wir es häufig mit Kindern zu tun, die an neurologischen Leistungsschwächen bzw. Teilleistungsstörungen leiden. D. J. Johnson und H. R. Myklebust haben 1971 bei den von ihnen so genannten „psychoneurologischen Lernschwächen" die Zusammenhänge zwischen neurologischen Hirnleistungsschwächen und speziellen Wahrnehmungsdefekten untersucht und dargestellt.

Kinder mit „psychoneurologischen Lernschwächen" fallen dem *ungeschulten Beobachter* oft erst wegen Schulschwierigkeiten auf. Im Vorschulalter wird die Problematik dieser Kinder häufig nicht richtig erkannt. Mit dem Begriff des „Spätentwicklers" versucht man in vielen Fällen hier lediglich, eine Verlangsamung der Gesamtentwicklung in das diagnostische Blickfeld zu schieben. Nicht jedoch werden die oft tatsächlich vorliegenden hirnorganisch bedingten Veränderungen in verschiedenen kindlichen Entwicklungsbereichen, z. B. dem der visuellen Perzeption, gesehen, auf die man therapeutisch gezielt, möglichst frühzeitig einzuwirken hat. *Eine sekundäre Neurotisierung und ein allgemeines Leistungsversagen können oft durch ein rechtzeitiges therapeutisches Eingreifen verhindert werden.*

Die psychodiagnostische Untersuchung zeigt visuell perzeptiv gestörte Kinder von unterschiedlichem Intelligenzniveau. Auf der Stufe der geistigen Behinderung lassen sich im Zuge des Begabungsmangels oder einer vorliegenden Hirnschädigung immer schwere Perzeptionsstörungen feststellen. Bei lernbehinderten Kindern treten visuelle Perzeptionsstörungen im Vergleich zu normal intelligenten Kindern auffallend gehäuft auf (Frostig u. Maslow, 1978). *Visuelle Perzeptionsstörungen zeigen sich jedoch auch bei durchschnittlich oder überdurchschnittlich intelligenten Kindern.* Gerade bei der letztgenannten Gruppe kommen in Zusammenhang mit den häufig isoliert auftretenden Perzeptionsstörungen (in einem oder mehreren der 5 Wahrnehmungsbereiche) auffallend unausgeglichene Intelligenzprofile vor. Nichtverbale Untertests bereiten oft besondere Schwierigkeiten, da zu deren Lösung meist visuell-perzeptive Fähigkeiten vorausgesetzt werden. Besonders Kinder mit minimaler zerebraler Dysfunktion zeigen häufig bei normaler Gesamtintelligenz unausgeglichene Intelligenzprofile und ein gleichzeitiges Versagen in Wahrnehmungstests. Entweder ein allgemeines Versagen (Gesamtprozentrang < 25 oder Wahrnehmungsquotient < 90) oder ein Versagen in den einzelnen Testbereichen der visuellen Perzeption (vgl. Fallbeispiel).

Die *Ermittlung und Begutachtung visueller Perzeptionsstörungen* setzt eine gründliche kinderärztliche ggf. kinderneurologische und kinderpsychiatrische sowie psychodiagnostische Gesamtuntersuchung voraus. Das Seh- und Hörvermögen der Kinder sollte immer überprüft bzw. entsprechend korrigiert worden sein.

In Zusammenhang mit einer ausführlichen *Anamnese* ist zunächst eine spezielle Untersuchung der *Psychomotorik* (Grob- und Feinmotorik) als Zusatzuntersuchung von Bedeutung, sofern über diesen Bereich keine ausführlichen kinderärztlichen, neuropädiatrischen bzw. kinderpsychiatrischen Untersuchungsergebnisse vorliegen.

Die bei visuell perzeptiv gestörten Kinder häufig festzustellende Lateralitätsproblematik mit Rechts-Links-Diskriminierungsstörungen erfordert die Untersuchung der Handdominanz (Lienert (Hrsg.), 1971; ausführliche Verhaltensbeobachtung zum Gebrauch der rechten und linken Hand bzw. des rechten und linken Fußes). Visuell perzeptiv gestörte Kinder zeigen häufig gleichzeitig Störungen der sensomotorischen Funktionen, der Fein- und Grobmotorik. Da die Behandlung von visuellen Perzeptionsstörungen immer auch mit Bewegungsübungen verbunden sein sollte, und sich diese Maßnahmen ergänzen, muß der Entwicklungsstand der Psychomotorik zunächst möglichst genau ermittelt werden (Kiphard, 1979a, 1979b).

Geeignet zur Untersuchung der Psychomotorik sind vor allem der Lincoln-Oseretzky-Test (Eggert, 1971; Eggert u. Kiphard (Hrsg.), 1972; Sloan, 1955) und der Körperkoordinationstest (Schilling u. Kiphard, 1974) sowie die motorische Testbatterie von M. Frostig (1971) als Grundlage des auf den Test aufbauenden Bewegungstherapieprogramms (Reinartz (Hrsg.), 1974).

Die Anwendung spezieller *visuell-perzeptiver Testverfahren* bringt Hinweise über den Entwicklungsstand der visuellen Perzeption in den verschiedenen Bereichen. Zu den wichtigsten Testverfahren gehören der Bender-Gestalttest (Bender, 1938; Koppitz, 1964; Schlange et al., 1971), der Benton-Test (Benton, 1968), sowie vor allem der M. Frostig-Entwicklungstest der visuellen Perzeption (Frostig, 1963; 1964; Lockowandt, 1979) (vgl. S. 65–68).

Die Analyse der freien kindlichen Zeichnung und des Abzeichnens von einfachen geometrischen Formen nach Vorlage (Kreis, Kreuz, Quadrat, Rechteck, Dreieck, Rhombus) und die Beobachtung im Umgang mit didaktischem Spielmaterial, beim Kneten und Bauen, beim Umgang mit Mengen und Zahlen, erbringen darüber hinaus als *Screening-Verfahren* besonders bei jüngeren Kindern wichtige Hinweise über den Entwicklungsstand der visuellen Perzeption (Cruickshank, 1973). Visuell perzeptive Störungen lassen sich ebenfalls durch eine spezielle Analyse von Entwicklungs-, Intelligenz- und Schulreifetests ermitteln, da visuell perzeptive Aufgaben in vielen Untertests dieser Verfahren enthalten sind (s. ff). Zur Ermittlung sensomotorischer und perzeptiver Störungen eignen sich darüber hinaus die sensomotorischen Entwicklungsgitter von E. J. Kiphard (1979b), die aus der Beobachtung des Spiels und Angaben der Eltern ein Screening über das Ausmaß von Entwicklungsrückständen auch bei sehr jungen und behinderten Kindern ermöglichen. Zur Begutachtung visueller Perzeptionsstörungen gehört immer auch eine Untersuchung des *geistigen Entwicklungsstandes und der Intelligenz*. Hierdurch wird z. B. eine Abgrenzung von Perzeptionsstörungen und Begabungsmangel ermöglicht, und es lassen sich differentialdiagnostisch wichtige Abweichungen der perzeptiven und geistigen Entwicklung feststellen (vgl. S. 67).

Zu den wichtigsten *Entwicklungstests* und Screenings zählen die Denver-Entwicklungsskalen (Flehmig et al., 1973), der Bühler-Hetzer Entwicklungstest (Bühler u. Hetzer, 1953), der Kramertest (Kramer, 1970), der Merrill-Palmertest (Stutsman, 1948) und der Psycholinguistische Entwicklungstest (Angermaier, 1974) u. a.

Zu den wichtigsten *verbalen und nichtverbalen Intelligenztests* zählen die D. Wechslertests (Wechsler, 1956, 1961, 1967; Eggert u. Schuck 1978) der Snijders-Oomen Intelligenztest (Snijders u. Snijders-Oomen, 1967), die Bildertests 1–2, 2–3 (Horn u. Schwarz, 1967; Ingenkamp, 1966), die Testbatterie für geistig behinderte Kinder (Ingenkamp (Hrsg.), 1969) u. a.

Zu den gebräuchlichsten *Schulreifetests* gehören der Frankfurter Schulreifetest (Roth et al., 1965), der Göppinger Schuleignungstest (Kleiner, 1970), der Kern-Schulreifetest (Kern, 1954). Die Durchführung der Untertests Satzprobe (vgl. Abb. 8) und Nachzeichnen der Mengengestalt des Kerntests erweisen sich nach unseren Beobachtungen als besonders brauchbare Screening-Methoden sowohl zur Ermittlung perzeptiver Störungen wie zur Beurteilung der Schulreife. Ein anderer wichtiger Schulreifetest ist der Weilburger-Test (Ingenkamp (Hrsg.), 1971).

Außerdem ist die Anwendung von *Rechtschreib- Lese- und Schulleistungstests* bei gleichzeitig vorliegenden Lernstörungen, z. B. bei Legasthenie, von Bedeutung (vgl. B. v. Bernuth, S. 162 f.). In Zusammenhang mit allen genannten Verfahren ist die Untersuchung des emotionalen Bereichs mit Hilfe *projektiver Tests* wichtig zur Abklärung der bei visuell perzeptiv gestörten Kindern häufig zu beobachtenden Sekundärproblematik (vgl. S. 3, 62, 74) sowie zur Abklärung von emotional bedingten Perzeptionsstörungen.

Zu den wichtigsten projektiven Tests für Kinder gehören der Sceno-Test (Staabs, 1964), der Kinder-Apperzeptionstest (Bellak u. Adelman, 1960), der Thematische Apperzeptionstest (Murray, 1943), der Rorschachtest (Bohm,

1951), die Düss-Fabeln (Düss, 1964), der Mann-Zeichen-Test (Koppitz, 1972; Machover, 1957), der Wartegg-Zeichentest (Wartegg, 1953), der Baum-Test (Koch, 1954), der Kinder-Angst-Test (K-A-T) (Thurner u. Tewes, 1975), der Schwarzfuß-Test (Schröfl, 1977; Corman 1977) u. a.

Die Ergebnisse der projektiven Tests müssen durch die Exploration mit den Eltern des Kindes oder Miterziehern sowie durch die Ergebnisse einer gründlichen Verhaltensbeobachtung verifiziert werden. Die Begutachtung von visuellen Perzeptionsstörungen und Beurteilung ihrer Bedeutung für Diagnose und Therapieplan hängt von einer engen Zusammenarbeit des Arztes, Psychologen und Pädagogen ab. Die einzelnen Befunde sollten miteinander verglichen und die Therapiemaßnahmen koordiniert werden.

Der M. Frostig-Entwicklungstest der visuellen Perzeption

Zur Ermittlung von visuell perzeptiven Störungen eignet sich neben den bereits genannten Verfahren vor allem der M. Frostig Entwicklungstest der visuellen Perzeption (Frostig, M. et al., 1963 und 1964; Lockowandt, 1976).

Dieser Test bietet die Möglichkeit einer differenzierten Untersuchung der visuellen Perzeption in 5 Bereichen. Der 1. *Testbereich* prüft die **visuomotorische Koordination (VM)** und damit die Fähigkeit, kontinuierliche gerade, kurvige oder winklige Linien zwischen Begrenzungen von unterschiedlicher Weite zu führen oder Linien von Punkt zu Punkt ohne Leitlinien zu zeichnen.

Der 2. *Bereich* der **Figur-Grund-Wahrnehmung (FG)** untersucht die Fähigkeit, Figuren von einem zunehmend komplex gestalteten Hintergrund optisch isolieren zu können. Es werden sich überschneidende und „versteckte" geometrische Formen verwendet.

Der 3. *Bereich* prüft die **Wahrnehmungskonstanz (WK)**. Es wird hier die Fähigkeit untersucht, geometrische Figuren, die in verschiedenen Größen, Schattierungen, Anordnungen und räumlichen Stellungen dargestellt sind, wiederzuerkennen und sie von ähnlichen geometrischen Figuren zu unterscheiden. Es werden Kreise, Quadrate, Rechtecke, Ellipsen und Parallelogramme verwendet.

Mit dem 4. *Bereich* wird die **Wahrnehmung der Stellung im Raum (RL)** untersucht. Dieser Untertest prüft das Unterscheidungsvermögen von Umkehrungen und Drehungen von Figuren, die in Reihungen dargestellt sind. Es werden schematische Zeichnungen verwendet, die bekannte Objekte (z. B. Stühle) darstellen.

Der 5. *Bereich* testet die **Wahrnehmung von räumlichen Beziehungen (RB)** und damit die Fähigkeit zur Analyse von einfachen Formen und Mustern.

Diese bestehen aus Linien in unterschiedlicher Länge und Winkelbildung, die *kopiert werden* sollen. Punkte dienen dabei als Leitpunkte[1].

Der Frostig-Test ist besonders für Kinder im Alter zwischen 4 und 7;11 Jahren geeignet. In diesem Altersbereich lassen sich für jeden Untertest gesondert Rohwerte errechnen. Der Frostig-Test ist auch zur Anwendung bei Jugendlichen und evtl. Erwachsenen mit schweren Wahrnehmungsstörungen geeignet (z. B. bei Aphasien). Da die Standardisierung an diesen Patientengruppen fehlt, dient das Testergebnis jedoch nur als orientierender Hinweis. Nach der amerikanischen Standardisierung lassen sich aus den Rohwerten Wertpunkte und Entwicklungsalter ableiten, die Gesamtwertpunktzahl wird zu einem Wahrnehmungsquotienten verrechnet, vergleichbar dem Intelligenzquotienten (mittlerer Bereich 90–109) (Frostig et al., 1963 und 1964).

Nach der deutschen Standardisierung wird auf die Ausrechnung von Wertpunkten, Wahrnehmungsquotient und Entwicklungsalter verzichtet, statt dessen wird eine Umrechnung in Prozentränge ermöglicht (mittlerer Bereich 25–75) (Lockowandt, 1976). Aus den Prozenträngen der einzelnen Untertests errechnet sich der Gesamtprozentrang, vergleichbar dem Wahrnehmungsquotienten der amerikanischen Standardisierung. Der Vergleich von Wahrnehmungsquotient bzw. Gesamtprozentrang und Intelligenzquotient sowie die Analyse der Ergebnisse der einzelnen 5 Testbereiche erbringen wichtige Hinweise über das Ausmaß vorliegender visueller Perzeptionsstörungen. Homogene bzw. inhomogene visuelle Wahrnehmungsstrukturen können ermittelt werden. Inhomogene Wahrnehmungsstrukturen findet man gehäuft bei Kindern mit manifester Hirnschädigung oder minimaler zerebraler Dysfunktion.

Der Test kann bei normalen und behinderten Kindern angewendet werden, zur Abklärung von Fragestellungen wie: Schulreife, Lernstörungen, Untersuchung von sog. psychoorganischen Zeichen oder Teilleistungsstörungen bei manifester Hirnschädigung oder minimaler zerebraler Dysfunktion, insbesondere bei zentralen Bewegungsstörungen, Epilepsien, Sprachstörungen und Hörstörungen (zur Anwendung bei hörgestörten Kindern gibt es eine Spezialanweisung nach M. Maurer 1965).

Die bisher vorliegenden empirischen Untersuchungen mit dem Frostig-Test, in denen der Wahrnehmungsquotient bzw. Gesamtprozentrang der fünf

---

1 In den deutschen Bearbeitungen des Frostigtests und des Therapieprogramms sind die Bezeichnungen und Abkürzungen der 5 Bereiche leider nicht ganz einheitlich gewählt. Wir beziehen uns hier u. im folgenden auf die Bezeichnungen des Therapieprogramms (Reinartz, A. u. E. (Hrsg.) 1973a). Im Frostigtest werden folgende Bezeichnungen und Abkürzungen gewählt: Visuomotorische Koordination (VM), Figur-Grund-Unterscheidung (FG), Formkonstanz-Beachtung (FK), Erkennen der Lage im Raum (LR), Erfassen räumlicher Beziehungen (RB).

Untertests mit unterschiedlichen Intelligenzwerten korreliert wurde, haben ergeben, daß im allgemeinen bei gesunden Kindern zwischen diesen Werten ein mittlerer bis hoher Zusammenhang besteht. Eine Korrelationsstudie von E. Wurst (1974) ergab einen signifikanten Zusammenhang des Frostig-Tests mit den Ergebnissen des Hamburg-Wechsler-Intelligenztests (HAWIK) bei 50 gesunden 6- bis 12jährigen Kindern. Die Annahme einer Abhängigkeit des Reifegrades der intellektuellen Fähigkeiten von der Entwicklung der visuellen Perzeption, insbesondere der Figur-Grund-Wahrnehmung und der Wahrnehmung räumlicher Beziehungen, bestätigte sich. Nach den vorliegenden Untersuchungsergebnissen haben diese Zusammenhänge im Normalbereich bei psychoneurologisch unauffälligen Kindern Gültigkeit. Ein signifikantes Abweichen der Intelligenzleistung von den perzeptiven Fähigkeiten ist deshalb besonders zu beachten und als wichtiger differentialdiagnostischer Befund mit therapeutischer Konsequenz, insbesondere bei manifester Hirnschädigung oder minimaler zerebraler Dysfunktion, zu diskutieren.

Amerikanische Untersuchungen mit dem Frostig-Test zeigten, daß im Kindergartenalter und bei Kindern des ersten Schuljahres der Normalschule mit etwa 10 bis 16% visuell perzeptiv gestörter Kinder zu rechnen ist (Bishop u. Gayton, 1972; Frostig u. Maslow 1978). Auf die Notwendigkeit einer möglichst im Vorschulalter einzusetzenden gezielten Therapie visueller Perzeptionsstörungen mit der Möglichkeit der Prophylaxe oder Kompensation von Lern- und Verhaltensstörungen in der Schule wird von den Autoren hingewiesen. Repräsentative Untersuchungen zur Ermittlung der Häufigkeit des Auftretens von visuellen Perzeptionsstörungen in Grundschulen, Sonderschulen für Sprachbehinderte, Sonderschulen für Lernbehinderte und geistig Behinderte stehen im deutschen Sprachraum u. W. noch aus. Der erwiesene enge Zusammenhang von Intelligenzentwicklung und Entwicklung perzeptiver Fähigkeiten läßt erwarten, daß der Anteil von Kindern mit visuellen Perzeptionsstörungen in Sonderschulen für Lernbehinderte und geistig Behinderte bedeutend größer ist, als in normalen Grundschulen. M. Frostig fand unter 89 lerngestörten Schulkindern 78% mit visuellen Perzeptionsstörungen (Frostig u. Maslow, 1978). Unsere klinischen Beobachtungen weisen darauf hin, daß bei sprachgestörten Kindern ebenfalls visuelle Perzeptionsstörungen auffallend gehäuft vorkommen und meist mit Hirnreifungsverzögerungen, seltener mit Hirnschädigungen verbunden sind. Beim Vorliegen dieser Störungen findet man oft trotz normaler Gesamtintelligenz gravierende perzeptive und kognitive Schwächen mit schwerwiegenden Auswirkungen für die Lernfähigkeit und das Verhalten (Seidel, Biesalski, 1973; Steffen u. Seidel, 1976, Seidel et al. 1978).

35 sprachentwicklungsverzögerte Erstkläßler aus 3 Klassen zweier Sonderschulen für Sprachbehinderte wurden neurologisch, neuropsychologisch,

testpsychologisch untersucht und kinderpsychiatrisch und pädagogisch beurteilt. Die perzeptiv-kognitive Entwicklung, das intellektuelle, schulische und psychosoziale Verhalten in der Schule wurden beschrieben. 20 Kinder wurden als hirnreifungsverzögert diagnostiziert, 4 als perinatal hirngeschädigt und 11 als „nur" sprachbehindert ohne kognitive Schwächen. In der Gruppe der psychoneurologisch auffälligen Kinder fanden sich mehr visuell und auditivperzeptiv gestörte, lernschwache und konzentrationsgestörte Schüler als bei den unauffälligen. Verhaltensstörungen und negative Milieueinflüsse waren dagegen in beiden Gruppen annähernd gleich verteilt. Der M. Frostig-Test erwies sich als brauchbare „Screening-Methode" mit relativ hoher Treffsicherheit zur Erfassung psychoneurologisch auffälliger Erstkläßler mit potentiellen Lernstörungen (Steffen u. Seidel, 1976).

Therapie

Notwendigkeit der Therapie von Wahrnehmungsstörungen

Empirische Untersuchungen zeigen, daß normal intelligente Kinder mit leichten Reifungsverzögerungen häufig in der Lage sind, Wahrnehmungsstörungen auch ohne gezielte Therapiemaßnahmen zu kompensieren. Vor allem im Lebensalter von 6–7 Jahren treten hier häufig spontane Verbesserungen auf. Klinische Untersuchungen haben jedoch darauf hingewiesen, daß zerebral geschädigte Kinder, Kinder mit zentralen Sprach- und Bewegungsstörungen oder epileptische Kinder trotz normaler Intelligenz meist nicht in der Lage sind, isolierte oder umfassende Perzeptionsstörungen ohne therapeutische Hilfestellung zu überwinden. Sie fallen sogar häufig in ihren Leistungen mit zunehmendem Lebensalter zurück.

Bishop und Gayton fanden 1972 bei Erstkläßlern mit Perzeptionsstörungen aber durchschnittlicher Intelligenz eine deutliche Steigerung des Wahrnehmungsquotienten (23,3 Punkte) und bei keinem Kind einen Leistungsabfall, nachdem diese Kinder im Rahmen des regulären Schulunterrichts 2mal eine halbe Stunde in der Woche 7 Monate lang mit der Frostig-Therapie behandelt worden waren. Bei der unbehandelten Kontrollgruppe von Kindern mit Perzeptionsstörungen und normaler Intelligenz fielen dagegen nach 7 Monaten Schulbesuch 25,4 % der Kinder in ihren visuell-perzeptiven Leistungen auf ein noch schlechteres Niveau ab.

Bei perzeptiv geschädigten Kindern mit unterdurchschnittlicher Intelligenz, bei deprivierten Kindern, bei lernbehinderten und geistig behinderten Kindern liegt die Dringlichkeit einer möglichst im Vorschulalter einzusetzenden Therapie auf der Hand. Eine Wahrnehmungstherapie kann allerdings nur dann voll wirksam werden, wenn sie in ein abgerundetes Programm, das die Gesamtentwicklung des Kindes berücksichtigt, eingefügt wird, auch unter Einbeziehung von Übungen zur Schulung der auditiven, taktilen und kinästhetischen Perzeption. Zu einem optimalen Fortschritt kommt es nur, wenn die Wahrnehmungstherapie in eine Schulung der sensomotorischen Fertigkeiten, der Sprache und der höheren Denkprozesse sowie der Bewegungsschulung (Frostig, 1975; Kiphard, 1979; Reinartz (Hrsg.), 1974) integriert ist. Die kreativen Entfaltungsmöglichkeiten des Kindes müssen dabei besonders gefördert werden. Hier kommt der Musiktherapie, gerade beim körperlich behinderten, geistig behinderten und verhaltensgestörten Kind eine hervorragende Bedeutung zu. Durch die Einbeziehung des Orff-Schulwerkes kann bei individualisierter und der Behinderung des Kindes angepaßter Anwendung nicht nur die auditive und visuelle, auch taktile und kinästhethische Perzeption grundlegend gefördert werden, sondern es ergeben sich auch sehr wichtige Möglichkeiten, die Kinder zur Mitarbeit zu motivieren und kreative Ansätze in den Gesamt-Therapieplan zu bringen (Friedemann, 1973; Josef, 1974; Orff, 1974; Thomas, 1973 u. 1976).

Zielsetzung der Frostig-Therapie

Entsprechend unseren Ausführungen entspricht die Zielsetzung der Frostig-Therapie einer Behandlung von Perzeptionsstörungen, einschließlich visuellen, auditiven, taktilen und kinästhetischen Perzeptionsstörungen im Sinne einer Entwicklungs- und Übungsbehandlung: „Eine systematische, sensomotorische Entwicklungs- und Übungsbehandlung für Ausfallserscheinungen am zentralen Nervensystem" (Definition nach der GOÄ und Ersatzkassen-Adgo 1977).

Ausbildung der Therapeuten und Anwendungsbereiche

Es handelt sich hier um eine neue Therapieform, die Ausbildungsmöglichkeiten sind in Deutschland vorläufig sehr begrenzt, sind noch nicht institutionalisiert und beschränken sich auf unregelmäßig angebotene Arbeitsseminare im Rahmen der ärztlichen, psychologischen, sonderpädagogischen, logopädischen, beschäftigungstherapeutischen, krankengymnastischen und bewegungstherapeutischen Fortbildung. Es liegen bereits erste positive Erfahrungen über die Anwendung der Frostig-Therapie innerhalb klinischer Einrichtungen (Kinderklinik, Kinderpsychiatrie, Phoniatrie) sowie kinderpsychologischer und kinderärztlicher Fachpraxen vor. Außerdem wird die Frostig-Therapie in Deutschland zunehmend an sonderpädagogischen Einrichtungen verwendet (Sprachheilkindergärten, Sprachheilschulen, Schulen für geistig Behinderte und Lernbehinderte u. a.) sowie bei Vorschulprogrammen.

Die Effektivität der Frostig-Therapie hängt in den genannten Einrichtungen allerdings entscheidend von dem Einsatz klinisch-psychologisch und heilpädagogisch ausgebildeter Fachkräfte mit einer Zusatzausbildung in dieser neuen therapeutischen Methode ab sowie von einer engen Zusammenarbeit der erforderlichen Fachrichtungen in Diagnostik und Therapie.

Voraussetzungen zur Durchführung der Frostig-Therapie

Auswahl der Patienten

Geeignet für die Behandlung nach der Frostig-Therapie sind Kinder mit visuellen Perzeptionsstörungen, vor allem unter den Patientengruppen der manifesten Hirnschädigungen oder minimaler zerebraler Dysfunktionen: der zentralen Bewegungsstörungen, Epilepsien, Sprachstörungen (Sprachentwicklungsstörungen, Stammeln, Dysgrammatismus, Aphasien). Außerdem eignen sich zur Behandlung nach der Frostig-Therapie Kinder mit Lernstörungen: Legastheniker mit Perzeptionsstörungen, Kinder mit zentralen Rechenschwächen, Lernbehinderte und geistig behinderte Kinder, deprivierte Kinder.

Alter der Patienten

Am effektivsten zur Behandlung von Perzeptionsstörungen ist das Lebensalter von 3 bis zu 8 Jahren, insbesondere die Vorschulzeit (3 bis zu 6 Jahren). Lernbehinderte und geistig behinderte Kinder sollten zu Beginn der Therapie etwa ein Ausgangsintelligenzalter von 3 Jahren besitzen. Bei jüngeren Kindern muß die Therapie entsprechend abgewandelt werden.

Therapieform als Einzel- oder Gruppentherapie

Die Frostig-Therapie erweist sich günstig als Einzeltherapie und als Gruppentherapie (Kleingruppe) entsprechend der verhaltenspsychologischen Voraussetzungen der Patienten.

Bei der Zusammenstellung der Gruppen können die Störungsformen gemischt werden, das Entwicklungsalter der visuellen Perzeption sollte jedoch bei den einzelnen Gruppenmitgliedern annähernd übereinstimmen.

Therapieraum

Zur Durchführung der Frostig-Therapie benötigt man einen Therapieraum mit grundsätzlich anderer Einrichtung, als sie z. B. bei einer psychagogischen Behandlung notwendig ist. Die meist bei visuell-perzeptiv gestörten Kindern vorliegenden Konzentrationsstörungen, ihre Reizgebundenheit und ihr Ausgeliefertsein an Einzelreize erfordern eine Beschränkung des Spielmaterials.

Es empfiehlt sich z. B., das dreidimensionale Übungsmaterial entsprechend seines didaktischen Zieles den 5 Wahrnehmungsbereichen zuzuordnen und es in der Weise bereitzustellen, daß es für die zu behandelnden Kinder nicht unmittelbar einsehbar oder zugänglich ist. Zur Behandlung der auffallend konzentrationsgestörten, reizgebundenen Kinder sollte man einen Arbeitsplatz mit minimaler visueller Stimulation einrichten (Cruickshank, 1973). Die Körpergröße der Kinder und ihre Sitzhöhe müssen aufeinander abgestimmt werden. Man benötigt deshalb Tische in unterschiedlichen Höhen. Erforderlich ist außerdem z. B. eine Wandtafel. Günstig sind zusätzlich Diapositiv-Projektor, Overhead-Projektor und Film-Projektor sowie ein Tonbandgerät zur gleichzeitigen Behandlung von auditiven Perzeptionsstörungen. Zur Förderung der sprachlichen Kommunikation und der Fähigkeit zum Rollenspiel (gleichzeitig zum Aufbau der Körperimago und des Körperbegriffs) benötigt man darüber hinaus z. B. eine Bühne mit Zusatzbehör, Kasperletheater, Marionetten, Kaufladen, Telefon, Puppen in verschiedenen Größen, Spiegel etc. Außerdem benötigt man zur Förderung der visuomotorischen Koordination und zugleich zur Entfaltung kreativer Möglichkeiten verschiedene Materialien wie Knet, Ton, Fingerfarben sowie verschiedenartiges „wertloses" Material aus Papier, Pappe, Holz, Wolle, Stoff etc. (weitere Einzelheiten hierzu s. Vorübungen VM, FG, WK, RL und RB) sowie Orffinstrumente (s. S. 69).

Sofern eine Bewegungstherapie in die Frostigtherapie integriert wird, ist ein entsprechend eingerichteter Raum mit Zusatzmaterialien wichtig (Schwebebalken, Reifen, Turnmatten, Bohnensäckchen und Bälle, Seile etc.). (Frostig, 1975; Kiphard 1979a).

Methodische Hinweise

Vor der Durchführung der Frostig-Therapie ist es notwendig, entsprechend der medizinischen und psychodiagnostischen Untersuchungsergebnisse (vgl. S. 19 f., 61–68) für jedes Kind einen individuellen Therapieplan zu erstellen, mit Schwerpunkten der Anwendung einzelner Übungsbereiche je nach Lebensalter, Entwicklungsalter und Art der Schwierigkeiten. Der Therapieplan muß Entwicklungshilfe zum Aufbau der wesentlichsten Funktionen in den grundlegenden Bereichen geben, ausgehend von der Schulung grobmotorischer und *sensomotorischer* Fertigkeiten, in der Weiterentwicklung von *sprachlichen*, *perzeptiven* und *kognitiven* Funktionen.

Alle Umwelteroberung beginnt und ist im Weiteren nur denkbar durch Selbsttätigkeit. Der Motorik kommt daher für die Aufbereitung des Lernstoffes die größte Bedeutung zu. Bevor das Kind sprachliche, perzeptive oder abstrakte Symbole lernen kann, muß es eine Vorerfahrung der entsprechenden Bewegungsmuster mit kinästhetischer Rückmeldung erfahren (Frostig, 1975; Kiphard, 1979). Das Kind kommt erst über das Manipulieren zum Wahrnehmen und erst darauf aufbauend zur Stufe der Repräsentation (Piaget u. Inhelder, 1972). Bei der gezielten Schulung der Wahrnehmung ist es wichtig zu beachten, daß möglichst *Sinnesmodalitäten gleichzeitig geübt werden,* die taktilen, kinästhetischen, visuellen und auditiven. Das Kind muß lernen, die Sinnesmodalitäten zu integrieren und koordinieren. Es soll lernen seine perzeptiven Fähigkeiten gleichzeitig oder intermittierend einsetzen zu können. Die seriale Integration der einzelnen Sinnesmodalitäten muß geübt werden. Gerade bei hirngeschädigten Kindern werden häufig intermodale Störungen beobachtet; Kompensationen über einzelne Kanäle werden nicht spontan ausgebildet (vgl. Dornette, S. 123). Mit Hilfe eines gezielten perzeptiven Therapieprogrammes soll versucht werden, die Fähigkeit zur Kompensationsbildung im Bereich der perzeptiven Entwicklung zu steigern. Während das Kind eine bestimmte grob- oder feinmotorische Bewegung oder spezielle perzeptive Übungen durchführt, soll der Therapeut und darauffolgend das Kind selber seine Bewegungen kontinuierlich *verbalisieren* (akustische Rückmeldung). Auch durch den Einsatz *rhythmisch-musikalischer Übungen* (akustische Rückmeldung) wird der Lernvorgang oft beschleunigt, rhythmische Vollzüge fördern die Gedächtnisleistungen und steigern häufig die Freude an der Mitarbeit und die Motivation. Die visuell-perzeptiven Übungen sollen häufig mit *geschlossenen Augen* durchgeführt werden (taktile Rückmeldung), die Übungen werden in ihrem *Bewegungsablauf* dargestellt, mit und ohne visuelle Hilfen (kinästhetische Rückmeldung), akustische Symbole werden in visuelle Symbole transponiert und umgekehrt, taktile in visuelle, visuelle in taktile etc. (Frostig u. Maslow, 1978). Ein Kind mit Schwierigkeiten in der Figur-Grund-Wahrnehmung umfährt z. B. zuerst mit geöffneten, dann mit geschlossenen Augen die Kontur eines Puzzleteiles, erst darauffolgend soll es dieses Teil in eine entsprechende Öffnung einsetzen. Wir beobachten immer wieder, daß visuell-perzeptiv gestörte Kinder durch die stimulierte taktile Rückmeldung in die Lage versetzt werden, plötzlich wahrzunehmen, wo und in welcher Raumlage das Puzzleteil einzusetzen ist, während sie zuvor die Aufgabe in keiner Weise lösen konnten. Die einzelnen Übungen sind *systematisch aufzubauen.* Der Lernstoff sollte in *kleinste Einheiten* und *Teilschritte* zerlegt werden. Das visuell-perzeptiv gestörte Kind braucht immer wieder spezielle Hilfestellungen, z. B. Hilfspunkte, Hilfslinien und verbale Hilfen. Indem das Kind verbalisieren lernt, was seine Hand z. B. schreibt oder zeichnet, prägt sich das entsprechende Bewegungsmuster besser ein. Diese Hilfen sind z. B. bei den Schreibvorübungen von größter Bedeutung: „Ich fahre mit meinem Stift schräg nach oben, biege in einem runden Bogen nach links herum, der Strich geht wieder gerade hinunter und rund herum nach rechts zur Seite."

Das Üben und Festigen des Lernstoffes ist notwendig. In jeder Therapiestunde werden die wichtigsten Schritte der letzten Stunde wiederholt und variiert. Bei sehr jungen, in der sprachlichen und geistigen Entwicklung retardierten Kinder ist es wichtig, den Lernvorgang und das Vorstellungsvermögen über die *Nachahmung* aufzubauen (Nachahmung von einfachen Gesten, von Bewegungen der Hand oder des Körpers, von Bewegungen mit Gegenständen). Darauf folgend sind spezielle Übungen in allen perzeptiven Bereichen in kleinsten Schritten durchzuführen, visuelle Gedächtnisübungen (mit Hilfe von Gegenständen, „Krabbelsack" und Bildkarten) und Übungen zur Schulung der akustischen Speicherfähigkeit (z. B. Aufträge ausführen etc.) sind besonders wichtig. Hierdurch kommt z. B. der Wahrnehmungstherapie eine wichtige Funktion im Bereich der Phoniatrie zu. Die Sprachanbahnung sollte nach unserer Erfahrung immer in Zusammenhang mit einer gezielten Wahrnehmungstherapie durchgeführt werden (Seidel u. Biesalski, 1973). Auch für Stammler und Dysgrammatiker ist die Kombination von logopädischer Behandlung und Wahrnehmungstherapie oft die Voraussetzung für einen schnelleren und nachhaltigen Therapieerfolg. Beim Vorschulkind empfiehlt sich häufig als *beste Einstiegsmöglichkeit in die Frostig-Therapie zunächst die Durchführung der Vorübungen des Bereiches der Wahrnehmung der Raumlage,* hier speziell eine Schulung der Körperimago, des Körperbegriffs und Körperschemas (vgl. S. 83). Das Bewußtsein des Kindes von sich selbst, von seinem eigenen Körper, muß gestärkt werden, ebenso wie das Bewußtsein des umgebenden Raumes. Das Kind muß selber bewußte Bewegungen im Raum ausführen (kinästhetische Fertigkeiten), im Raum bestimmte Bewegungen mit Objekten durchführen (sensomotorische Fertigkeiten), es muß Materialerfahrungen sammeln (taktile Übungen), es benötigt Übungen zur Wortschatzerweiterung (Reinartz (Hrsg.), 1974) und Übungen zur Förderung der auditiven Wahrnehmung (Cruickshank, 1973; Fritze et al., 1976; Frostig u. Maslow, 1978; Reinartz (Hrsg.), 1974). Neben den genannten Voraussetzungen ist bei der Durchführung der Frostig-Therapie darauf zu achten, daß in Zusammenhang mit motorischen und verbalen Übungen immer *alle fünf Wahrnehmungsbereiche geschult werden,* auch wenn z. B. ein Kind nur eine Störung in einem oder einzelnen Bereichen der visuellen Perzeption hat. Bei isolierten Perzeptionsstörungen sollen dabei allerdings Therapieschwerpunkte auf die Bereiche gesetzt werden, bei denen Schwierigkeiten festgestellt wurden. Bei der Zusammenstellung einer Therapieeinheit ist besonders bei jüngeren oder retardierten Vorschulkindern darauf zu achten, daß *ganzheitliche Lernsituationen* geschaffen werden. Ein Hintereinander-Durchführen von Einzelübungen ermüdet die Kinder nach unseren Beobachtungen schneller und ist gerade bei vorliegender Konzentrationsschwäche zu vermeiden. Perzeptiv gestörte Kinder wechseln ihre Spielinhalte auffallend schnell, dem soll in der Therapie entgegengewirkt werden. Man muß deshalb versuchen, anhand einer sorgfältig ausgewählten Spielsituation Einzelübungen einzubringen, die im Zusammenhang mit der Gesamtsituation stehen. Erst bei älteren Kindern sind die Vorübungen und Arbeitsbogen als Einzelübungen möglich. Aber auch hier sollte versucht werden, in einer Therapieeinheit wenige Vorübungen und wenige Arbeitsblätter durchzuführen und zwischen ihnen immer wieder ganzheitliche Zusammenhänge mit gleichzeitiger Beachtung der Schulung mehrerer perzeptiver Funktionen herzustellen.

Es ist wichtig, eine Therapieeinheit vorauszuplanen, aber sich dennoch im Rahmen dieses Planes von den Bedürfnissen des Kindes und seinen jeweils zu beobachtenden individuellen Voraussetzungen (z. B. seiner Ausdauer und Motivation) leiten zu lassen. *Auf eine mögliche Überforderung der Kinder durch zu lang dauernde Therapieeinheiten oder zu intensive häusliche Übungen muß immer wieder geachtet werden.*

Über jede Therapieeinheit sollte ein Protokoll geführt werden. Nach jeder Therapie sind den Eltern die Schwierigkeiten und Fortschritte (der Akzent sollte bei den Fortschritten liegen) zu berichten sowie sorgfältig dosierte, aus der letzten Therapiestunde entwickelte Vorschläge für häusliche Übungen zusammenzustellen, sofern diese Zusammenarbeit möglich ist. Gerade Eltern behinderter Kinder sind oft dankbar für Hilfen zum systematischen Aufarbeiten der vorliegenden Störungen. Ohne einen solchen therapeutisch geleiteten Aufbau stehen sie dem Problem ihres Kindes oft hilflos gegenüber, überwältigt und frustriert durch das große Ausmaß der oft in allen Bereichen vorliegenden Schwierigkeiten.

Während der Durchführung der Frostig-Therapie ist es wichtig, die *Motivation* der Kinder zur Mitarbeit zu steigern (vgl. Frostig, Kap. I). Durch den Einsatz verhaltenstherapeutischer Methoden (Gebrauch primärer und sekundärer Verstärker) kann z. B. gerade bei stark verhaltensgestörten Kindern, oft auch bei geistig behinderten Kindern, die Therapie besonders zu Beginn unterstützt und erweitert werden. Visuell perzeptiv gestörte Kinder leiden häufig an einer *Sekundärproblematik*. Insbesondere bei normaler Intelligenz treten Frustrationen, Minderwertigkeitsgefühle und Ängste auf, die in der Therapie entsprechend aufgefangen werden müssen. Die Kinder sollen durch die Wahrnehmungstherapie ein Gefühl der Sicherheit entwickeln, sie sollen durch die sorgfältige Auswahl der individuell zusammengestellten Übungen Erfolgserlebnisse haben und zur größeren Selbständigkeit beim Wahrnehmen und Lernen, bei der Bewältigung ihrer Umwelt erzogen werden. Sie brauchen während der Therapiestunde viel persönliche Zuwendung und Ermutigung.

Bei vorliegenden Verhaltensstörungen ist die gleichzeitige oder vorgezogene Durchführung einer *psychagogischen Behandlung* notwendig und hilfreich. Die *Zusammenarbeit mit den Eltern und die Erziehungsberatung* sollte nach unserer Überzeugung immer im Rahmen der Wahrnehmungstherapie durchgeführt werden. Man beobachtet häufig verunsicherte Eltern mit deutlichen Schuldgefühlen. Sie neigen zur Überforderung ihrer Kinder und sind zu Beginn der Behandlung oft sehr ungeduldig. Auch sollten sie durch den Therapeuten erst lernen, die Fortschritte ihrer Kinder in kleinen Schritten zu erkennen und zu akzeptieren. Zur Mitarbeit müssen sie außerdem noch stimuliert werden und brauchen – genauso wie die Kinder – viel Ermutigung. Die Arbeit in Elterngruppen unterstützt diesen Vorgang oft erheblich. Die Eltern können miteinander über ihre Probleme sprechen und z. B. im Rollenspiel Erziehungssituationen darstellen und darauffolgend besprechen und durcharbeiten, die zur Konfrontation innerhalb der Familie geführt haben.

Therapiedauer

Die *Dauer der Therapieeinheit* hängt von den individuellen Voraussetzungen des Kindes ab. Zunächst ist oft nur eine Übungsdauer von 10 bis 15 Minuten möglich, allmählich kann die Therapieeinheit auf 45 Minuten bis 1 Stunde verlängert werden, zusätzlich der Zeit für die Elternarbeit.

Die *Länge der Gesamttherapie* hängt ebenfalls von den individuellen Voraussetzungen des Kindes, des Therapeuten und der Mitarbeit der Eltern und der Miterzieher ab. Nach unseren Erfahrungen braucht man mindestens 6 Monate bei wöchentlicher Behandlung mit 1–2 Therapieeinheiten. Zusätzlich sollten zu Hause oder im Rahmen einer betreuenden Institution täglich spezielle, vom Therapeuten zusammengestellte Übungen durchgeführt werden. Entsprechend dem vorliegenden Ausmaß der Schädigung braucht man jedoch oft eine deutlich längere Therapiezeit (1–3 Jahre Therapiedauer). Ein vorzeitiges Abbrechen der Therapie bedeutet meist einen Rückfall auf die Ausgangssituation; die durchgeführten Bemühungen zeigen dann keine nachhaltigen Therapieerfolge. Umgekehrt haben wir in vielen Längsschnittbeobachtungen von über 10 Jahren gesehen, daß nach intensiv und ausreichend lang durchgeführter Frostig-Therapie selbst bei schwer visuell gestörten Kindern – mit normaler oder mit deutlich retardierter Intelligenz – der erreichte Therapieerfolg gehalten und stabilisiert werden konnte und darauf aufbauend weitere Lernfortschritte möglich waren.

Das Frostig-Therapieprogramm (Übersicht)

Das Frostig-Therapieprogramm ermöglicht die gezielte Schulung der visuellen Perzeptionsfähigkeit in 5 Bereichen und kann, auf der Grundlage des Frostig-Tests aufbauend, ganz auf die individuellen Schwierigkeiten des einzelnen Kindes abgestimmt werden. Sprachübungen, Bewegungsübungen (Reinartz

(Hrsg.), 1974) und Übungen zur Schulung der taktilen und kinästhetischen Perzeption sind als wichtige Ergänzung in das Programm einzubauen. Das Programm gliedert sich in einen Teil mit einleitenden Übungen, die sog. dreidimensionalen Übungen, die der Montessori-Methode ähnlich sind und die Grundfertigkeiten der visuellen Perzeption, der Grob- und Feinmotorik sowie der taktilen und kinästhetischen Perzeption in spielerischer Weise einüben. Das Material hierzu kann entsprechend den Hinweisen der Autorin selber zusammengestellt werden.

Der inzwischen zur Behandlung visueller Perzeptionsstörungen entwickelte Pertra-Spielsatz bietet besonders für zerebralparetische und geistigbehinderte Kinder sowie für jüngere Kinder mit schweren Perzeptionsstörungen als dreidimensionales Vorprogramm gute und vielseitige Übungsmöglichkeiten in allen fünf Wahrnehmungsbereichen, auch wenn die Papier-Bleistiftübungen des Frostig-Programms wegen der Körperbehinderung oder wegen schwerer perzeptiver Entwicklungsstörungen noch nicht durchgeführt werden können.

Entwickelt wurde dieser Übungssatz an der Fachhochschule Schwäbisch Gmünd in Zusammenarbeit mit dem Spastikerzentrum der Hessingstiftung in Augsburg-Göggingen (E. Eulert, A. Jösch, K. Lang-Lungean, Ch. Schulz, E. Stoll und H. Treml) und bietet eine ausgezeichnete Erweiterung des Vorprogramms der Frostig-Therapie für die oben genannten Patientengruppen sowie für den Kindergarten- und Vorschulbereich.

Der Pertra-Satz besteht aus einem Grundbrett und mehr als 300 Holzelementen, die überschaubar in 8 Baugruppen zusammengefaßt sind. (Ausführliche Dia-Serie über den Spielsatz ist beim Bundesverband für spastisch Gelähmte und andere Körperbehinderte e. V. 4 Düsseldorf, Kölner Landstraße 375 zu beziehen.).

Der therapeutische Hauptteil des Frostig-Programms besteht aus 359 verschiedenartigen Arbeitsbögen, die nach den bereits genannten 5 Wahrnehmungsbereichen differenziert, systematisch gegliedert und nach Schweregraden unterteilt sind. Der Therapeut stellt bei der Anwendung des *klinischen Frostig-Programms* (Reinartz, (Hrsg.), 1974b) die Einzelübungen entsprechend den testpsychologisch ermittelten Schwierigkeiten des Patienten selbst zusammen. Das klinische Programm bietet die Möglichkeit einer gezielten Schulung insbesondere isolierter visueller Perzeptionsstörungen, wie dies gerade bei hirngeschädigten Kindern und Kindern mit minimaler zerebraler Dysfunktion oft erforderlich ist.

Neben dem klinischen Programm ist auch das Übungsprogramm anwendbar, bei dem die Vorübungen und Arbeitsbogen bereits nach Schwierigkeitsgraden gemischt (Heft 1, 2 und 3) angeboten werden (Reinartz (Hrsg.), 1974a). Dieses Programm eignet sich besonders für Kinder mit umfassenden visuellen Perzeptionsstörungen, bei denen ein Übungsprogramm in allen

Bereichen notwendig ist. Die Therapie kann auch als häusliches Übungsprogramm unter Mithilfe der Eltern durchgeführt werden, jedoch nur, wenn diese Zusammenarbeit durch kontinuierliche Beratungen mit Kontrollstunden möglich ist und die Eltern vom Therapeuten detaillierte Anweisungen, in kleine Lerneinheiten gegliedert, erhalten (vgl. S. 74–75).

Visuomotorische Koordination (VM)

„Visuomotorische Koordination ist die Fähigkeit, das Sehen mit den Bewegungen des Körpers oder Teilen des Körpers zu koordinieren" (Reinartz (Hrsg.), 1974b). Mit der Förderung der visuomotorischen Koordination sollte man frühzeitig beginnen. Die Förderung der grobmotorischen und sensomotorischen Fähigkeiten ist bereits ab dem 1. Lebensjahr notwendig und bildet die Voraussetzung zum späteren Aufbau der visuellen Perzeption.

Bevor ein Kind in der feinmotorischen Koordination und den anderen perzeptiven Bereichen speziell geschult wird, muß es ein solides Fundament an Sinnes- und Körpererfahrungen, aber auch an großräumigen Bewegungserfahrungen, erhalten.

E. J. Kiphard weist zu Recht darauf hin, *daß in den Übungsbemühungen, selbst beim jüngeren und geistig behinderten Kind leider oft der Feinmotorik vor der Grobmotorik der Vorrang gegeben wird.* Er betont die Notwendigkeit, innerhalb des Gesamtübungsaufbaus im Kleinkind- und Vorschulalter vier ineinander übergreifende Sequenzen zu berücksichtigen: *1. Sinneserfahrungen* (kinästhetisch, taktil, visuell, akustisch); *2. Körpererfahrungen* (Struktur, Raumbeziehungen, Bewegungsmöglichkeiten); *3. großräumige Bewegungserfahrungen* (Auge-Körper-Koordination: Grobmotorik); *4. kleinräumige Bewegungserfahrungen* (Auge-Hand-Koordination: Feinmotorik) (Kiphard, 1979). Im Kindergartenalter ist die Kombination von Bewegungsübungen mit Bewegungsspielen wichtig, feinmotorische Übungen kommen hinzu, zunächst als Übungen am didaktischen Material, später als Papier- und Bleistiftübungen.

Mit Hilfe der Vorübungen und Arbeitsbogen im Bereich VM kann eine koordinierte Strichführung und damit die Voraussetzung des Schreibens und Zeichnens systematisch aufgebaut werden. Um dieses Ziel zu erreichen, ist es wichtig, das psychomotorische Übungsprogramm (Reinartz (Hrsg.), 1974) gleichzeitig zu verwenden. Neben der Feinmotorik muß die Koordination des ganzen Körpers immer wieder geübt, Körperschemaübungen müssen eingeschlossen werden. (Frostig, 1975; Kiphard 1979).

Vorübungen (VM)

Zum gezielten Aufbau oder zur unterstützenden Förderung der Feinmotorik gehören immer zunächst und intermittierend im Verlauf der Therapie systematische Übungen der Koordination der Augenbewegung.

„Genügende Augenbeweglichkeit bildet die Basis für alle späteren Leistungen des Hand- und Fingergeschicks" (Kiphard, 1979b). Die Forderung gilt insbesondere beim jüngeren und behinderten Kind.

E. J. Kiphard gibt hierzu detaillierte und mit vielen anschaulichen Beispielen versehene Übungsanleitungen, aufgebaut in einem Stufenprogramm (zunächst beidäugig, dann einäugig rechts und links durchzuführen): Zielverfolgen waagrecht (das Kind liegt dabei auf dem Boden), Zielverfolgen senkrecht (sitzende Haltung), Zielverfolgen diagonal, Zielverfolgen von Pendelbewegungen, Zielverfolgen kreisförmig, annähernd und entfernt, Beobachtung unbewegter Gegenstände, Erscheinen und Verschwinden eines Gegenstandes, Augensprung waagrecht und senkrecht, von nah und fern, Gegenstand in Weitabstand erkennen, die eigene rechte und linke Hand mit dem rechten bzw. linken Auge beobachten.

Außerdem empfiehlt er die anschließend wichtigen passiven und aktiven Entspannungsübungen für die Augen (Kiphard, 1979b, S. 90–103). M. Frostig gibt darüber hinaus auch für ältere Kinder notwendige Anregungen zur Förderung der Augenkoordination. Es werden folgende Übungen vorgeschlagen:

Übungen zur Schulung der Links-Rechts-Augenbewegung, wichtig z. B. als notwendige Voraussetzung zum Erlernen des Lesens;

Übungen zur Anregung der peripheren Sichtweite, Augenfixierübungen während der Kopf in Bewegung oder in Ruhelage ist;

Übungen der Augenkoordination, regelmäßigen und unregelmäßigen Bewegungen zu folgen.

Neben den Augenkoordinationsübungen empfiehlt M. Frostig Übungen der feinmotorischen Koordination, wie z. B. Schneiden, Auflegen, Kleben, Nachfahren, Ausmalen, Bauen, Modellieren mit Knet und Ton. Diese Übungen sollten nach Schwierigkeitsgrad geordnet angeboten werden, bevor man die Papier-Bleistiftübungen schrittweise aufbaut. Darüber hinaus sollten als Vorübung visuomotorische Geschicklichkeiten geübt werden, die im täglichen Leben notwendig sind, wie z. B. Knöpfen, Schuhe schnüren, Schleifen binden, Öffnen und Schließen von Druckknöpfen und Reißverschlüssen (s. Montessori-Material), einfache Geräte benutzen, Gegenstände tragen, Gefäße füllen, umfüllen und tragen. Zur Festigung der feinmotorischen Geschicklichkeit können außerdem verschiedenartige didaktische Spiele eingesetzt werden, die man entsprechend zusammenstellen muß (Einsetzspiele, Aufsteckspiele, Angelspiel, Hammerspiel, Matadorbaukasten etc.; Sinnhuber, 1977).

Als speziellere Vorübung zur Durchführung der Arbeitsbogen empfiehlt Frostig Nachfahrübungen zwischen vorgegebenen Linien (Nachfahren der Linien mit kleinen Spielgegenständen oder mit dem Finger). Mit dem Einsatz des Pertra-Spielsatzes und spezieller Zusatzübungen ergeben sich in diesem und in den anderen Wahrnehmungsbereichen insbesondere für zerebral bewegungsgestörte Kinder wichtige therapeutische Möglichkeiten (Treml, 1975).

Arbeitsbogen (VM)

Um den Bereich VM zu erarbeiten, stehen 90 systematisch aufgebaute Übungsbogen zur Verfügung. Als Einteilungsgesichtspunkte ergeben sich: Zeichnen mit Führungslinien, Linien nachfahren, Zeichnen ohne Führungslinien (gerade Linien und schräge Linien), Verbinden von bestimmten Punkten, Bogen von einem bestimmten Punkt zu einem anderen bestimmten Punkt, kontinuierliche Wellenlinien, Ausmalübungen. Als ergänzende Übungen werden spezielle Schreibvorübungen empfohlen (Reinartz (Hrsg.), 1974b), die durch Vorschläge anderer Autoren ergänzt werden können (Fischer, Hanns und Wallrafin, 1970 u. a.).

Figur-Grund-Wahrnehmung (FG)

Übungen der Figur-Grund-Wahrnehmung schulen die Fähigkeit der Isolation und des Wiedererkennens von übereinanderstehenden, sich überschneidenden und versteckten Figuren und der Ergänzung von Figuren. Die Kinder lernen auf diese Weise in übertragenem Sinne, sich auf wichtige Stimuli zu konzentrieren, diese als Figur zu sehen und zu erleben und von einem tragenden Hintergrund abzuheben. Die Kinder erwerben hiermit die Fähigkeit, relevante von nichtrelevanten Details zu unterscheiden, sich nicht durch eine Vielzahl von Stimuli irritieren zu lassen, sondern sorgfältig innerhalb der visuellen Wahrnehmung zu selektieren und strukturieren. Damit werden gleichzeitig grundlegende Voraussetzungen zur gezielten Aufmerksamkeits- und Konzentrationsleistung geschaffen.

„Um die Bedeutung der Figur-Grund-Wahrnehmung zu verstehen, ist es wichtig, sich zu vergegenwärtigen, daß wir die Gegenstände am klarsten erkennen, auf die wir unsere Aufmerksamkeit richten. Das menschliche Gehirn ist so organisiert, daß es aus der Gesamtzahl von einströmenden Reizen eine begrenzte Zahl auswählen kann, die zum Zentrum unserer Aufmerksamkeit werden. Diese ausgewählten Reize – ob auditiv, taktil oder visuell – bilden die Figur in unserem Wahrnehmungsfeld, während die Mehrzahl der Stimuli einen nur ungenau wahrgenommenen Grund bildet. Ein Gegenstand kann nur in Beziehung zu einem Grund genau wahrgenommen werden. So würde z. B. ein Kind nicht imstande sein, die genaue Lage seines springenden Balles wahrzunehmen und würde große Schwierigkeiten haben, ihn zu fangen, wenn es ihn nicht ständig in bezug zum Grund sehe, der durch die Oberfläche des Spielplatzes und die angrenzenden Gegenstände gebildet wird" (Reinartz (Hrsg.), 1974b). Ein Kind mit einer schlechten Figur-Grund-Wahrnehmung erscheint unaufmerksam und zeigt ein unorganisiertes Verhalten. Es neigt dazu, seine Aufmerksamkeit auf jeden Reiz zu richten, der sich ihm aufdrängt – etwas, das glitzert, oder eine kräftige Farbe hat, gleichgültig, wie unbedeutsam es für das, was es tun soll, sein mag. Von einem Kind mit diesem Symptom sagt man, es sei reizgebunden. Ein reizgebundenes Kind führt z. B. perseverierend eine Tätigkeit aus, ohne imstande zu sein, seine Tätigkeit willkürlich zu ändern. Es zieht z. B. immer wieder eine Linie nach, anstatt zwischen den Linien zu malen oder zu zeichnen, weil eine der Grenzlinien seine Aufmerksamkeit gefangenhält, was es veranlaßt, seinen Bleistift darauf hin- und herzuziehen.

Vorübungen (FG)

Zu den wichtigen Vorübungen im Bereich FG zählen die Übungen der Objektunterscheidung in einem Raum (bestimmte Dinge im Raum suchen lassen, bestimmte Objekte unter anderen heraussuchen lassen u. a.); Finden von Objekten, die unterschiedlich sind, Sortierübungen, Puzzlespiele und anderes entsprechend zusammengestelltes didaktisches Material. Mit Hilfe des Pertra-Satzes können die Kinder auf die nachfolgenden Arbeitsbogen besonders gut vorbereitet werden.

Arbeitsbogen (FG)

Die 78 Arbeitsbogen FG sind nach folgenden Gesichtspunkten gegliedert: Sich überschneidende Linien, sich überschneidende Figuren, versteckte Figuren, Figurergänzen, Zusammensetzen von Figuren, Ähnlichkeiten und Unterschiede von Details, Umkehrung von Figur und Hintergrund.

Wahrnehmungskonstanz (WK)

Übungen in diesem Bereich begünstigen die Entwicklung der Wahrnehmung und des Wiedererkennens zwei- und dreidimensionaler Formen, ohne Rücksicht auf Unterschiede der Größe, Farbe, Anordnung, Stellung, des Hintergrundes oder Betrachtungswinkels. Das Kind erwirbt damit die Fähigkeit, visuelles Material als Erfahrungswerte zu generalisieren und damit eine wichtige Voraussetzung, z. B. für das Lesenlernen (ein Wort wiedererkennen, auch wenn es in einem unbekannten Kontext vorkommt oder in einer anderen Buchstabenart geschrieben ist, Detailänderungen an Gegenständen oder an Buchstaben erkennen u. a.). Unter den Konstanzphänomenen kommen der Formkonstanz und der Größenkonstanz eine besondere Bedeutung zu.

Vorübungen (WK)

Zu den Vorübungen im Bereich WK gehört das Finden derselben Größe, das Finden unterschiedlicher Größen, Sortieren nach den Farben, Formen und Größen; als Vorbereitung zu den Sortierübungen ist eine intensive Schulung der entsprechenden sprachlichen Begriffe notwendig, wie z. B. der Farbnamen, der Begriffe groß, mittelgroß, klein, bzw. groß, größer, am größten, breit, schmal, dick, dünn, der Begriffe Kreis, Quadrat, Rechteck und Dreieck. Gerade bei diesen Vorübungen ist es sehr hilfreich, taktile und kinästhetische Übungen einzufügen. Es ist sehr wichtig, daß die Kinder im Raum unterschiedliche runde, quadratische, dreieckige und rechteckige Formen erkennen können, bevor sie mit den Arbeitsbogen (WK) beginnen. Eine andere wichtige Vorübung im Bereich WK ist die Schulung der Fähigkeit der Übertragung einer dreidimensionalen in eine zweidimensionale Fläche und umgekehrt (Zuordnung von Gegenstand zum Bild und umgekehrt als wichtige Vorübung zur Erfahrung des zweidimensionalen Raumes). Andere wichtige Vorübungen sind z. B. Domino, Lotto und Memory-Spiele sowie spezielle Übungen mit Formen, Buchstaben, Zahlen und Worten.

Arbeitsbogen (WK)

Die 70 Arbeitsbogen sind nach den Einteilungsgesichtspunkten der Formkonstanz (vgl. Abb. 1) und der Größenkonstanz gegliedert.

Wahrnehmung der Raumlage (RL)

„Wahrnehmung der Raumlage kann definiert werden als die Wahrnehmung der Beziehung eines Gegenstandes zum Beobachter. Zumindest räumlich gesehen ist der Mensch immer der Mittelpunkt seiner eigenen Welt, und er nimmt die Gegenstände als hinter-, vor-, über-, unter oder neben sich wahr" (Reinartz (Hrsg.), 1974b). Die angemessene Kenntnis über den Körper setzt sich aus drei Elementen zusammen: Der Körperimago, dem Körperbegriff und dem Körperschema.

Kapitel III, Diagnose und Therapie

Abb. 1. Beispiel eines Arbeitsblattes der Frostig-Therapie zur Schulung der Wahrnehmungskonstanz. Die Durchführung des Arbeitsbogens sollte durch entsprechende Vorübungen vorbereitet und durch Zusatzübungen erweitert werden (vgl. Reinartz (Hrsg.) 1973a, S. 67).

Anweisung: „In dem Kasten oben ist eine Katze. Auf dem Blatt sind aber noch andere Tiere. Kreuzt alle *Katzen* an, die Ihr findet. Kennt Ihr die anderen Tiere auf dem Bild?"

Vorübungen (RL)

Die Vorübungen im Bereich der Raumlage enthalten zunächst Übungen zur **Körperimago:** Das Körperbild eines Menschen ist die subjektive Erfahrung, die er von seinem eigenen Körper gewonnen hat, das Fühlen seines Körpers. – Fühlt sich ein Mensch als attraktiv oder unattraktiv, in seinen Bewegungen langsam oder schnell, als klein oder groß etc. Mit Übungen in diesem Bereich sollte so früh als möglich begonnen werden, insbesondere auch beim körperbehinderten Kind. Es besteht eine enge Beziehung zwischen emotionalem Wohlbefinden und der Entwicklung der Körperimago. Die Schulung des Körperbildes enthält z. B. Übungen vor dem Spiegel, das Gesicht im Spiegel erkennen, das Zeigen der Gesichtsteile im Spiegel, Hand- und Zeigespiele. Außerdem gehören dazu z. B. Spiele mit Körperbewegungen (Spiel „Erstarren"), bei dem durch die Körperkontrolle das Bewußtsein des eigenen Körpers gefestigt wird (die Kinder ahmen Körperbewegungen von anderen Kindern nach, nehmen die gleiche Körperhaltung ein wie der Spielleiter). Übungen zur Entwicklung der Körperimago sind auch insbesondere in Rollenspielen enthalten, die das Gefühl der Individualität steigern und z. B. aus den Abbildungen der Arbeitsblätter entwickelt werden können. Wichtige

Einzelübungen zu diesem Bereich findet man in dem Programm zur Bewegungsschulung. Mit Hilfe von Bewegungsspielen werden räumlich orientierte Begriffe eingeübt. Schließlich enthalten die Vorübungen in diesem Bereich ausführliche Hinweise zur Schulung der Rechts- und Linksunterscheidung; entsprechendes Bildmaterial zur Unterscheidung der rechten und linken Körperseite liegt vor. Bevor man mit den Arbeitsblättern beginnt, sollten die räumlich orientierten Begriffe, wie rechts oben, rechts unten, links oben, links unten und in der Mitte, im Raum, an der Tafel und auf dem Blatt Papier geübt worden sein.

Übungen zum **Körperbegriff:** Der Körperbegriff des Menschen ist das Wissen um seinen Körper. Er entwickelt sich später als die Körperimago und wird durch das bewußte Lernen erworben „ich habe zwei Beine, die Nase sitzt mitten im Gesicht etc." Auch die Kenntnis über die Funktionen der einzelnen Körperteile gehört zur Schulung des Körperbegriffs. Die Körperfunktionen werden besprochen, die Kinder lokalisieren und zählen die Körperteile an sich selbst, an Puppen, an anderen Kindern. Es ist hier auch besonders wichtig, die Funktion der Atmung, des Herzens, der Lunge u. a. wichtiger Organe zu besprechen. Außerdem gehört zur Schulung des Körperbegriffs das Zeichnen von menschlichen Figuren, das Vervollständigen teilweise gezeichneter menschlicher Figuren, das Zusammensetzen von Gesichtsteilen und Körperteilen.

Übungen zum **Körperschema:** Das Körperschema unterscheidet sich von der Körperimago und dem Körperbegriff insoweit, als es völlig unbewußt ist und sich von Augenblick zu Augenblick ändert. Das Körperschema reguliert die Lage der Muskeln und Körperteile im bezug zueinander und ändert sich in Abhängigkeit von der Lage des Körpers. Das Gleichgewicht hängt vom Körperschema ab. Menschen, deren Körperschema gestört ist, haben große Schwierigkeiten, koordinierte Bewegungen auszuführen und das Gleichgewicht zu halten. Dementsprechend enthält das Training zur Entwicklung des Körperschemas Übungen, bei denen man koordinierte Bewegungen ausführen muß, z. B. Balancierübungen, Haltungen nachahmen, Übungen auf Spiel- und Sportgeräten etc.

Die Vorübungen zum Bereich der Wahrnehmung der Raumlage konzentrieren sich dementsprechend auf Übungen zur Körperimago, zum Körperbegriff und zum Körperschema. Außer den genannten Übungen sollen die Kinder mit Hilfe spezieller Vorübungen lernen, Umkehrungen und Rotationen von Figuren wahrzunehmen. Diese Übungen sollten durchgeführt werden, bevor mit den Arbeitsbogen begonnen wird.

Die Wahrnehmung der Stellung im Raum ist eng verbunden mit dem Vermögen des Lesens, Schreibens und Rechnens (insbesondere z. B. der Unterscheidung der Druckbuchstaben p und q, b und d, der Worte an und na, der Zahlen 24 und 42 etc.). Kinder mit Störungen der Wahrnehmung der Raumlage zeigen im Vorschulunterricht oder in den ersten Klassen der Volksschule häufig Drehungen der Zahlen (besonders 1, 3, 5, 6, 7, 9). Es fällt ihnen schwer, zweistellige Zahlen richtig zu lesen und zu schreiben. Mit Hilfe der gezielten Therapie ergeben sich Möglichkeiten der Behandlung der Raumlage-Labilität, wie man dies bei einigen Formen der Legasthenie häufig findet.

Arbeitsbogen (RL)

In Zusammenhang mit den erwähnten Bewegungsübungen und dreidimensionalen Übungen werden zur Schulung der Wahrnehmung der Raumlage die 36 Arbeitsbogen des Übungsbereiches RL angewendet. Sie sind wie folgt gegliedert: Umkehrungen und Drehungen ganzer Figuren, Lage von Details, Spiegelmuster.

Wahrnehmung räumlicher Beziehungen (RB)

Übungen zum Bereich der Wahrnehmung räumlicher Beziehungen schulen die Fähigkeit eines Beobachters, die Stellung von 2 oder mehreren Objekten in Relation zu ihm selber und in Relation zueinander wahrzunehmen. Eine intakte Wahrnehmung räumlicher Beziehungen ist damit z. B. eine wichtige Voraussetzung für das Lesen, insbesondere längerer Worte, und für das Rechnen (Wahrnehmung der Anordnung und Sequenz von Buchstaben in einem Wort oder Ziffern in einer mehrstelligen Zahl sowie der Mengenerfassung). Übungen im Bereich der Wahrnehmung räumlicher Beziehungen schulen ebenfalls, z. B. das Erfassen der Anordnung von Material auf einer Seite, der Orientierung nach Landkarten. Auch hier ergeben sich Therapiemöglichkeiten der Raumlage-Labilität bei Legasthenikern. Die Funktionen der Wahrnehmung der Raumlage und räumlicher Beziehungen sind eng verwandt. Die Wahrnehmung räumlicher Beziehungen setzt jedoch eine größere Differenziertheit und Strukturiertheit der visuellen Perzeption voraus und erfordert in größerem Maße das Erfassen von Sequenzen und damit eine größere Gedächtnisleistung. „Bei der Figur-Grund-Wahrnehmung ist das Wahrnehmungsfeld in zwei Teile geteilt, ein vorherrschender Teil, auf den die Aufmerksamkeit gelenkt wird (Figur) und ein unaufdringlicher Teil (der Grund), während bei der Wahrnehmung räumlicher Beziehungen eine beliebige Zahl verschiedener Teile in Beziehung zueinander gesehen werden können und alle ungefähr den gleichen Aufmerksamkeitsgrad erhalten" (Reinartz (Hrsg.), 1974b).

Vorübungen (RB)

Die Vorübungen zum Bereich RB schließen Aufgaben ein, wie Modelle mit und ohne Vorlage bauen, Landkarten lesen, Erfassen der räumlichen Relationen von dreidimensionalen Objekten, Steckbrettübungen unter Verwendung verschiedenfarbiger Steine nach Vorlage, Nachbauübungen komplizierterer Strukturen. Zu den Vorübungen RB fügen wir ebenso wie zu den Vorübungen FG auch verschiedenartige schwierigere Wahrnehmungslottos und Puzzleübungen ein, die systematisch, nach Schweregraden eingeteilt, darzubieten sind. Schrittweise muß die simultane und sukzessive Mengenerfassung aufgebaut werden. Dies ist besonders wichtig bei Kindern mit zentraler Rechenschwäche (zerebral-paretische Kinder, epileptische Kinder u. a.) (detaillierte Anweisungen in diesem Bereich findet man bei Cruickshank, 1973; Frostig und Maslow, 1978, und Reinartz (Hrsg.), 1974a; b). Für Legastheniker und ältere Kinder mit Perzeptionsstörungen erweisen sich nach unseren Erfahrungen insbesondere die Übungen zur kognitiven Umstrukturierung als hilfreich (Muster verändern durch Umgestaltung der Elemente, Herstellung von symmetrischen Mustern, verschiedenartige Übungen des Kodierens: visuelle und akustische Symbole finden und transponieren). Außerdem gehört das Vervollständigen von Mustern und das Zusammensetzen und Verbalisieren von Bildgeschichten zu den wichtigsten Übungen im Bereich der RB. Darüber hinaus ist die Schulung des visuellen Gedächtnisses mit Hilfe von verschiedenartigen Bildkarten auch unter Verwendung von Übungen zur Schulung des auditiven Gedächtnisses notwendig (Aufträge ausführen entsprechend verbalen und visuellen Stimuli).

Arbeitsbogen (RB)

Die 85 Arbeitsbogen sind nach folgenden Gesichtspunkten eingeteilt: Lagebezeichnung von 2 Gegenständen, Ähnlichkeiten und Unterschiede, kürzester Weg zu einem Ziel (Irrgarten), vervollständigen von Figuren, verbinden von Punkten, motorische Sequenzen (vervollständigen von Reihen und Bilderordnen), räumliche Sequenzen (Gedächtnis für Reihenfolgen), zusammensetzen von Teilen.

Fallbeispiel (Diagnostik und Therapieverlauf in der Langzeitbeobachtung)

Vorgeschichte: Monika, das 4;1jährige Mädchen, wurde mit der Diagnose einer „leichten frühkindlichen Hirnschädigung, Zustand nach Frühgeburt und Atemnotsyndrom infolge Aspiration, leichte Form einer zerebralen Bewegungsstörung" vom Kinderarzt zur psychodiagnostischen Untersuchung und ggf. therapeutischen Betreuung überwiesen. Die isolierte zerebrale Bewegungsstörung vom spastisch-diplegischen Typ mit leichter Beteiligung der Arme war erst im Lebensalter von 2 Jahren erkannt und darauffolgend bis zum Lebensalter von

Kapitel III, Diagnose und Therapie

4 Jahren durch krankengymnastische Maßnahmen behandelt worden. Das Kind saß erst mit 1^1/$_2$ Jahren frei, lief erst mit 20 Monaten. Die Sprachentwicklung war von Anfang an verzögert (erste Worte mit 1^1/$_2$ Jahren, mit 3 Jahren nur kurze, kaum strukturierte Sätze, deutliche Reduzierung des Wortschatzes und des Sprachverständnisses). Auch die Sauberkeitsgewöhnung verlief verzögert. Das Mädchen hat keine Geschwister, steht seit Geburt im Mittelpunkt der elterlichen Fürsorge und wurde als Einzelkind z. T. sehr verwöhnt, z. T. im Hinblick auf ihre geistige Leistungsfähigkeit überfordert. Die Eltern haben die spezielle Problematik des Kindes lange Zeit nicht erkennen und akzeptieren können. Die Familienverhältnisse sind geordnet. Das Mädchen besucht seit dem 4. Lebensjahr einen normalen Kindergarten. Ihr Verhalten in Beziehung zu Erwachsenen und zu Kindern wird als sehr eigenwillig, sensibel, ängstlich bezeichnet, mit großen Schwierigkeiten, sich in einer Gruppe anzupassen. Das kindliche Verhalten im freien Spiel und im Umgang mit didaktischem Spielmaterial wird von den Eltern als wenig phantasievoll beschrieben, mit geringer Ausdauer, ohne Ansätze zum gegenständlichen Zeichnen oder zum konstruktiven Bauen.

Die *psychodiagnostische Untersuchung* konnte viele Beobachtungen der Eltern bestätigen. Es zeigte sich, kurz zusammengefaßt, ein ausgesprochen auffälliges Verhalten mit extremer Ängstlichkeit, Muttergebundenheit, Sprechscheu und Trotzreaktionen. Besonders auffällig waren die Sprachverständnisstörungen. Das Mädchen antwortete oft in der Echosprache. Es bedurfte mehrerer Ansätze, bis sie auf eine Frage adäquat antworten konnte. Noch auffälliger waren Grob- und Feinmotorik gestört sowie die visuelle Perzeption in allen Bereichen. Auch im Bereich der auditiven Perzeption gab es große Rückstände. Eine Intelligenztestung mit Hilfe des Kramer-Tests erbrachte einen Intelligenzquotienten von 60 (Normalbereich: 90–109). Reguläre visuell-perzeptive Tests oder nichtverbale Intelligenztests mit ihrem großen Anteil von perzeptiven Aufgaben konnten nicht durchgeführt werden. Das Kind verweigerte hier demonstrativ die Mitarbeit. Es zeigte sich bereits ein Störungsbewußtsein in diesem Bereich mit deutlichen Abwehrreaktionen. Ein Screening-Verfahren deutete auf einen Entwicklungsstand der visuellen Perzeption von 2^1/$_2$ bis 3 Jahren hin. Das Mädchen konnte in der Spontanzeichnung nur Kreiskritzel zeichnen (vgl. Abb. 2). Das Abzeichnen eines Kreuzes oder geometrischer Formen war nicht möglich. Das Einsetzen von einfachsten Puzzleteilen brachte größte Schwierigkeiten. Die Mengenerfassung war auffallend reduziert: Nur die Menge 1 wurde simultan und sukzessiv erfaßt. Ansätze zum konstruktiven Bauen zeigten sich nicht. Im Sceno-Test wurde das Spielmaterial ungeordnet auf das Brett gelegt, es ergaben sich keine Ansätze für ein Rollenspiel. Die Untersuchungsmöglichkeiten des emotionalen Bereichs waren sehr begrenzt und reduzierten sich auf die Verhaltensbeobachtung im Spiel und auf die Exploration der Eltern. In dem ersten *Elterngespräch* wurde den Eltern vorsichtig mitgeteilt, daß das Kind auffällige sprachliche, perzeptive und geistige Entwicklungsstörungen zeige, die dringend, zusätzlich zu der bereits seit 2 Jahren durchgeführten Krankengymnastik, behandelt werden müßten. Es wurde gleichzeitig betont, daß man dem Kind durch den Einsatz spezieller Therapiemaßnahmen wahrscheinlich entscheidend helfen könne. Inwieweit es seine Störungen allerdings kompensieren würde, könne nicht vorausgesagt werden, hänge aber u. a. entscheidend von der Mitarbeit der Eltern ab.

Darauffolgend wurde das Mädchen zur Behandlung der vorliegenden Perzeptionsstörungen nach der Frostig-Methode in eine kleine Gruppe (4 Kinder) übernommen. Die krankengymnastische Behandlung wurde parallel dazu fortgesetzt.

Die Patientin fand nach kurzen Anfangsschwierigkeiten Kontakt zu einem anderen Mädchen in der Gruppe. Diese Beziehung gab ihr zunehmend Halt und erleichterte insgesamt die Anpassung an die *Gruppensituation*. Sie war in der Gruppe während der gesamten Behandlungsdauer eher zurückhaltend, wurde aber von den anderen Kindern akzeptiert. Die Gruppe blieb während des ersten Behandlungsjahres konstant und setzte sich zusammen aus sprachentwicklungsgestörten Kindern mit leichter und ohne Körperbehinderung, mit schweren visuellen Perzeptionsstörungen und unterschiedlichem Gesamt-Intelligenzniveau. Das Entwicklungsalter der visuellen Perzeption lag bei allen 4 Kindern zu Beginn der Behandlung etwa auf gleichem Niveau, das Lebensalter der Gruppenmitglieder lag zwischen 4 und 6 Jahren. Die Gruppenmitglieder wechselten im Verlauf der Langzeitbehandlung, die Anzahl

Tafel 1, Seidel

Abb. 2. Monika: Diagnose einer leichten zerebralen Bewegungsstörung, psychoorganisches Syndrom. Alter 4;1 Jahre vor Einsetzen der Frostig-Therapie: Als Spontanzeichnung *Kreiskritzel;* Abzeichnen eines Kreuzes oder anderer Figuren nicht möglich. Entwicklungsalter der visuellen Perzeption nach Screening-Verfahren 2$^{1}/_{2}$ bis 3 Jahre; visuell perzeptive Tests zu diesem Zeitpunkt nicht durchführbar (s. Fallbeispiel S. 86).

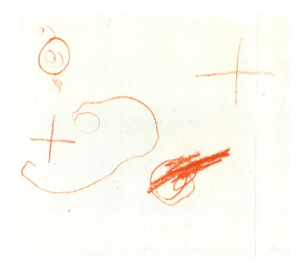

Abb. 3. Monika im Alter von 4;8 Jahren: Erster Zeichenversuch nach dem 7. Behandlungsmonat; die hervorstechendsten Charakteristika dieser Kinderzeichnung sind die noch völlig ungegliederte, *dreieckige Form des Hauses* sowie eine Andeutung von Fenster, Schornstein, Rauch und Wiese; diese vier zuletztgenannten andeutungsweise ausgeführten Bildelemente lassen bereits auf den *Versuch einer Orientierung im zweidimensionalen Raum* – oben und unten – schließen (s. Fallbeispiel S. 91).

Tafel 2, Seidel

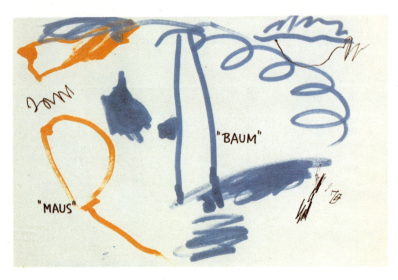

Abb. 4. Monika im Alter von 4;10 Jahren nach 9 Monaten Frostig-Therapie: Erweiterung der gegenständlichen Zeichnung durch den Versuch der Darstellung neuer Inhalte (*„Maus und Baum"*) (s. Fallbeispiel S. 92).

Abb. 5. Monika im Alter von 4;11 Jahren nach 10 Monaten Frostig-Therapie: *Erste Differenzierung in der „Haus"-Darstellung mit bereits quadratischem Bau, dreieckigem Dach,* Detaildarstellung von „Schornstein, Rauch, Fenster und Haustür"; *Versuch der Orientierung im zweidimensionalen Raum* durch die Darstellung der „Wiese" (unten) und einer Andeutung von „Himmel" (oben) (s. Fallbeispiel S. 92).

Tafel 3, Seidel

Abb. 6.

Abb. 7.

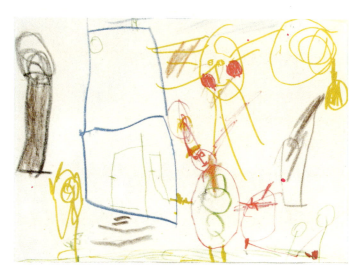

Abb. 6. Monika im Alter von 5;4 Jahren nach 15 Monaten Frostig-Therapie: *Größere Differenziertheit und mehr Ausdrucksgehalt* in der gegenständlichen Zeichnung; *auffällige Stabilisierung der visuo-motorischen Koordination und der Orientierung im zweidimensionalen Raum* (s. Fallbeispiel S. 92).

Abb. 7. Monika im Alter von 5;6 Jahren nach 17 Monaten Frostig-Therapie: *Gegenständliche Zeichnung mit mehreren Inhalten* („Baum, Haus, Weg vor dem Haus, Wiese, Versuch von Blumen, Sonne und Himmel") und im Zusammenhang mit den anderen Inhalten dargestellt, *erste und bereits altersentsprechend gegliederte „Mann"-Zeichnung:* Kopf mit Augen, Nase, Mund, Rumpf, Arme mit Fingern, Beine, Hut, Knöpfe) (s. Fallbeispiel S. 92).

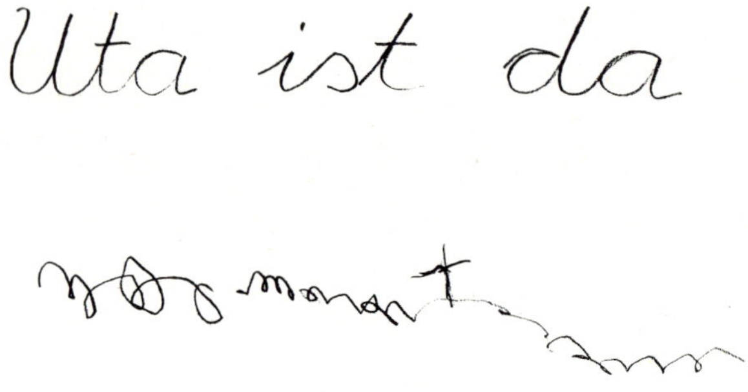

Tafel 4, Seidel

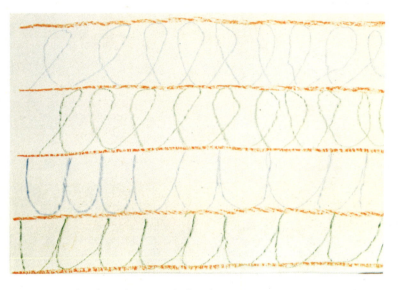

Abb. 8. Monika im Alter von 6;4 Jahren nach 2 Jahren Frostig-Therapie: In der Satzprobe des Grundleistungstests von A. Kern zeigen sich *erste Ansätze zur Nachgestaltung eines Schriftbildes* (Entwicklungsalter 5 bis 5;6 Jahre) (s. Fallbeispiel S. 92).

Abb. 9. Monika im Alter von 6;10 Jahren nach 2½ Jahren Frostig-Therapie: *Gute Fortschritte der Schreibvorübungen* als Vorbereitung für die Einschulung (s. Fallbeispiel S. 93).

der Gruppenmitglieder betrug jeweils 2 oder 4 Kinder. Es gelang dem Mädchen jedoch während der gesamten Behandlungszeit, Kontakt zu einem anderen Kind in der Gruppe zu finden und sich in der Gruppensituation besser anzupassen und durchzusetzen.

Der Schwerpunkt der *Frostig-Therapie* konzentrierte sich auf eine Förderung der motorischen, sprachlichen, perzeptiven, geistigen und emotionalen Entwicklung. Der Elternarbeit und Erziehungsberatung kam von Beginn der Therapie an eine vorrangige Bedeutung zu. Die Eltern waren sehr kooperativ und führten die empfohlenen häuslichen Übungen mit viel Geduld und Geschick durch. Ihrer Neigung zur Überforderung des Kindes mußte immer wieder mit Hilfe intensiver Gespräche und Beratungen entgegengewirkt werden. Das Mädchen wurde zuerst wöchentlich in der Kleingruppe behandelt, später alle 14 Tage bis 3 Wochen, im 3. Behandlungsjahr wieder wöchentlich mit Ausnahme der Zeit der Schulferien. Die Behandlungszeit betrug zunächst 30 Minuten, wurde bald auf 45 Minuten erhöht. Es schloß sich die Elternberatung und Erklärung der empfohlenen häuslichen Übungen unmittelbar an. Die Zusammenstellung der Therapiezeit und Aufgliederung in Therapieeinheiten errechnete sich jeweils aus der Behandlungszeit des Kindes und der anschließenden Beratung der Eltern. Die Behandlungszeit betrug insgesamt 157 Therapieeinheiten (eine Therapieeinheit beträgt nach der Definition der GOÄ 45 Min.), verteilt auf eine Gesamtbehandlungsdauer von insgesamt 3 Jahren.

Kurze Zusammenfassung des Therapieverlaufs. Die Therapie ging aus von Körperbewußtseins-, Körperbegriffs- und Körperschemaübungen (vgl. S. 82–83). Bewegungsübungen wurden innerhalb jeder Therapieeinheit durchgeführt. Sie lockerten die Kinder auf, brachten bald ein Zusammengehörigkeitsgefühl in die Gruppe und intensivierten die Bemühungen zur Förderung der visuellen Perzeption. In den ersten Therapiestunden wurden verschiedenartige feinmotorische Übungen durchgeführt (vgl. S. 78–79), sowie bald Wahrnehmungskonstanzübungen (taktile Materialerfahrung, Übungen der Farbnamen, Größenbezeichnungen und der Namen für verschiedene Formen, Sortieren von Gegenständen, Materialien, Farben, Größen und Formen; vgl. S. 80–81). Die Schulung der Mengenerfassung wurde von Anfang an intensiv betrieben, auch unter Einbeziehung von speziellen auditiven Perzeptionsübungen (z. B. Heraushören von Mengen) in Verbindung mit Bewegungsübungen (z. B. spezielle Hüpf- und Ballspiele). Die Übungen in diesem Bereich zeigten jedoch wegen der vorliegenden zentralen Rechenschwäche im Vergleich zu den anderen Übungen die langsamsten Fortschritte.

Die Konzentration des Kindes bei der Durchführung der Übungen und das Leistungsniveau waren sehr schwankend, oft wurde die Mitarbeit vorübergehend verweigert. Das Mädchen brauchte viel Lob und Ermutigung von Seiten des Therapeuten und der Eltern. Auffallend waren bei vielen Handlungsabläufen die Neigung zur Perseveration und das ausgesprochen langsame Arbeitstempo. Die ersten Fortschritte zeigten sich im Bereich der Sprachentwicklung. Das Sprachverständnis und der Wortschatz nahmen sprunghaft zu. Das Mädchen entdeckte bald die Sprache als Kommunikationsmöglichkeit. Mit Hilfe des Verbalisierens konnte bei der Kompensation perzeptiver Schwierigkeiten deutlich geholfen werden. In den ersten 4 Monaten der Therapie wurden nur Vorübungen in allen 5 Bereichen durchgeführt, im 5. Therapiemonat wurde zusätzlich langsam mit den Arbeitsblättern des ersten Frostig-Übungsheftes begonnen. Nach 6 Monaten Behandlungsdauer lag z. B. die Mengenerfassung bei 2 Jahren (Lebensalter: 4;9), noch keine Ansätze zum konstruktiven Bauen waren zu erkennen. Aber nach dem 7. Behandlungsmonat machten sich erste Fortschritte des zeichnerischen Gestaltens bemerkbar (vgl. Abb. 3). Das Kind versuchte ein Haus zu zeichnen (*ungegliederte, dreieckige Form*) mit einer Andeutung von Fenster und Schornstein. Das Bild zeigte deutlich ein Orientierung von oben und unten (unten eine Andeutung von „Wiese"). Auf die Förderung der räumlichen Orientierung und der Einübung räumlich orientierter Begriffe war in der Therapie von Anfang an viel Wert gelegt worden. Es zeigten sich nun gleichzeitig erste Ansätze des konstruktiven Bauens.

Im Zusammenhang mit den ersten Therapieerfolgen beobachteten die Eltern, daß sich das Verhalten des Kindes zu Hause stabilisierte. Das Kind war weniger trotzig, wurde selbständiger und zeigte bereits erste Ansätze im Rollenspiel mit Puppen. Auf feinmotorische Vorübungen (Kneten, Hämmern, Einfädeln etc.) wurde weiterhin neben den anderen

Übungen viel Wert gelegt. Durch freies Kneten, Legen mit Stäben in verschiedenen Größen oder Bauen mit verschiedenartigen Bausteinen wurde versucht, die Vorstellung des Kindes von Gegenständen zu entwickeln, als eine Voraussetzung zum Aufbau der gegenständlichen Zeichnung. Nach 9 Monaten Therapie brachte das Mädchen zum ersten Mal außer dem „Haus" Versuche, andere Gegenstände (*„Maus und Baum"*) darzustellen (vgl. Abb. 4). Hirngeschädigte Kinder ohne Therapie perseverieren im Gegensatz zu diesem ersten Behandlungserfolg in ihrer gegenständlichen Zeichnung oft über Monate auf einem Thema. Nach 10 Monaten Therapie versuchte das Mädchen bereits eine differenziertere Hausdarstellung (vgl. Abb. 5). Das Haus bestand jetzt schon aus einem quadratischen Bau mit dreieckigem Dach, Schornstein mit Rauch, Fenster und Haustüre. Zur gleichen Zeit fielen die Konzentrationsschwäche und das schwankende Leistungsniveau immer noch auf, die Mitarbeit wurde jedoch langsam ausdauernder. Es zeigten sich z. B. immer noch große Schwierigkeiten bei der akustischen Differenzierung (Gegenstand oder Bild und entsprechendes Geräusch konnten noch schwer zugeordnet werden).

Nach 15 Monaten Therapie hatte das Kind einen Mengenbegriff von 3 bis 4 Jahren (Lebensalter: 5;8). Die gegenständliche Zeichnung war ausdrucksvoller geworden, mit deutlich stabilisierteren visuomotorischen Koordination (vgl. Abb. 6). Nach 17 Monaten Therapie gelang die erste altersentsprechend gegliederte Mannzeichnung (Kopf, Rumpf, Arme, Beine, Auge, Nase, Mund, Hut, Knöpfe, s. Abb. 7), die im Zusammenhang mit einer gegenständlichen Zeichnung von mehreren Inhalten (Baum, Haus, Weg vor dem Haus, Wiese, Versuch von Blumen, Sonne und Himmel, s. Abb. 7) dargestellt ist. Nun erschien es zum ersten Mal sinnvoll, den Frostig-Test durchzuführen. Das Kind machte gerne mit und hatte keine Angst mehr vor visuell-perzeptiven Aufgaben. Der Frostig-Test erbrachte ein insgesamt gesehen deutlich reduziertes Ergebnis (nach der deutschen Standardisierung: Gesamtprozentrang 3; nach der amerikanischen Standardisierung: Wahrnehmungsquotient 78). Erfreulich war allerdings, daß das Wahrnehmungsprofil entgegen den Beobachtungen an vielen nicht speziell mit der Wahrnehmungstherapie behandelten hirngeschädigten Kindern relativ homogen war. Die Leistungen lagen im Bereich von Prozentrang 4 (Wahrnehmung räumlicher Beziehungen) bis Prozentrang 17 (Figur-Grund-Wahrnehmung). In den Bereichen der visuomotorischen Koordination, Figur-Grund-Wahrnehmung und Wahrnehmungskonstanz zeigte das Mädchen nun die besten Leistungen. Die Wahrnehmung räumlicher Beziehungen war am stärksten reduziert (hier ergibt sich ein Zusammenhang zu der zentralen Rechenschwäche des Kindes; vgl. S. 58). Nach der amerikanischen Standardisierung lagen die Entwicklungsalter der einzelnen Untertests nun alle zwischen 4;9 Jahren (VM) und 4;0 Jahren (RB) bei einem Lebensalter von 5;9 Jahren. Inzwischen hatte das Mädchen viele Vorübungen der Frostig-Therapie durchgeführt, die Arbeitsblätter des ersten Heftes waren alle mit vielfachen Wiederholungen auf Folie, auf Transparentpapier und auf den Bogen selbst durchgeführt worden.

Als das Kind 6 Jahre alt war, konzentrierte sich die Therapie langsam auf die Vorbereitung zur Einschulung, die um ein Jahr verzögert erfolgen sollte. Wegen der noch auffälligen perzeptiven Störungen und Verhaltensstörung war das Kind ein Jahr von der Einschulung zurückgestellt worden. Es war zu diesem Zeitpunkt noch unklar, in welche Schule das Kind integriert werden sollte. Allmählich konnte man eine deutliche Steigerung vieler perzeptiver und geistiger Fähigkeiten des Kindes feststellen. Diese Steigerung wirkte sich auch in der häuslichen Umgebung durch eine größere Stabilisierung des Verhaltens aus. *Nach 2 Jahren Therapie* wurde eine *Kontrolluntersuchung* mit dem Kramer-Test durchgeführt. Das Mädchen erreichte im Lebensalter von 6;4 Jahren einen IQ von 95, also insgesamt gesehen eine durchschnittliche Intelligenz. Vor Einsetzen der Therapie hatte das Kind im gleichen Test nur einen IQ von 60 erreicht. Das Leistungsprofil war allerdings noch unausgeglichen, es zeigten sich im Kramer-Test, aber auch in anderen visuell-perzeptiven Tests deutliche Störungen der visuellen Wahrnehmung. Die Satzprobe nach Kern zeigte z. B. noch Schreibkritzel, aber erste Ansätze der Nachgestaltung eines Schriftbildes wurden deutlich (s. Abb. 8). Die Mengegestalt des Kern-Grundleistungstests s. S. 64) konnte noch nicht reproduziert werden. Der Mengenbegriff lag erst bei der Menge 3 bis 4. Der Bender-Gestalttest ergab noch deutliche Hinweise auf feinmotorische und visuell-perzeptive Störungen.

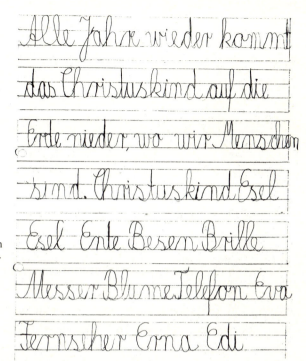

Abb. 10. Monika im Alter von 7;6 Jahren nach 3 Jahren Frostig-Therapie: Schriftprobe, 4 Monate nach der Einschulung in eine normale Grundschule: *die Schrift zeigt keine Hinweise mehr für eine zentrale Koordinationsstörung* (s. Fallbeispiel S. 94).

In der Therapie wurde nun mit gezielten Schreibvorübungen begonnen. Die Augenkoordination zur Vorbereitung auf die Einhaltung der Leserichtung (von links nach rechts) sowie die räumlich orientierten Begriffe rechts, links, oben, unten wurden im Raum, an der Tafel und auf dem Papier geübt. Auf Übungen zur Schulung der akustischen Diskriminierung wurde viel Wert gelegt, jetzt auch z. B. auf das Heraushören von Anfangsbuchstaben bestimmter Worte. Besondere Beachtung fanden Übungen zur Transformation von visuellen in akustische, taktilen in visuelle u. a. Modalitäten. Der gleichzeitige Gebrauch von Sinneskanälen fiel dem Kind besonders schwer (vgl. S. 72). Es konnte z. B. auch noch nicht ein Bohnensäckchen werfen und gleichzeitig ein bestimmtes Wort sagen. Viele Übungen waren in diesem Bereich notwendig. Das Mädchen konnte im Lebensalter von 6;5 Jahren bis 5 zählen, simultan erkannte es die Mengen 3 bis 4. Auffallend waren nun bereits gute Ansätze zum Rollenspiel, besonders mit Puppen, sowie größere Ausdauer und mehr Phantasie im freien Spiel, viel Freude am Malen, Zeichnen, Basteln und Kneten mit zunehmender Steigerung der Ausdrucksmöglichkeiten. Die Schreibvorübungen mußten langsam und mit viel Verbalisieren und Gebrauch von Hilfslinien aufgebaut werden. Im Lebensalter von 6;10 Jahren gelangen dem Kind die Schreibvorübungen bereits erstaunlich gut(s. Abb. 9). Bei der nun anstehenden Frage der Einschulung wurde wegen der vorliegenden zerebralen Bewegungsstörung und den weiterhin bestehenden perzeptiven Störungen eine Sondereinrichtung vorgeschlagen. Bei einer erneuten und gründlichen psychodiagnostischen Untersuchung, die im Rahmen dieser Einrichtung durchgeführt wurde, wurden mit verschiedenen nichtverbalen, relativ umweltunabhängigen Testverfahren insgesamt durchschnittliche Ergebnisse erzielt. Die Arbeitshaltung wurde jedoch noch als verspielt bezeichnet. Es zeigten sich noch Konzentrationsstörungen und eine leichte Ermüdbarkeit. Da an dieser Sondereinrichtung zu diesem Zeitpunkt kein Schulplatz zur Verfügung stand, wurde empfohlen, das Kind zunächst für 1 Jahr in einer regulären Grundschule einzuschulen.
Die Einschulung in eine kleine Klasse einer Normalschule brachte in den ersten Wochen

viele Schwierigkeiten der Eingewöhnung. Das Arbeitstempo war immer noch auffallend langsam. Die zerebrale Bewegungsstörung machte sich im gesamten Bewegungsablauf und besonders im Turnunterricht bemerkbar, von dem das Kind zeitweilig befreit wurde. Das Kind war besonders ängstlich, während der Schulzeit von den anderen Kindern gestoßen zu werden. Unsere Kontaktaufnahme mit der Klassenlehrerin und Erklärung der speziellen kindlichen Problematik erwies sich als hilfreich. Die Klassenlehrerin brachte dem Kind bald ein außergewöhnlich einfühlendes Verständnis entgegen, half bei Schwierigkeiten, ermutigte das Kind und hatte viel Geduld. In der Klassengemeinschaft wurde das Mädchen bald voll akzeptiert. Das Lesen, Schreiben und Rechtschreiben erlernte unsere kleine Patientin erstaunlich rasch. Die beigefügte Schreibprobe, 4 Monate nach der Einschulung, zeigt keine Hinweise mehr für eine zentrale Koordinationsstörung (vgl. Abb. 10). Im Rechnen konnte das Mädchen den Anforderungen nur begrenzt folgen, jedoch auf ausreichendem Niveau. Das Lernen der ersten Symbole der Mengenlehre machte besondere Schwierigkeiten, viele Zusatzübungen unter Zuhilfenahme des Verbalisierens waren notwendig. Das Mädchen schaffte das erste Schuljahr in der Normalschule. Die Lehrerin wollte das Kind aufgrund seiner guten Fortschritte in der Normalschule behalten. Die Eltern entschlossen sich dann allerdings zur Einschulung in eine spezielle Einrichtung zur Rehabilitation Körperbehinderter, damit man dem Kind gezielt und langfristig, auch im Hinblick auf die spätere Berufsfindung, weiterhelfen kann. Das Kind hat sich inzwischen in dieser Einrichtung, in einer kleinen Klasse normal-intelligenter Kinder, gut eingelebt, wurde gleich in die 2. Klasse übernommen und entspricht seitdem in seinen Leistungen den Anforderungen des Lehrplans für Grundschulbildung. Sein Verhalten hat sich erfreulich stabilisiert.

Die Frostig-Therapie endete mit der Einschulung des Kindes, die Elternberatung und Kontaktgespräche mit der Lehrerin wurden noch über mehrere Monate fortgesetzt. Nach unserer Überzeugung zeigen die hier skizzierten Fortschritte, daß sich in Zusammenarbeit mit den Eltern der frühe und gezielte Einsatz der Frostig-Therapie für das weitere Leben dieses Kindes voll bewährt hat.

Literaturverzeichnis

Allport, F. H.: Theories of perception and the concept of structure. Grune & Stratton, New York – London 1955.
Angermaier, M.: Psycholinguistischer Entwicklungstest. Manual. Beltz, Weinheim 1974.
Arnoldy, P.: Achtung aufgepaßt! Ein audio-visuelles Lernprogramm zur Förderung der Hör-, Sprech- und Lesefähigkeit. Hueber-Holzmann, München 1978.
Bartlett, F. C.: Perceiving. Brit. J. Psychol. 8 (1916) 222.
Bay, E.: Aphasielehre und Neuropsychologie der Sprache. Nervenarzt 40 (1969), 53–61.
Bellak, L., C. Adelmann: The Children's Apperception Test (CAT) In: Projective Techniques with Children ed. by Rabin, A., M. Haworth. Grune & Stratton, New York 1960.
Bender, L.: A Visual Motor Gestalt Test and its Clinical Use. Amer. Orthopsychiat. Ass. Res. Mon. 3 (1938).
Benton, A. L.: Der Benton-Test. Handbuch, 3. erw. Aufl. Huber, Bern – Stuttgart 1968.
Binet, A.: The Experimental Psychology of Alfred Binet. ed. by Pollack R. H., M. W. Brenner. Springer, New York 1969.
Bishop, J. S., W. S. Gayton: Frostig Program for development of visual perception. Pediatrics 50 (1972), 154.

Bohm, E.: Lehrbuch der Rorschach-Psychodiagnostik. Huber, Bern 1951.
Bühler, Ch., H. Hetzer: Kleinkindertests. Barth, 2. Aufl., München 1953.
Clark, R.: Language and Behavior of Children with Unsuspected Brain Injury. Logos 5,1 (1962), 22.
Clements, S. D., J. E. Peters: Minimal Brain Dysfunctions in the School-Age Child. Diagnosis and Treatment. Arch. gen. Psychiat. 6 (1962), 185.
Conrad, K.: Strukturanalysen hirnpathologischer Fälle. Dt. Z. Nervenheilk. 158 (1947), 372.
Corman, L.: Der Schwarzfuß-Test. Reinhardt, München – Basel 1977.
Cruickshank, W. M.: Schwierige Kinder in Schule und Elternhaus. Förderung verhaltensgestörter, hirngeschädigter Kinder. Marhold, Berlin-Charlottenburg 1973.
Deegener, G.: Neuropsychologie und Hemisphärendominanz. Enke, Stuttgart 1978.
Düss, L.: Fabelmethode. Inst. f. Psycho-Hygiene, Biel (Schweiz) 1964.
Eggert, D.: Lincoln-Oseretzky-Skala. Kurzform LOS K F. Beltz, Weinheim 1971.
Eggert, D., E. J. Kiphard (Hrsg.): Die Bedeutung der Motorik für die Entwicklung normaler und behinderter Kinder. Thieme, Stuttgart 1972.
Eggert, D. (Hrsg.), K.-D. Schuck: HAWIVA Hannover Wechsler Intelligenztest für das Vorschulalter. Huber, Bern – Stuttgart – Wien 1978.
Eisenson, J.: Examining for Aphasia. A Manual for the Examination of Aphasia and Related Disturbances. Psychol. Corp., New York, Revised 1954.
Fischer, G.: Schwing- und Schreibschriftvorübungen zur Lateinischen Ausgangsschrift. Nr. 11040, Baumann KG, Kulmbach.
Flehmig, J., M. Schloon, J. Uhde, H. v. Bernuth: Denver-Entwicklungsskalen. Hamburger Spastikerverein, Hamburg 1973.
Friedemann, L.: Einstiege in neue Klangbereiche durch Gruppenimprovisation. Universal Edition A. G., Wien 1973.
Fritze, Ch., W. Probst, A. Reinartz, E. Reinartz: Hören. Auditive Wahrnehmungsförderung. Übungs- und Beobachtungsfolge für den Elementar- und Primarbereich. W. Crüwell, Dortmund 1976.
Frostig, M.: The psychoeducational test battery, with particular reference to assessment of movement skills. Syllabus of instructional courses, 25th annual meeting New York; Academy of Cerebral Palsy, 1971.
Frostig, M.: Bewegungs-Erziehung. Neue Wege der Heilpädagogik, 2. Aufl. Reinhardt, München 1975.
Frostig, M., D. W. Lefever et al.: The Marianne Frostig Developmental Test of Visual Perception. Administration and Scoring Manual. Consult. Psych. Press, Palo Alto (Cal.) 1964.
Frostig, M., Ph. Maslow et al.: The Marianne Frostig Developmental Test of Visual Perception. 1963 Standardisation. Consult. Psych. Press, Palo Alto (Cal.) 1964.
Frostig, M., Ph. Maslow: Lernprobleme in der Schule. Hippokrates, Stuttgart 1978.
Gollin, E. S., M. Moody: Developmental psychology. Ann. Rev. Psychol. 24,1 (1973) 1.
Göllnitz, G.: Das psychopathologische Achsensyndrom nach frühkindlicher Hirnschädigung. Z. Kinderpsychiat. 20 (1953), 97.
Gundermann, H.: Psychologie und Phoniatrie. Folia phoniat. 26 (1974), 401.
Hanns, W.: Schreiben ist leicht, Teil I und II. Nr. 11061. Baumann KG, Kulmbach 19.
Horn, H., E. Schwarz: Bildertest. BT 1–2. Intelligenztest für 1. und 2. Klassen. Beltz, Weinheim – Berlin 1967.
Ingenkamp, K. (Hrsg.): Bildertest 2–3, BT 2–3. Intelligenztest für 2. und 3. Klassen. Beltz, Weinheim 1966.
Ingenkamp, K. (Hrsg.): Testbatterie für geistig behinderte Kinder: TBGB. Beltz, Weinheim 1969.
Ingenkamp, K. (Hrsg.): Weilburger Testaufgaben für Schulanfänger. WTA. Von H. Hetzer und L. Tent. Beltz, Weinheim – Berlin 1971.
Johnson, D. J., H. R. Myklebust: Lernschwächen. Thieme, Stuttgart 1971.
Josef, K.: Musik als Hilfe in der Erziehung geistig Behinderter, 3. Aufl. Marhold, Berlin-Charlottenburg 1974.

Kern, A.: Sitzenbleiberelend und Schulreife. Herder, Freiburg 1954.

Kiphard, E. J.: Motopädagogik. Modernes Lernen, Dortmund 1979a.

Kiphard, E. J.: Psychomotorik als Prävention und Rehabilitation. Flöttmann, Gütersloh 1979b.

Klosinski, G., R. Lempp, M. Müller-Küppers: Die Bedeutung frühkindlicher Hirnschädigungen bei schulschwierigen Kindern. Prax. Kinderpsychol. 21,3 (1972), 82.

Koch, L.: Baumtest, 2. Aufl. Huber, Berlin – Stuttgart 1954.

Koppitz, E. M.: The Bender Gestalt Test für Young Children. Grune & Stratton, Inc., New York – London 1964.

Koppitz, E. M.: Die Menschendarstellung in Kinderzeichnungen und ihre psychologische Auswertung. Hippokrates, Stuttgart 1972.

Kramer, J.: Kurze Anleitung zum Intelligenztest. Antonius, Solothurn 1970.

Lempp, R.: Frühkindliche Hirnschädigung und Neurose, 2. Aufl. Huber, Bern – Stuttgart – Wien 1970.

Lempp, R.: Das hirnorganische Psychosyndrom im Kindesalter, Dtsch. Med. Wschr. 98 (1973), 1817.

Lienert, A. (Hrsg.): Hand-Dominanz-Test (H-D-T) von H. J. Steingrüber. Hogrefe, Göttingen 1971.

Lockowandt, O.: Frostigs Entwicklungstest der visuellen Wahrnehmung, Manual, 3. überarb. Aufl. Beltz, Weinheim 1979.

Machemer, P.: Zum Problem der Diagnose frühkindlicher Hirnschädigungen bei Kindern. Prax. Kinderpsychol. 23,4 (1974), 125.

Machover, K.: Personality Projection in the Drawing of the Human Figure. Thomas, Springfield (Ill.) 1957.

Maurer, M.: Adaptation of the Marianne Frostig Developmental Test of Visual Perception for Administration to the Deaf. Consult. Psychol. Press, Palo Alto 1965.

Montessori, M.: The Montessori Method. Schocken Books, New York 1967.

Müller-Küppers, M.: Das leicht hirngeschädigte Kind. Eine typologische und statistische Untersuchung unter bes. Berücksichtigung soziologischer Faktoren. Thieme, Stuttgart 1969.

Murray, H.: Thematic Apperception Test. (TAT) Psychol. Corp., New York 1943.

Orff, G.: Die Orff-Musiktherapie. Aktive Förderung der Entwicklung des Kindes. Kindler, München 1974.

Piaget, J., B. Inhelder: Die Psychologie des Kindes. Walter, Olten – Freiburg 1972.

Raven, J. C.: Raven Adult Progressive Matrices, Manual. Western Psychol. Services, Los Angeles 1938.

Raven, J. C.: Raven Children's Colored Progressive Matrices. Manual. Western Psychol. Services, Los Angeles 1947.

Reinartz, A., E. Reinartz (Hrsg.): Wahrnehmungstraining von M. Frostig und D. Horne. Crüwell, Dortmund 1974a.

Reinartz, A., E. Reinartz (Hrsg.): Individualprogramm zum Wahrnehmungstraining von M. Frostig und D. Horne. Crüwell, Dortmund 1974b.

Reinartz, A., E. Reinartz (Hrsg.): Bewegen-Wachsen-Lernen. Bewegungserziehung von M. Frostig und Ph. Maslow. Crüwell, Dortmund 1974.

Reinartz, A., E. Reinartz (Hrsg.): Sprachaktivierung. Van der Geest, Duijsens, Swüste. Crüwell, Dortmund 1974.

Reinartz, A., E. Reinartz, H. Reiser (Hrsg.): Wahrnehmungsförderung behinderter und schulschwacher Kinder. Marhold, Berlin 1979.

Roth, H., G. Schlevoigt, F. Süllwold, G. Wicht: Frankfurter Schulreifetest, FST. Beltz, Weinheim 1965.

Rüssel, A.: Zur Psychologie der optischen Agnosien. N. Psych. Stud. 13 (1937), 1.

Sander, E.: Vergleichende Untersuchungen zur visuellen Wahrnehmung behinderter und gesunder Kinder. Prax. Kinderpsychol. 23,4 (1974), 149.

Schilling, F., E. J. Kiphard: Körperkoordinationstest für Kinder KTK. Beltz Test GmbH, Weinheim 1974.
Schlange, H., B. Stein et al.: Göttinger Formreproduktions-Test (G-F-T). Zur Diagnose der Hirnschädigung im Kindesalter. Hogrefe, Göttingen 1972.
Schröfl, S.: Zur Anwendung des Patte Noire Tests bei Kindern. Prax. Kinderpsychol. 26,5 (1977), 184.
Seidel, Ch.: Psychodiagnostik kindlicher Hör- und Sprachstörungen. In: R. Luchsinger, G. E. Arnold. (Hrsg.): Handbuch der Stimm- und Sprachheilkunde, 3. Aufl.: Die Sprache und ihre Störungen. Springer, Wien – New York 1970.
Seidel, Ch.: Klinische Psychologie der Hör- und Sprachstörungen. In: Biesalski, P. (Hrsg.): Phoniatrie und Pädoaudiologie. Thieme, Stuttgart 1973.
Seidel, Ch., P. Biesalski: Psychologische und klinische Erfahrungen mit dem Frostig-Test und der Frostig-Therapie bei sprachbehinderten Kindern. Prax. Kinderpsychol. 22,1 (1973), 3.
Seidel, Ch., B. Kiefner, D. Lessel, N. Schwarz, H. Steffen, U. Zimmermann: Zur Untersuchung der Intelligenz, der visuellen Perzeption und des Auftretens von Lernschwächen und Verhaltensauffälligkeiten bei Erstkläßlern der Sonderschulen für Sprachbehinderte in Heidelberg und Mannheim. In: Lotzmann, G. (Hrsg.): Aspekte auditiver, rhythmischer und sensomotorischer Diagnostik, Erziehung und Therapie. Reinhardt, München – Basel 1978.
Sinnhuber, H.: Spielmaterial zur Entwicklungsförderung von der Geburt bis zur Schulreife. Modernes Lernen, Dortmund 1977.
Sloan, W.: The Lincoln Oseretzky Motor Development Scale. Genet. psychol. Monogr. 51 (1955), 183.
Snijders, J. Th., N. Snijders-Oomen: Nicht-verbale Intelligenzuntersuchung für Hörende und Taube, 3. Aufl. Wolters, Groningen 1967.
Sprague, R. H.: Learning difficulties of the first grade children diagnosed by the Frostig Visual Perceptual Test. A factor analytic study. Diss. Wayne State Univ. 1963.
Staabs, v. G.: Der Scenotest. Huber, Bern 1964.
Stabenow, I.: Psychologische Aspekte in der phoniatrisch-logopädischen Praxis. In: Lotzmann G. (Hrsg.): Psychologie in der Stimm-, Sprech- und Sprachrehabilitation. Fischer, Stuttgart 1979.
Steffen, H.: Zur Klinik der Hirnreifungsverzögerungen. Neurologische, neuropsychologische und psychiatrische Abgrenzung eines Syndroms. Med. Habil. Schr., Med. Fak., Heidelberg 1975.
Steffen, H., Ch. Seidel: Perzeptives, kognitives, schulisches und soziales Verhalten sprachretardierter und sprechgestörter Kinder. Z. Kinder Jugendpsychiat. 4,3 (1976), 216.
Strauss, A. A., N. C. Kephart: Psychopathology and Education of the Brain-Injured Child. 2: Progress in Theory and Clinic. Grune & Stratton, New York 1955.
Strauss, A. A., L. Lehtinen: Psychopathology and Education of the Brain-Injured Child, 1. Grune & Stratton, New York 1947.
Stutsman, R.: Guide for Administering the Merrill-Palmer Scale of Mental Tests. Harcourt, Brace a. World, New York 1948.
Thomas, C.: Bibliographie zur Musiktherapie. Amriswiler Bücherei, 1973.
Thomas, C., W. Thomas.: Materialien zur Musiktherapie. Amriswiler Bücherei 1976.
Thurner, F., U. Tewes: Der Kinder-Angst-Test (K-A-T), 3. Aufl. Hogrefe, Göttingen – Toronto – Zürich 1975.
Treml, H.: Die motorische Entwicklung des hemiplegischen Kindes und therapeutische Maßnahmen zur Beeinflussung des pathologischen Bildes. In: Spezielle Probleme des hemiplegischen Kindes. Reha GmbH, Berufsbildungswerk für jugendliche Behinderte, Düsseldorf 1975.
Valtin, R.: Legasthenie-Theorien und Untersuchungen. Beltz, Weinheim 1970.
Valtin, R.: Untersuchungen mit dem visuellen Wahrnehmungstest von M. Frostig. Zur Prognose der Leseleistung am Ende des ersten Schuljahres. In: Empirische Untersuchungen zur Legasthenie, hrsg. von R. Valtin. Schroedel, Hannover 1972.

Wallrafin, C.: Spielend schreiben lernen. Der Schreibvorkursus. Hagemann, Düsseldorf 1970.
Wartegg, E.: Der Zeichentest (WZT). Hogrefe, Göttingen 1953.
Wechsler, D.: HAWIK Handbuch. Hamburg-Wechsler-Intelligenztest für Kinder, Huber, Bern 1956.
Wechsler, D.: Die Messung der Intelligenz Erwachsener (HAWIE). Huber, Bern 1961.
Wechsler, D.: Manual for the Wechsler Preschool and Primary Scale of Intelligence (WPPSI). Psychol. Corp., New York 1967.
Wewetzer, K. H.: Das hirngeschädigte Kind. Thieme, Stuttgart 1959.
Wurst, E.: Visuelle Perzeptionsentwicklung und Intelligenz. Z. klin. Psychol. 3 (1974), 30.

Kapitel IV
Funktionale Grundlagen und Teilleistungsstörungen in ihrer Auswirkung auf die Sprachentwicklung des Kindes

Wolfgang Dornette, Mainz

Was ist Sprache?

Die menschliche Sprache stellt sowohl von den inhaltlichen Leistungen als auch von der Komplexität ihrer Voraussetzungen her den Höhepunkt der phylo- und ontogenetischen Entwicklung dar. Erst verbalisierte Sprache ermöglicht komplexe zwischenmenschliche Kommunikation und diskursives Denken und damit die Entwicklung kultureller und wissenschaftlicher Leistungen.

Wurst (1973) definiert Sprache so: „Die Sprache ist ... ein System konventioneller Lautzeichen, das sich zur symbolischen Darstellung von gedanklich erfaßten Sinnzusammenhängen eignet." Sprachliches Verhalten ist in erster Linie kommunikatives Verhalten im Sinne der Vermittlung einer Nachricht von einem Sender an einen Empfänger. Es handelt sich dabei um Prozesse der Kodierung gedanklicher Inhalte in sprachliche Symbole (lautlich oder schriftlich) durch den Sprecher (Schreiber) und die Dekodierung des Gehörten (Gelesenen) in gedankliche Inhalte durch den Empfänger. Nach Herrmann (1972) läßt sich dieser Prozeß, wie Abb. 1 zeigt, schematisch darstellen:

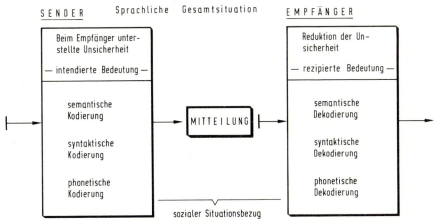

Abb. 1. Sprache und damit zusammenhängende verschiedenartige Kodierungsprozesse.

Die Voraussetzungen der menschlichen Sprache, wie sie sich im Laufe der Phylogenese entwickelt haben, sind außerordentlich vielfältig. Der für die Sprachentwicklung phylogenetisch wohl bedeutsamste Schritt war die Entwicklung der neokortikalen Strukturen und der Hemisphärendominanz. Erforderlich für eine ungestörte ontogenetische Sprachentwicklung ist ein intaktes zentrales Nervensystem, das die reibungslose Abfolge komplizierter neuronaler und motorischer Vorgänge gewährleistet. Die Steuerung dieses Geschehens erfolgt durch Rückkopplungsprozesse taktilkinästhetischer, auditiver und visueller Wahrnehmungen. Die inhaltliche Bedeutung und serienmäßige (syntaktische) Abfolge der sprachlichen Symbole wird durch zentrale Koordinierungsprozesse kontrolliert. Erforderlich ist ferner eine möglichst anregende, dem das Sprechen lernenden Individuum zugewandte Umwelt, die eine störungsfreie Entwicklung erst ermöglicht.

Sprache erfolgt also auf der Basis und durch die Zusammenarbeit vieler Funktionskreise. Beim Vorliegen von Sprachstörungen ist daher immer zu prüfen, welche der Voraussetzungen (Teilleistungen) zur Sprachbildung beeinträchtigt sind. Erst im Anschluß an eine umfassende Diagnostik kann dann ein Therapieansatz entwickelt werden.

Funktionale Grundlagen der Sprache

Die funktionalen Grundlagen der Sprache sollen im folgenden nach den Gesichtspunkten: Anatomisch-physiologische, motorische, sensorisch-perzeptorische und zentralintegrierende betrachtet werden.

Die Sprechwerkzeuge

An der Stimm- und Lautbildung sind folgende Organe beteiligt: Lunge, Kehlkopf, Stimmlippen, Gaumensegel, Zunge, Zähne, Lippen und Resonanzräume. Die Funktionen dieser Organe für die Sprache sind grob charakterisiert:

Lunge: Die *Lunge* arbeitet quasi als Blasebalg für die Stimmgebung. Ausströmende Luft bringt die Stimmbänder zum Schwingen, wodurch Töne erzeugt werden.

Die eigentlichen Sprachlaute (Konsonanten) entstehen mit Hilfe der Organe der drei Artikulationszonen: In der *1. Zone:* Labiallaute durch Veränderung der Lippenstellung; in der *2. Zone:* Dentallaute durch Veränderung der Stellung von Zunge und Zähnen; in der *3. Zone:* Gutturallaute durch Benutzung des Gaumengebietes.

Die Vokale werden durch Resonanz im Ansatzrohr und der Rachen-, Mund- und Nasenhöhle gestaltet (Näheres hierzu s. Wurst, 1973, Becker u. Sowak, 1975).

Die zentralnervösen Sprachzentren

An der eigentlichen, symbolbezogenen Begriffsprache sind eine Reihe mehr oder weniger eng umschriebener Zentren des Cortex beteiligt, die nach neueren Untersuchungen (Luria, 1972) eher die Funktion von Hauptschaltstellen als von „Sprachursprungszentren" zu haben scheinen.

a) Das Broca-Zentrum (sog. *motorisches* Sprachzentrum) schließt sich unmittelbar an die motorischen Zentren der Mund- und Kehlkopfregion an.
b) Gyrus supramarginalis und Gyrus angularis bilden wahrscheinlich zusammen das mnestische Sprachzentrum.
c) Das Wernicke-Zentrum (*sensorisches* Sprachzentrum) befindet sich im hinteren Anteil der oberen Schläfengegend.
d) Überlappungsgebiete zwischen Scheitel- und Hinterhauptslappen, sowie zwischen Schläfen- und Hinterhauptslappen haben offenbar ebenfalls perzeptorische Aufgaben (nach Wurst 1970).

Neben einem einwandfreien Funktionieren dieser und anderer kortikaler Strukturen, die nicht je für sich arbeiten, sondern in Wechselwirkung miteinander stehen, bedarf es zur störungsfreien Sprache eines intakten Sensoriums (zur Anatomie und Physiologie der Sinnesorgane s. Lehrbücher der Physiologie) und einer zentralnervös unbeeinträchtigten Motorik.

Zentralnervös-motorische Grundlagen

Nach Lenneberg (1972) müssen über 100 Muskeln der thorakalen und abdominalen Wände, des Nackens und Gesichts, des Kehlkopfes, Pharynx und der Mundhöhle während des Sprechaktes koordiniert werden. Da der Übergang von einem Sprachlaut zu einem anderen von verschiedenen Muskelanstrengungen abhängt, muß 14mal pro Sekunde ein Befehl an jeden Muskel gegeben werden: Sich zusammenziehen, zu erschlaffen oder seinen Tonus aufrechtzuerhalten. Diese Aktivierung der einzelnen Muskeln und Muskelgruppen geschieht nicht willentlich, sondern erfolgt „automatisch" i. S. „vorprogrammierter Ereignisketten" (Lenneberg, 1972, S. 118 f.).

Ein wesentliches Problem des ungestörten Sprachablaufes stellt die geordnete Abfolge der zentralen Aktivierung der parallel und nacheinander zu erfolgenden motorischen Ereignisse dar. Untersuchungen zur Physiologie der Spracherzeugung (Lenneberg) haben gezeigt, daß die mit einem Phonem verbundene Muskeltätigkeit von den vorausgehenden und folgenden Phonemen beeinflußt wird. In Lautspektrogrammen lassen sich deutlich akustische Überlappungen separat wahrgenommener Laute gesprochener Worte nachweisen. Durch die zentral gespeicherte Wortstruktur ist der Ablauf des gesamten Wortes (Satzes) geordnet. Im vorausgehenden Laut klingt schon der folgende, „vorprogrammierte" mit an.

Chase nimmt an, daß kontinuierliche Vergleiche zwischen der aktuellen motorischen Aktivität und der zentralen Vorstellung der geplanten Aktivität für die korrekte Organisation und Steuerung der Sprechmotorik unentbehrlich sind. Die dazu notwendigen Standards werden über akustische Informationen entwickelt (nach Wyatt, 1973).

Das Problem der Ordnung der Sprache ist nicht auf die Artikulation beschränkt, sondern erstreckt sich auch auf die Wahrnehmung der Sprachlaute. Je nach Komplexität, Art und anatomischer Beschaffenheit der beteiligten Einheiten müssen Innervationen in anderer Reihenfolge als die peripheren Ereignisse erfolgen, um koordinierte Sprache zu ermöglichen. Die zeitliche Ordnung der perzeptorischen, innervatorischen und motorischen Ereignisse stellt somit ein erhebliches Steuerungsproblem dar, das auch in der Ontogenese einem Entwicklungsprozeß unterliegt. Verschiedene Autoren (Lashley, Lenneberg, Luria) nehmen einen zentral gespeicherten Plan mit hierarchischer Dominanz als wahrscheinlichstes Modell des Ablaufs der physiologischen Prozesse des Sprechaktes an, dem letztlich auch die grammatikalische Syntax zu folgen scheint.

Sensorisch-perzeptive Grundlagen

Eine unbeeinträchtigte Perzeption, insbesondere im auditiven, taktil-kinästhetischen und visuellen Bereich stellt eine weitere Grundlage störungsfreier Sprache dar. Corso (1967) beschreibt Perzeption als Kombination aus den Effekten der direkten sensorischen Stimulation und den Bedeutungen, die wir aufgrund früherer Erfahrungen in ähnlichen Situationen solchen Stimulationen zuschreiben. Den perzeptorischen Prozeß stellt Corso modellhaft, wie folgt, dar:

$$S \rightarrow ANA \rightarrow ZNSA \rightarrow (ZE) \rightarrow ZNMA \rightarrow ENA \rightarrow R$$

D. h. ein externer Stimulus (S) wird über afferente neuronale Aktivität (ANA), zentrale neurosensorische Aktivität (ZNSA) und u. U. zentrale Entscheidungsereignisse (ZE), in zentrale neuromotorische Aktivität (ZNMA), efferente neuronale Aktivität (ENA) und damit in motorische Reaktionen (R) übergeleitet. Wahrnehmung bedeutet also nicht reine Informationsaufnahme über die Sinnesorgane, sondern die Verarbeitung dieser sensorischen Information im ZNS. Die Perzeption dient somit der adäquaten Erfassung und Beantwortung der Umweltreize durch das Individuum. Ihr störungsfreier Ablauf ist unmittelbare Voraussetzung für das Zurechtfinden und ein angemessenes Verhalten des Individuums in seiner Umwelt und damit auch für sein Überleben. Grundlegende funktionale Einheiten des menschlichen Gehirns, die solche mentalen Prozesse ermöglichen, sind (nach Luria, 1973):

a) Einheit zur Regulation von Tonus und Wachheit (Formatio reticularis, Thalamus, limbisches System, Neokortex).
b) Einheit zur Aufnahme, Verarbeitung und Speicherung von Information (laterale posteriore Regionen des Neokortex, Hemisphärenoberfläche einschließlich visueller, auditiver und genereller sensorischer Gebiete).
c) Einheit zur Programmierung, Regulierung und Ausführung mentaler Aktivität (anteriore Regionen der Hemisphären).

Von spezifischer Bedeutung für den Spracherwerb sind demnach die Einheiten b) und c), deren für die Sprache relevante Funktionen kurz umrissen werden sollen (Näheres s. bei Luria, 1970 u. 1973).

Auditive Perzeption und Sprache

Der auditive Kortex (akustischer Analysator) umfaßt die lateralen Anteile des Temporalgebietes des Gehirns und ist in eine primäre Projektionszone und eine sekundäre (auditive) Zone unterteilt. Der Weg akustischer Impulse geht von den Organen des äußeren Gehörs über das Cortische Organ in der Kochlea des inneren Ohres. Hier wird der Impuls in bioelektrische Erregung transformiert und über verschiedene Schaltstellen schließlich der primären Projektionszone des akustischen Kortex zugeführt. Dieser zentrale Teil des kortikalen Kerns des akustischen Analysators befindet sich hirnanatomisch in den Heschlschen Querwindungen, wobei die akustischen Fasern jedes Cortischen Organs in den Querwindungen beider Hemisphären repräsentiert sind, jeweils in der kontralateralen Seite dominant (nach Luria, 1970). Die Aufgaben dieser primären Projektionszone liegen sowohl in der Übertragung akustischer Erregungen zum Kortex als auch in der Verlängerung und Stabilisierung dieser Vorgänge.

Die Sekundärfelder des akustischen Analysators befinden sich in den oberen Abschnitten der Temporalwindung. Diese sekundären Hörzonen werden von Fasern versorgt, die bereits verarbeitete und verallgemeinerte Impulse leiten und nicht mehr direkt mit der Peripherie verbunden sind. Vor allem weisen sie aber im Unterschied zu den primären Zonen erheblich ausgedehntere Faserverbindungen auf. Reizung der Sekundärzonen ruft Potentiale hervor, die man in den unteren Abschnitten der prämotorischen und frontalen Rinde verfolgen kann. „Vermutlich entstehen so auch die Voraussetzungen für das Zusammenwirken des akustischen und des motorischen Analysators (hier vor allem der Teile, die zur Innervation der Stimmorgane Beziehung haben). Die sekundären Abschnitte der Hörrinde leisten somit nicht nur analytischsynthetische Arbeit als ‚Kombinationszentrum' des akustischen Analysators, sondern sie üben diese Funktionen auch in enger Wechselwirkung mit den Bereichen des Frontalgebietes aus, die als kortikales Ende des motorischen Analysators anzusehen sind und beim Menschen spezifische Sprechfunktionen vollziehen" (Luria, 1970, S. 130).

Die spezifische Hörfunktion der sekundären Zone liegt in der Differenzierung simultan oder seriell präsentierter Gruppen akustischer Reize ihrer Tonhöhe und rhythmischen Struktur. Vor allem liegt aber ihre Bedeutung in der Analyse und Synthese der Klänge der menschlichen Sprache, im Herausfiltern der bedeutungsvollen Klänge (Phoneme) und im Hemmen der unbedeutenden Varianten.

Die Sekundärzone hat somit eminente Bedeutung für die Entwicklung der Sprache. Die Entwicklung der Sprachlaute und des Sprachgehörs erfolgt jedoch unter unmittelbarer Beteiligung des kinästhetischen Artikulationsapparates und erhält nur durch aktive artikulatorische Erfahrung ihre endgültige Form.

Liberman u. Mitarb. (1962) nehmen in ihrer „Motorischen Theorie der Sprachwahrnehmung an, daß der Hörer von Sprachlauten die jeweils vernommenen Laute in einer stillen, unhörbaren Artikulationsweise wiederholt, daß er das Gehörte also andeutungsweise nachahmt" (Herrmann, 1972, S. 96). Dieses „stille Mitsprechen" dient offenbar der Präzisierung des Gehörten. Auf den engen Zusammenhang zwischen „verinnerlichtem Sprechen" (Wygotsky) und der Zungen- und Handmotorik weist Sokolow (1969) im Anschluß an Arbeiten von Nowikowa u. a. hin (s. a. van Riper u. a.).

Das Kind muß im Laufe seiner Entwicklung über Prozesse der Generalisierung und Differenzierung die Bedeutung der sprachlichen Laute seiner Umgebung erlernen. Diese Aufgabe wird durch den Klassifikationsprozeß wesentlich erleichtert. Liberman (1957) hat experimentell nachgewiesen, daß die menschliche Wahrnehmung aus dem Kontinuum akustischer Ereignisse scharf getrennte Klassen schafft. Innerhalb dieser Klassen werden offenbar keine Variationen wahrgenommen, sondern ausschließlich an der Grenze zwischen zwei Klassen. Aber auch die Klassifikation der Phoneme ist ein Prozeß, der bei der Geschwindigkeit und Komplexität des Ablaufes der Lautsignale in der Umgangssprache viel zu langsam wäre, um die mitgeteilten Informationen entsprechend rasch erfassen zu können. Die notwendige Erhöhung der Geschwindigkeit, mit der phonematische Klangbilder erfaßt und produziert werden, geschieht durch den Vorgang des Kodierens. Hier werden mehrere Einzelelemente zu größeren Einheiten zusammengefaßt (Graichen, 1973).

Die auditive Erfassung der Sprache umfaßt somit eine Reihe in ihrer Komplexität hierarchisch gestufter Funktionen von der reinen akustischen

Differenzierung von Lautstärke und Tonhöhe bis zur raschen Erfassung der semantischen Bedeutung phonematischer und syntaktischer Strukturen. Neben den zentralnervösen Funktionen der Klassifizierung und Kodierung erleichtern auch die grammatikalischen Regeln und die hohe Redundanz der Umgangssprache das rasche inhaltliche Erfassen komplexer Informationen.

Eine ständige Rückkopplung der auditiven mit den kinästhetisch-artikulomotorischen Funktionsbereichen ist dabei wesentliche Voraussetzung zum störungsfreien Ablauf sowohl des aktiven Sprechens als auch des Sprachverständnisses. Bereits die Entwicklung des Sprachgehörs vollzieht sich unter der Beteiligung aktiver artikulatorischer Erfahrung in den ersten Jahren der Sprachentwicklung des Kindes. Wyatt (1973) betont hierbei die Bedeutung des dem Entwicklungsstand des Kindes angepaßten Sprachvorbildes und vor allem des positiven „corrective feed-backs", durch das fehlerhafte Artikulationen des Kindes durch kritikfreies Wiederholen der korrekten Form durch den Erwachsenen verbessert werden. Wyatt unterscheidet artikulatorische (phonetische), semantische und grammatikalische feed-backs.

Taktil-kinästhetische Perzeption und Sprache

Die taktil-kinästhetische Wahrnehmung ist in den parietalen Abschnitten des Kortex repräsentiert. Als kortikaler Kern des kutan-kinästhetischen Analysators wird der Sulcus postcentralis angesehen. Während das Kerngebiet für die elementaren Formen der Schmerz- und Tastempfindung zuständig ist, ermöglichen die Sekundärfelder des postzentralen, taktilen Rindengebietes kompliziertere Formen der Reizdiskrimination, wie die Bestimmung der Okalisation einer Berührung auf der Haut, die Richtung der Berührung und u. U. die Form (Figur). Nach Luria (1970) hängen auch die muskuläre Tiefensensorik und die stereognostischen Leistungen unmittelbar mit der Intaktheit der parietalen Sekundärfelder zusammen, die synthetische Prozesse im taktilen Bereich (Abtasten der wesentlichen Details eines Objektes und Zusammenfügen zu einem „Bild") ermöglichen.

Luria (1973) beschreibt den normalen Fluß afferenter taktil-kinästhetischer Impulse als die essentielle Basis ungestörter Bewegungsmuster. Sie geben willentlichen motorischen Impulsen ihr notwendiges Ziel in den korrekten Muskelgruppen. Eine besonders wichtige Funktion ist hier die Steuerung der Feinmotorik über das taktil-kinästhetische Rückkopplungssystem.

Die unteren Bereiche der linken Hemisphäre dieses Parietalgebietes sind zuständig für die Wahrnehmung kinästhetischer Sensationen im Gesicht, den Lippen und der Zunge, also unmittelbar zuständig für die Organisation der Bewegungen des Sprechapparates und damit auch für die Exaktheit der Artikulation und der phonematischen Differenzierung.

Visuelle Perzeption und Sprache

Die unbedingt notwendigen Grundlagen der Sprache liegen zwar in den bisher besprochenen Bereichen der Motorik, der auditiven und der taktilkinästhetischen Perzeption, jedoch stellt auch die visuelle Wahrnehmung eine wesentliche Komponente einwandfreier Sprache dar. Sie erleichtert dem Kind das Erlernen der Artikulation, da es die Sprechbewegungen seines Gegenübers (z. B. der Mutter) sehen und mit Hilfe kinästhetischer Rückkopplung nachahmen kann. Gleichzeitig mit den Sprechbewegungen prägen sich auch die sie begleitende Mimik und die Gebärden ein, die von einer normalen Sprachentwicklung nicht zu trennen sind. *Blinde Kinder* beginnen trotz einwandfreier auditiver und taktil-kinästhetischer Wahrnehmung erst mit erheblicher Verzögerung zu sprechen, obwohl nach Lenneberg Worte nicht einfach Namen sind, die durch Konditionierung mit Gegenständen verknüpft sind und enge assoziative Verknüpfungen zwischen einem visuellen Stimulus und einem auditiven Stimulus in der Sprache nur schwer nachgewiesen werden können.

Jedoch hängt die Bildung simultaner räumlicher Schemata (Vorstellungen) in den parietookzipitalen Zonen der linken Hemisphäre unmittelbar mit der Bildung und dem Verstehen logisch-grammatikalischer Funktionen zusammen. Während die Komplexe von akustischen Signalen aus der Umwelt zu sukzessiven Reihen synthetisiert werden, werden Komplexe von optischen und taktilen Reizen zu Gruppen vereinigt, die bestimmte Systeme simultaner räumlicher Einwirkungen widerspiegeln (Luria, 1970).

Nach Befunden von Tsvetkova (1972) beruht die nominative Funktion der Sprache auf der Bildung visueller Vorstellungen von Objekten und der Fähigkeit, die wesentlichen optischen Details, die zur Identifikation dieser Objekte nötig sind, visuell zu erfassen und zu speichern.

Insbesondere für das Erlernen der semantischen Bedeutung sprachlicher Begriffe ist die visuelle Umwelterfassung wesentlich. So konnte bei blinden Kindern nachgewiesen werden, daß grundlegende sprachlogische Funktionen wie die Ordnungsbeziehungen und die Klassifizierungen erheblich verzögert erfolgen. „Da ... die Sinnesstörung bei angeborener Blindheit schon von Anfang an die Anpassung der sensomotorischen Schemata verhindert und ihre allgemeine Koordinierung verzögert hat, genügen die verbalen Koordinierungen nicht, um diese Verzögerungen zu kompensieren, und es ist ein eigentliches Erlernen der Aktion notwendig, damit Operationen ausgebildet werden, die mit denen des normalen oder sogar des Taubstummen vergleichbar sind" (Piaget u. Inhelder, 1972, S. 92).

Die Steuerfunktionen des Frontallappengebietes

Die wesentlichen Funktionen des Frontallappengebietes mit seinen zahlreichen Verbindungen zu allen Bereichen des Gehirns liegen allgemein in der planvollen Aktivierung und Steuerung zentralnervöser Vorgänge, motorischer Willkürbewegungen und zielgerichteter komplexer Handlungen. Die Bedeutung dieser Funktionen für die Sprache liegt nach Luria (1973) einmal in der aktiven Analyse der wichtigsten inhaltlichen Elemente gehörter Sprache (Sprachverständnis) und zweitens im geordneten Formulieren sprachlicher Mitteilungen.

Die Integration modalitätsspezifischer und steuernder Funktionen als Grundlage der Sprache

Alle bisher beschriebenen zentralnervösen Analysatoren müssen genauso wie die periphere sensorische Perzeption und die afferenten und efferenten Bahnen zum und vom ZNS je für sich intakt sein, um eine störungsfreie Sprache zu ermöglichen. Dabei ist jedoch das gesteuerte Zusammenwirken des „funktionalen Systems ZNS" (Anochkin) die entscheidende Grundlage. „Der wesentlichste Zug des funktionalen Systems besteht darin, daß es in der Regel auf einer komplizierten dynamischen Konstellation von Gliedern beruht, die auf verschiedenen Stufen des Nervensystems liegen und daß diese Glieder, die an der Realisierung der Anpassungsaufgabe beteiligt sind, wechseln können, wenn auch die Aufgabe selbst unverändert bleibt" (Luria, 1970, S. 41). Arbeiten von Filimonow (über die Funktionen des osmischen Kortex), Lashley (über die Polyvalenz der Sehrinde) sowie Penfield u. Jasper (über die sensorischen Funktionen der motorischen Rindenzonen und vice versa) führten zur Entdeckung des physiologischen Prinzips der „funktionalen Polyvalenz" der Rindenstrukturen und „dynamischen Lokalisation" der Funktionen. Nach diesem Prinzip setzt die Lokalisation der Funktionen keine fixierten „Zentren" voraus, sondern „dynamische Systeme", deren Elemente ihre strenge Differenziertheit bewahren und in der ganzheitlichen Tätigkeit eine hochspezialisierte Rolle spielen. Die in den Rindenabschnitten lokalisierten Analysatoren werden nicht als fixierte „Zentren" angesehen, sondern vielmehr als „Transitetappen" oder „Knotenpunkte" jener dynamischen Erregungssysteme, die im Gehirn ablaufen.

Die anatomische Bestätigung für diese Vorstellungen ist darin zu sehen, daß zwischen allen Hirnstrukturen Faserverbindungen laufen und daß beim Menschen die Überdeckungszonen der kortikalen Enden der einzelnen Analysatoren, (d. h. die Gebiete, die nach neueren Vorstellungen die Zusammenarbeit der einzelnen kortikalen Territorien gewährleisten) „bis zu 43% der Gesamtmasse des Kortex ausmachen und daß die Evolution des Kortex eben zugunsten von Gebieten erfolgt, die diese integrative Systemtätigkeit des zentralen Nervenapparates sichern" (Luria, 1970, S. 45).

Die Entwicklung der Sprache und der ihr zugrundeliegenden sensomotorischen Funktionen

Die allmähliche Entwicklung der Sprache in den ersten 3 Lebensjahren des Menschen vom „Lust-Unlustschreien" bis zum Berichten von Erlebnissen und phantasievollen Geschichten erfolgt in direkter Abhängigkeit von der ungestörten Entwicklung der oben beschriebenen sensomotorischen Funktionen.

Die Entwicklung der Wahrnehmungen

Mit der Entfaltung der Großhirnhemisphären um die 5. Embryonalwoche beginnt bereits das ungeborene Kind in zunehmendem Ausmaß Reize aus der Umwelt aufzunehmen und darauf zu reagieren, wobei den Nahsinnen (vor allem den Tast-, Fühl- und kinästhetischen Empfindungen) zunächst die größere Bedeutung zukommt. In Experimenten konnten jedoch auch Reaktionen auf akustische und optische Signale spätestens ab dem 7. Fetalmonat festgestellt werden. Die Frühphase der postnatalen Perzeptionsentwicklung erfolgt ebenfalls noch vorwiegend modalitätsspezifisch.

Modalitätsspezifische Entwicklung

a) *Tastsinn:* Die Entwicklung des Tastsinnes vollzieht sich fast ausschließlich in der fetalen Periode, vom Mund über das Gesicht und den Rumpf zu den Extremitäten. Auch die Temperatursensibilität ist vor der Geburt bereits vorhanden. Dagegen ist die Schmerzsensibilität des Säuglings offenbar nur schwach ausgebildet. Die Entwicklung der Schmerzempfindung beginnt vermutlich erst einige Tage bzw. Wochen nach der Geburt und verfeinert sich mindestens bis zum 6. Lebensjahr.

b) *Gehör:* Beim Gehör werden die Fähigkeiten zur Schallokalisation und der Differenzierung von Tonhöhen, Klangfarben und anderen Reizeigenschaften in den ersten 12 Monaten nach der Geburt verfeinert. Die Entwicklung des phonematischen Gehörs (und damit auch des Sprachverständnisses) beginnt etwa im letzten Drittel des 1. Lebensjahres und verfeinert sich bis in die Vorschulzeit hinein.

c) *Sehen:* Grundlegende Entwicklungsschritte von der Hell-, Dunkel-Differenzierung bis zur Fähigkeit, die Umgebung optisch zu analysieren, sind die Verbesserung der Sehschärfe, die Ausbildung der Fixationsreaktion, der Konvergenz der Augenachsen und die Entwicklung des Farbsehens. Bereits der junge Säugling folgt in den ersten Lebenswochen einem bewegten Licht mit den Augen und fixiert das menschliche Gesicht, jedoch einen Gegenstand nur kurzfristig. Zu Beginn des 2. Lebensmonats folgen die Augen zunächst einem horizontal, dann einem vertikal und im 3. Lebensmonat schließlich einem kreisförmig bewegten Gegenstand oder sich bewegenden Personen. Zur gleichen Zeit beginnt das Kind auf den Anblick des menschlichen Gesichtes zu lächeln und zunehmend seine Umgebung visuell zu erkunden. Diese Reifungsprozesse sind etwa bis zum 6. Lebensmonat abgeschlossen. Parallel entwickeln sich zentrale visuelle Wahrnehmungsleistungen wie: Bewegungssehen, Formkonstanz, Figur-Grund-Differenzierung, Raumlage-Erkennen, visuelles Gedächtnis, sensomotorischer Raum usw.

Intermodale Entwicklung

Dieses erste Stadium der Ausreifung der Sinnesorgane und der Übung von Reflexen bei allen Modalitäten wird ab dem 3. Lebensmonat, während noch die Verfeinerung einzelner Modalitäten erfolgt, überlagert und abgelöst von einem weiteren, ganz wesentlichen Entwicklungsschritt, den Affolter (1972) so beschreibt: „Wenn die modalitätsspezifischen Schemata einen gewissen, kritischen Grad an Entwicklung erreicht haben, dann beginnt der Austausch und die gegenseitige Integration von Informationen zwischen den Sinnesgebieten. Dies führt zur Anbahnung der Verbindungen der Seh-, Hör-, und Tastfühl-kinästhetischen Bereiche. Entsprechende Intermodalitätsschemata werden entwickelt."
Untersuchungen von Turkewitz (1966, 1969) haben gezeigt, daß Neugeborene bereits im Alter von 2 Tagen die Augen auf wechselnde Tonquellen richten. Etwa ab dem 3.–4. Lebensmonat beginnt der Säugling nach Gegenständen im Sichtbereich zu greifen, etwa zur gleichen Zeit wird der Kopf einer Schallquelle zugewandt, d. h. das Kind lernt, daß etwas, was es sieht, auch angefaßt, daß etwas Klingendes auch gesehen werden kann. In ihren wichtigsten Bereichen ist die Intermodalitätsverknüpfung etwa bis zum 6. Lebensmonat abgeschlossen.

Seriale Intergrationsentwicklung

Etwa ab dem 6. Lebensmonat beginnt das Kind seine einzelnen Aktionen (z. B. das Greifen nach der Glocke, das Betrachten einer Person oder eines Gegenstandes) zu umfangreicheren Handlungsabläufen (Serien) auszubauen. Es faßt jetzt nicht mehr nur nach der Glocke, sondern läutet sie, es hält den

Würfel nicht nur, sondern schlägt ihn auf den Tisch und schaut ihm – etwas später – nach, wenn er vom Tisch gefallen ist. Das Kind lernt also, sich Serien von Geschehnissen und Handlungen, die nacheinander erfolgen, zu merken und dann auch vorhersehen und planen zu können. Diese Fähigkeit wird auf immer mehr und kompliziertere Handlungen ausgedehnt, verfeinert und flexibler gehandhabt.

Die Entwicklung der Motorik

Parallel und in ständiger Wechselwirkung mit der perzeptiven Entwicklung erfolgt die Entwicklung der Motorik. Der Zeitraum der modalitätsspezifischen „Verfeinerung" ist in der Motorik durch den allmählichen Abbau der sog. Primitivmuster und der globalen Massenbewegungen gekennzeichnet.

Die Intermodalitätsentwicklung wird durch zunehmende Koordination und Steuerung motorischer Muster durch die Hemmung „überschießender" Bewegungen und Errungenschaften, wie Heben und Wenden des Kopfes sowie zunehmend gezielteres Greifen, ermöglicht und unterstützt. Kinder mit Zerebralparesen haben ebenso erhebliche Verzögerungen in der Intermodalitätsentwicklung wie Kinder mit peripher-sensorischen Störungen (Blinde, Gehörlose).

Die Entwicklung der Serialleistungen wird grobmotorisch unterstützt durch die Veränderung der Körperlage beim Drehen von einer Seite auf die andere und durch aufrechtes Sitzen und Stehen, vor allem aber durch die Fortbewegung beim Krabbeln und Laufen. Dadurch werden dem Kind so wesentliche Erfahrungen ermöglicht, wie die Permanenz eines auch zeitweilig nicht im Tast- oder Sehbereich befindlichen Gegenstandes und die Ortsveränderung des Kindes oder von Gegenständen im Raum. „Entsprechend dieser Organisation der Stellungen und Ortsveränderungen im Raum bilden sich natürliche objektive zeitliche Reihen aus, denn im Falle der praktischen Gruppe der Ortsveränderungen werden diese nach und nach und nacheinander durch die Gegenüberstellung mit den abstrakten Begriffen bewirkt. Diese Begriffe baut das Denken später auf; sie ermöglichen eine simultane und zunehmend außerzeitliche Gesamtvorstellung" (Piaget und Inhelder, 1972, S. 26).

Die Entwicklung der Sprache

Nach den Untersuchungen Piagets entwickelt sich die Sprache und mit ihr die begriffliche Intelligenz aus der Entwicklung der sensomotorischen, also vorsprachlichen Intelligenz.

Vor der Entwicklung des Bedeutungsgehaltes der Sprache und der syntaktischen Regeln erfolgt jedoch eine Art „Vortraining" der zur Sprache notwendigen Funktionen bereits in den ersten Lebensmonaten.

Die Ursprünge der Sprachentwicklung sind bereits im Reflexverhalten des Neugeborenen angelegt. Im Laufe der kindlichen Entwicklung bleiben einige Reflexe (z. B. Saugen, Schlucken) erhalten, verlieren aber mehr und mehr an Bedeutung und werden schließlich durch höher organisierte Verhaltensformen überlagert. Die Entwicklung der Sprache erfolgt vom Schreien, Saugen, Schlucken und Kauen über das Lallen zum Wort, Satz und komplexen Denken und Berichten in ständiger Wechselwirkung angeborener Funktionen mit Stimulationen durch die Umwelt. Das Schreien ist einerseits ein früher Übungsmechanismus für die Stimmgebung. Es erhält aber bereits in der ersten Lebenswoche eine situationsbezogene Bedeutung. Hunger, Kälte, Schreck und Lageveränderung lösen Reflexe aus, die das Kind zum Schreien bringen. Mit zunehmender Lernfähigkeit (bereits Ende der 1. Lebenswoche) assoziiert das Kind sein Schreien mit dem Erscheinen der Mutter.

Schon um die 6. Lebenswoche reagiert der Säugling auf akustische Reize mit Zappelbewegungen, wendet sich im 3. Monat der Schallquelle zu und begrüßt im 5.–6. Lebensmonat den Schalleindruck mit freudigem Affekt.

Saugen und Schlucken sind reflektorisch angelegt. Das frühe Saugen, Schlucken (später auch Kauen) bereitet für die künftige Sprachentwicklung artikulo-motorische Koordinationen vor.

Etwa ab dem 2. Monat wird das Schreien durch das *primäre Lallen* überformt. Zunächst im vokalischen Bereich durch spielerisches Üben (Funktionslust nach K. Bühler). Untersuchungen an Kindern verschiedener Sprachzugehörigkeit haben gezeigt, daß die ersten Lallproduktionen weitgehend übereinstimmen. Erst das *sekundäre Lallen* (etwa ab dem 6. Monat), das zunehmend den phonetischen Bestand der Muttersprache mitaufnimmt, differenziert sich immer stärker. Damit beginnt die eigentliche *Lautnachahmung,* wenn auch noch auf lallender Stufe. Jeder Neuerwerb wird nach anfänglichem Bemühen in spielerischer Manier unermüdlich wiederholt.

Die Auslese der Sprachlaute erfolgt über sensible und sensorische Kontrollen i. S. von Rückkopplungsprozessen (Servo-System nach van Riper u. Irwin, 1976). Die Wahrnehmung von Lauten fungiert dabei als Aktivator spielerischer sprachlicher Vorübungen. Zunächst stehen die eigenen Produktionen des Kindes als Stimuli zum Lallen im Vordergrund. Das Lallen wird zum Echo der eigenen Lauterlebnisse. Piaget spricht von sensomotorischen Kreisprozessen, in denen Lautwahrnehmung und Lautbildung einander bei zunehmender artikulatorischer und diskriminatorischer Differenzierung fördern (s. auch „Motortheorie der Sprachwahrnehmung" von Liberman, 1962). Taube, schwerhörige und auch blinde Kinder bleiben schon ab dieser Zeit sprachlich zurück. Die Sprachentwicklung benötigt also spätestens ab diesem Alter 6.–10. Monat) eine intensive sensorische Aktivierung, ihre motorischen Wurzeln aus der Funktionsreifung her verebben allmählich.

Das *nachahmende Lallen* ist eine überwiegend durch akustische, aber auch durch optische Reize angeregte, auf motorischen Fertigkeiten aufgebaute Funktion. Stinchfield und Mase meinen, daß beim Spracherwerb zunächst hauptsächlich auditiv und erst nach Erlernen der Sprache hauptsächlich durch kinästhetische und taktile Eindrücke (feed-back) vom Munde her kontrolliert wird (nach van Riper u. Irwin, 1976). Lallen ist aber auch ein Mittel des Kontaktes. Kinder können schon ab dem 3. bis 4. Monat auf Anrede antworten, nehmen aber auch selbst Kontakt auf.

Das Kind reagiert mit wenigen Monaten bereits auf mimischen bzw. gestischen Ausdruck und Tonfall. Das Kind ahmt beim Lallen nicht nur Laute nach, es imitiert auch Bewegungen und Gebärden. Belohnung spornt es an, die gelungenen Reaktionen immer wieder zu produzieren. Hierdurch wird das Wort zum Signal für andere Signale (1. Signalsystem nach Pawlow).

Ab dem 8.–9. Monat gewinnen manche Lautfolgen und Lallgebilde an Fertigkeit. Sie werden affektiven Zuständen, Dingen und Tätigkeiten zugeordnet. Mit diesen ersten Wörtern gibt das Kind seine Affekte und seine Wünsche kund. Das sprachliche Inventar des Kindes gleicht sich dem Lautangebot seiner Umgebung mehr und mehr an. Sprachliche Koordination und kinästhetische wie taktile Kontrolle haben nun bereits einen Reifestand erreicht, der die Nachahmung der Erwachsenensprache möglich macht. Die *Reihenfolge*, in der das Kind Laute auszusprechen lernt, hängt von der Reifung des Sprechapparates ab. Beim Lallen pflegt das Kind Silben vom Typ Konsonant + Vokal (Ra-ra) oder Konsonant + Vokal + Konsonant (Mamam) mehrere Male zu wiederholen. Ursache dafür sind die sensomotorischen Kreisprozesse, bei denen der akustische Reiz der aufgenommenen eigenen Lautproduktion zur Wiederholung Anlaß gibt. Die Erkenntnis, daß Wort und Gegenstand zusammengehören, ist der entscheidende Fortschritt im 2. Lebensjahr. Dieser Schritt hat Bedeutung nicht nur für die Entwicklung der Sprache, sondern für das kindliche Wahrnehmen und Denken überhaupt.

Lallwörter setzen sich entweder aus 2 gleichen Lallsilben (La-la) oder aus 2 Silben mit gleichen Konsonanten, aber verschiedenen Vokalen (La-le) zusammen. Gegen Ende des 1. Lebensjahres verwendet das Kind bereits erste sinnbezogene Wörter (*Einwortsatz*), mit denen es konkrete Dinge bezeichnet.

Während des 2. Lebensjahres entwickelt das Kind aus den Einwortsätzen allmählich den Mehrwortsatz. Das Wort muß sich vom reinen Wunschcharakter möglichst freigemacht haben. Die Beziehung zwischen dem sprachlichen Lautkomplex und dem gemeinten Ding oder Vorgang muß sich gefestigt haben. In einfacher Synthese setzt das Kind zuerst 2, später mehrere Wörter nebeneinander. Mit der Bildung von 2-Wort-Sätzen erwirbt das Kind die grundsätzliche Fähigkeit zur Synthese. Daher erfolgt der Schritt zum Mehrwortsatz ohne Schwierigkeiten. Jedes neu hinzukommende Satzglied wird im ungegliederten Mehrwortsatz an den Schluß gestellt (physiologischer Dysgrammatismus). Durch Nachahmung der in seiner Umwelt gehörten Sprache entwickelt das Kind allmählich eine konkrete Syntax. Während des 3. Lebensjahres ist es dann imstande, Nebensätze zu bilden.

Entwicklung der Sprache: Reifung oder Umwelteinfluß?

Neuere Untersuchungen konnten zeigen, daß zwischen Umweltbedingungen und organischer Hirnentwicklung enge Beziehungen bestehen. So konnte nachgewiesen werden, daß Hirngewicht, Hirnoberfläche, Enzymaktivität usw. direkt von Anregungen durch die Umwelt abhängig sind. Es handelt sich dabei vorwiegend um die Feststellung, daß unter den Bedingungen sensorischer Deprivation ein Rückstand in der Entwicklung des Gehirns eintritt, der unter extremen Bedingungen (Okklusion eines Auges, Hoffmann, 1976) innerhalb einer kritischen Periode die Ausbildung synaptischer Verbindungen im ZNS verhindert. Unter Bedingungen angereicherter Stimulation wurde dagegen eine vermehrte Entwicklung zentralnervöser Strukturen (Dendriten, Synapsen) gefunden (nach Berger, 1977). Pechstein (1974) fand bei der vergleichenden Untersuchung der EEG-Muster von Heim- und Familienkindern, „daß sich in der zentralnervös-bioelektrischen Entwicklung zwischen Familien- und Heimkindern im Alter von 4 Monaten keine Unterschiede nachweisen lassen". Mit zunehmendem Alter (8–19 Monaten) bzw. zunehmender Dauer des Heimaufenthaltes zeigte sich jedoch eine zunehmende Verzögerung der zentralnervös-bioelektrischen Entwicklung der Heimkinder.

Eckart (1971) fand, daß Kinder, die gemeinsam mit ihren Müttern in einem Heim aufwuchsen sehr viel besser entwickelt waren als Kinder aus reinen Säuglingsheimen. Als besonders beeinträchtigt erwies sich die Sprach- und Sozialentwicklung (s. a. Wyatt, 1973). Wurst u. Mitarb. (1961) untersuchten Kinder aus Familien unterschiedlicher sozialer Schichtzugehörigkeit, Krippen und Heimen, auf ihre sprachliche Entwicklung. Sie fanden, daß Kinder aus sozial und wirtschaftlich schlecht gestellten Berufen, aber auch Bauernkinder benachteiligt sind. Auch soziokulturelle Gründe spielten eine Rolle: Die Wortkargheit, die Geringschätzung des „Schwätzers", Armut und wirtschaftliche Not schieben den Sprachbeginn hinaus. Ungesicherte soziale und wirtschaftliche Verhältnisse, ungünstige Wohnbedingungen, vor allem aber häufiger Pflegeplatzwechsel sind besonders deutliche Minusfaktoren für die Entwicklung, da hier offenbar die für die Sprachentwicklung notwendige Vielzahl an Stimulationen im taktil-kinästhetischen, optischen und akustischen Bereich des Kindes schwerwiegend gestört werden (nach Pechstein, 1974).

Zusammenfassend weisen diese Untersuchungen darauf hin, „daß das Gehirn nicht als vorgegebenes Organ zu betrachten ist, das einem automatisch ablaufenden Reifungsprozeß unterliegt, sondern daß dieses Organ in seinen Funktionen und Strukturen während einer bestimmten Reifungsperiode in seiner Entwicklung durchaus von Umweltreizen abhängig ist" (Berger, 1977), ebenso wie die Sprachentwicklung nicht als reiner Reifungsprozeß erfolgt, sondern fördernder Umweltbedingungen bedarf.

Den sozialen und speziellen familiären Bedingungen kann hier nicht der gebührende Raum gegeben werden. Da den sozialen Faktoren des Spracherwerbs jedoch zumindest die gleiche Aufmerksamkeit wie den funktionalen gebührt, sei auf Bücher zur Psychologie, Sozialisation, Soziologie der Sprache hingewiesen.

Teilleistungsstörungen und Sprachentwicklung

Sprachstörungen imponieren zunächst durch ihr Erscheinungsbild. Ein Kind stammelt, stottert, spricht dysgrammatisch oder auch gar nicht. Beim Überblick über die Ursachen der wichtigsten Störungen der Sprache im Kindesalter (s. Tabelle 1) zeigt es sich, daß neben den peripheren sensorischen oder efferenten motorischen Schädigungen etwa genauso häufig Störungen der kortikalen Analysatorensysteme – vor allem der auditiven und der taktil-kinästhetischen Modalität sowie den zentralen Integrationssystemen erwähnt werden. Der Nachweis spezifischer Hirnläsionen bei sprachentwicklungsgestörten Kindern ist wegen der oft minimalen oder diffusen Schädigungen bisher anatomisch noch nicht gelungen, da die u. U. nur sehr begrenzten Zell- oder Migrationsstörungen (Herschkowitz, 1977; Schlotte, 1977), z. B. nach perinataler Asphyxie, beim lebenden Kind nicht und selbst beim anatomischen Substrat nur schwer faßbar sind. Im übrigen gehen auch anatomisch nachgewiesene Vernarbungen im Hirngewebe nach perinataler Asphyxie wegen der offenbar doch recht großen „Plastizität" des sich entwickelnden Gehirns nicht notwendig mit längerfristigen Funktionsstörungen einher, sondern bedürfen meist zusätzlicher belastender Faktoren aus der Umwelt des Kindes (Michaelis u. Buchwald, 1975).

Häufig werden daher Rückschlüsse von Sprachstörungen Erwachsener gemacht, bei denen meist exakt lokalisierbare Läsionen oder Tumoren als Ursache der Störung nachzuweisen sind, obwohl auch hier die Schwierigkeit der Zuordnung spezifischer Sprachstörungen zu bestimmten Läsionsorten noch nicht überwunden ist, denn das „Erscheinungsbild einer Sprachstörung wird nicht allein durch biologische oder soziale Faktoren, sondern durch deren Verquickung bestimmt. Art und Grad einer verbalen Kommunikationsstörung hängen vom Alter eines Menschen ab, zu dem die Verursachung der Störung eintrat. Schließlich können gleiche Symptome auf verschiedenartige organische Läsionen zurückgehen oder umgekehrt" (Becker u. Sovák, 1975).

Zurückgehend auf die Arbeiten von Luria, stimmen die zeitgenössischen

Autoren darin überein, daß die Sprachfunktionen nicht anatomisch eng lokalisiert werden können, sondern vielmehr als konzertiertes Zusammenarbeiten funktioneller Einheiten betrachtet werden müssen. Es handelt sich hier also um ineinandergreifende Funktionskreise, die an vielen Stellen verletzbar sind, wodurch der gesamte Ablauf unterbrochen wird und u. U. immer das gleiche oder ähnliche pathologische Symptom trotz unterschiedlicher Lokalisation der Schädigung hervorgerufen wird. Lenneberg (1972) meint in diesem Zusammenhang, daß die Neuroanatomie das Geheimnis des Ursprungs der menschlichen Sprache nicht enthüllen wird, da es sich bei der Sprache offenbar um transkortikale Integrationsprozesse ohne spezifische Lokalisation handelt. Störungen der Sprache können nicht nur von kortikalen, sondern auch von subkortikalen Verletzungen hervorgerufen werden. Es erscheint daher z. Zt. zweckmäßiger, nach dem Zusammenhang von Funktions- und Sprachstörungen zu suchen als nach ihrem hirnanatomischen Ursprungsort.

Im allgemeinen werden Sprachstörungen differenziert in Sprachentwicklungsstörungen und Störungen der erworbenen Sprache. Zu den Entwicklungsstörungen zählen Becker u. Sovák (1975) die verzögerte Sprachentwicklung (SEV Alalia prolongata), das kindliche Stammeln (Dyslalie) und die syntaktischen Störungen (Dysgrammatismus) (siehe Tabelle 1).

Die früh oder spät erworbenen Sprachstörungen werden unterteilt in *impressive* (Hörstörungen), zentrale (verbale akustische Agnosie, verbale visuelle Agnosie, verbale Apraxie, Aphasie und Sprachstörungen bei Intelligenzrückstand, Psychosen und Epilepsie), *expressive* (Dysarthrie, Rhinolalie) und *reaktive* (Stottern, Poltern, Mutismus) Sprachstörungen.

Als Ursache der Sprach- und Sprechentwicklungsstörungen geben viele Autoren eine so pauschale Ursache wie „leichte frühkindliche Hirnschädigung (minimale zerebrale Dysfunktion)" an. Es handelt sich hierbei um eine globale Zusammenfassung von Auffälligkeiten im Bereich der Motorik, der Perzeption und des Verhaltens, die in dieser Form weder die Ursachenforschung weiterbringt, noch irgendeine therapierelevante Funktion ausübt (Dornette, 1977). Affolter (1972, 1974, 1977) konnte dagegen zeigen, daß schwer sprachgestörte Kinder, die auf akustische Reize nicht adäquat reagieren, obwohl keine peripheren Hörstörungen vorliegen, nicht summarisch einer Kategorie – zentrale Hörschädigung – zugeordnet werden können. Vielmehr lassen sich die Störungen dieser Kinder einteilen in *modalitätsspezifische* (Störungen der auditiven Diskrimination von Sprechlauten oder Störungen der taktil-kinästhetischen Leistungen), intermodale (beeinträchtigte Verbindungen verschiedener Modalitäten) und seriale (Beeinträchtigungen in der Organisation sukzessiver (zeitlicher) Abfolgen).

Diesem Ansatz soll bei der Darstellung des Einflusses funktionaler Teilleistungsstörungen auf die Sprachentwicklung gefolgt werden.

Tabelle 1*). Übersicht über die häufigsten Sprachstörungen des Kindesalters.

Die möglichen Ursachen können je für sich oder in verschiedenen Kombinationen vorliegen. Diagnostik und Therapie enthalten lediglich globale Hinweise. Spezifische Untersuchungs- bzw. Behandlungsmethoden sind von Fachleuten durchzuführen bzw. der jeweiligen Fachliteratur zu entnehmen. Die genannten Institutionen gelten zur ersten Information für alle Sprachstörungen. Institutionen mit umfassenden diagnostischen und therapeutischen Möglichkeiten sind unterstrichen.

Symptom	Bezeichnung	Mögliche Ursachen				Diagnostik	Therapie	Institution
		Sozial/ psychisch	organisch/ peripher	perzeptiv/ zentral	motorisch/ expressiv			
1. Kind spricht kaum oder gar nicht	SEV (Sprachentwicklungsverzögerung), Alalie	ungünstiges Sprachmilieu, Deprivation (Hospitalismus)		allgemeine psychomotor. Retardierung, zentrale Koordinationsschwächen, akustische Agnosie, verb. akust. Agnosie	motorische Koordinationsschwächen	Hörprüfung, verbale und nonverbale Intelligenzprüfung, logopädische Untersuchung, neurologisch-motoskopische Untersuchung, soziopsychol. Exploration	Hörgerät, logopäd. Behandlung (ab 2 Jahre), heilpädagog. Behandlung, Förderung der Fein- u. Mundmotorik, Elternberatung	Als erster Kontakt Kinderarzt, *dann HNO-Klinik* (pädo-audiologische Abteilung) HNO-Arzt *Neuropädiatr. Zentren, Pädoaudiologische Beratungsstelle, Landesamt für Hör-, Stimm- u. Sprachstörungen,* Gesundheitsamt,
a) Sprachverständnis relativ gut b) Sprachverständnis schlecht (ab 2 Jahre auffällig)			Hörstörung					
2. Einzelne oder mehrere Konsonanten werden a) ausgelassen b) durch andere Laute ersetzt oder c) falsch gebildet (bis 4–5 Jahre unbedenklich)	Stammeln, Dyslalie	ungünstiges Sprachmilieu, Fehlverstärkung, psychogene Regression	Hörstörung, Gaumenspalte, Kieferanomalie	allgemeine psychomotor. Retardierung, auditive Differenzierungsschwäche, taktil-kinästhetische Störung	fein- und/oder Sprechmotorik Koordinationsschwächen	siehe 1. *zusätzlich:* auditive Differenzierungsprüfung, Lautbestand, Prüfung der Fein- u. Mundmotorik, psycholinguistische u. visuelle Perzeptionstests	siehe 1. logopäd. Behandlung ab ca. 5. Jahre, *zusätzlich:* evtl. Perzeptionstraining	*Sprachheilambulanz* (z. T. an Schulen), Sprachheilschulen, Kindergarten für Sprachbehinderte, Sprachheilheime, Rehabilitationseinrichtungen, Erziehungsberatungsstellen,

Teilleistungsstörungen und Sprachentwicklung

3. Kind spricht nur zu kurze, unvollständige oder falsch geordnete Sätze (bis 5–6 Jahre unbedenklich)	Dysgrammatismus, Agrammatismus	ungünstiges Sprachmilieu, Fehlverstärkung, psychogene Regression	Hörstörung	allgemeine psychomotor. Retardierung, zentrale Koordinationsschwächen	motorische Koordinationsschwächen	*siehe* 1. u. 2. *zusätzlich:* Prüfung der Serialleistungen	*siehe* 1. u. 2.	freiberufliche Logopäden, psychologische Praxen evtl. auch Kinder- und Jugendpsychiatrie
4. harte („spastische") Aussprache mit überschießenden Bewegungen d. Artikulationsmuskulatur bei Zerebralparesen	Dysarthrie			kortikale Läsionen des motorischen Analysators		*siehe* 1. zusätzlich: logopädische Untersuchung zur Prüfung d. Vitalfunktionen, der Nahrungsaufnahme und d. Mundmotorik, nonverbale Intelligenzprüfung	Krankengymnastik, Beschäftigungstherapie, heilpädagogische Übungsbehandlung, logopäd. Behandlung. (Mund-, Eß-, Atem-, Stimmtherapie, Lautanbahnung, nonverbale Kommunikationshilfen) Tagesstättenunterbringung, Elternberatung	
Verlangsamung der Aussprache	hypoton-hypokinetische Dysarthrie (Bradylalie)				Läsionen der motorischen Systeme:			
ungeordnete Sprachdynamik	hyperkinetisch-hypertone Dysarthrie				pyramidale Läsionen,			
					extrapyramidale, zerebelläre, bulbäre Läsionen			
nur unartikulierte Laute	Anarthrie				Mischformen (spastisch-athetotisch)			

Fortsetzung Tabelle 1

Symptom	Bezeichnung	Sozial/psychisch	organisch/peripher	perzeptiv/zentral	motorisch/expressiv	Diagnostik	Therapie
		Mögliche Ursachen					
5. Kind *versteht* einzelne Worte oder Sprache insgesamt nicht *mehr*	sensorische Aphasie (Wernicke)			Läsionen der dominanten Hemisphäre im Bereich des Stirn-, Scheitel-, Hinterhaupt- oder Schläfenlappens bei bereitsentwickelter Sprache		*siehe* 1. *zusätzlich:* spezifische Aphasieuntersuchungen	logopäd. Behandlung, Beschäftigungstherapie, psychotherapeut. Unterstützung, Elternberatung u. U. auch Krankengymnastik
Kind *spricht* nicht *mehr*	motorische Aphasie (Broed) (zu unterscheiden von 6!)						
Kind spricht u. versteht *nicht mehr*	totale Aphasie						
6. Kind spricht a) nur noch in bestimmter Situation (Personen)	elektiver Mutismus	starke seelische Konflikt- oder Belastungssituationen, evtl. auch Fehlverstärkung, Vorbild	*Kein* Hinweis auf organische Läsionen			umfassende psychologische Untersuchung und Verhaltensanalyse	Verhaltenstherapie, nondirektive Spieltherapie, analytische Kindertherapie, Gruppentherapie, Elternberatung, Familientherapie
b) nicht mehr	totaler Mutismus						

Erratum

Frostig/Müller: Teilleistungsstörungen

Seite 51, 5. Zeile von unten:
Es muß heißen *Ritalin* (statt Repeltin).

Urban & Schwarzenberg

7. Kind stottert (gestörter Redefluß)	Stottern, Balbuties	seelische Konflikte oder Belastungen, Leistungsdruck, Fehlverstärkung		häufige leichte zentralmotorische Koordinationsschwächen	*siehe 1., 2., 6. zusätzlich:* logopäd. Balbutiogramm	*siehe 6. zusätzlich:* Entspannungsübungen, logopäd. Atemtherapie
8. Kind spricht überstürzt, verschluckt, verstellt, verstümmelt Laute	Poltern (Diff.-Diagnose gegen Stottern!) oft Entwicklungsproblem	ungünstiges Sprachmilieu, Aufmerksamkeitsstörungen	minimale zerebale Belastungen		*siehe 1. u. 2. zusätzlich:* Konzentrations- u. Aufmerksamkeitstests	vor allem logopädische Behandlung

*) Unter Mitarbeit von Frau Maria Gurow, Logopädin am Kinderneurologischen Zentrum Rheinland-Pfalz in Mainz.

Modalitätsspezifische Störungen

Um den Rahmen dieses Aufsatzes nicht zu überschreiten, muß auf die Darstellung des Einflusses der peripheren Hör- und Sehstörungen auf die Sprachentwicklung verzichtet werden (Zusammenfassungen z. B. in Becker u. Sovák, 1975; Biesalski, 1973). Einen groben Überblick gibt Tabelle 1. Danach können praktisch alle Sprachentwicklungsstörungen sowohl auf periphere als auch auf zentrale Funktionsstörungen zurückgeführt werden. Der Anteil rein peripherer Sehstörungen in der Sprachentwicklung wird in der Literatur unterschiedlich bewertet. Vermutlich führt selbst Blindheit bei sonst gesunden Kindern nur indirekt zu Sprachentwicklungsstörungen, da die Kinder oft nach ängstlicher Abwehr und/oder mangelnder Förderung in ihrer Bewegung im Raum und vor allem in ihrem „handgreiflichen" Umgang mit den Objekten ihrer Umwelt stark eingeschränkt sind. Sowohl die räumliche Orientierung als auch das taktil-kinästhetische und feinmotorische Erfassen von Gegenständen sind aber wesentlich am Aufbau sowohl der Aktivsprache als auch des Sprachverständnisses beteiligt.

Zentral-auditive Störungen

Schädigungen der oberen Abschnitte des (bei Rechtshändern) linken Temporalgebietes (Sekundärabschnitte der Hörrinde) führen nach Luria (1972) zu Störungen der komplizierten Formen der akustischen Analyse und Synthese und damit zu Störungen der Differenzierung und Klassifizierung von Schällen bzw. des phonematischen Gehörs. Graichen (1973) spricht hier von einer Minderung der Kanalkapazität des auditiven Analysators.

Es werden verschiedene Schweregrade der Störung grob unterschieden:

a) Akustische Agnosie (Agnosie für Schalleindrücke allgemein).
b) Agnosie für Sprache oder Worte.
c) Partielle Lautagnosie (phonematische Differenzierungsschwäche).

Ad a) Bei der akustischen Agnosie handelt es sich um eine globale Beeinträchtigung des Wahrnehmens, Unterscheidens und Behaltens von Schalleindrücken. Bereits einmal gehörte Schälle können nicht gemerkt und daher auch nicht mit der Schallquelle verbunden werden. Diese Störung umfaßt auch das Erkennen der Sprachlaute. Die Folge ist das Ausbleiben der Sprachentwicklung. Differentialdiagnostisch ist diese Störung gegen eine periphere Hörstörung und gegen allgemeine Intelligenzmängel abzugrenzen. Die Beobachtungen einer echten akustischen Agnosie sind jedoch sehr selten. „Bei den meisten Verdachtsfällen ergab bislang die im fortgeschrittenen Alter ausgeführte Audiometrie eine partielle periphere Schwerhörigkeit" (Bauer, 1973, S. 106).

Ad b) Zur Abgrenzung der akustischen Agnosie für Sprache insgesamt oder bestimmte Worte ist es wichtig, daß keine Störung des Gehörs nichtsprachlicher Laute vorliegt. Die Beeinträchtigung kann auf den auditiven Bereich beschränkt sein und führt ebenfalls zu schweren Beeinträchtigungen der Sprachentwicklung. „Otoneurologische Studien zentraler Hörstörungen deckten eine Störung des Richtungs- und Entfernungshörens auf... Die Kinder besitzen dagegen besondere Fähigkeiten zur optisch-räumlichen Orientierung sowie ein gutes optisches Sprachverständnis, weswegen sie oft Sprache vom Mund gut ablesen und Gebärden verstehen. Aufforderungen zum Nachsprechen werden gerne befolgt, ohne den Sinn des Gesprochenen zu verstehen (Echolalie)" (Bauer, 1973, S. 106).

Ad c) Die partielle Lautagnosie oder phonematische Differenzierungsschwäche ist eine enger umschriebene und schwächere Ausprägungsform der akustischen Agnosie für Sprache. Die Patienten haben Schwierigkeiten bei der Differenzierung ähnlicher Laute, was bei Kindern häufig zur sog. sensorischen Dyslalie führt. Es besteht jedoch „keine eindeutige Beziehung zwischen phonematischer Differenzierungsschwäche und Lautbildungsfehlern. Es gibt stammelnde Kinder, die das eine oder andere Phonem durchaus richtig artikulieren, ohne es phonematisch differenzieren zu können" (Becker u. Sovák, 1975, S. 127). Von dieser phonematischen Differenzierungsschwäche sind meist nur wenige Laute betroffen, am meisten klangverwandte und nach dem Bildungsmechanismus ähnliche Sprachlaute (z. B.: t/k, d/g, f/s, s/sch). Generelle phonematische Differenzierungsschwächen wurden bei Artikulationsgestörten jedoch erheblich häufiger gefunden, als bei Nichtgestörten (nach Wanriter u. Irwin, 1976).

Eine Schädigung im Temporalgebiet kann nach Luria (1972) auch zu Schwierigkeiten bei der Reproduktion rhythmischer Klangfolgen führen. Auch diese Funktionsstörung kann an einer Beeinträchtigung der allgemeinen Sprachentwicklung, evtl. auch in Form von Dyslalie oder Dysgrammatismus beteiligt sein.

Arbeiten mit dem psycholinguistischen Entwicklungstest von Kirk (PET, deutsche Standardisierung von Angermaier) konnten Schwierigkeiten stammelnder Kinder auf der sog. Integrationsstufe des Tests feststellen. Besonders betroffen waren im auditiven Bereich das Verbinden von Phonemen zum Wort (Lauteverbinden) und das Zahlenfolgengedächtnis (Arnoldy u. Holtmann, 1976; Ferrier, 1966; Foster, 1963). Graichen (1973) spricht hier von Kodierschwächen im auditiven Analysator, die sich einmal darin zeigen, daß „einzelne Phoneme nur mühsam zur komplexen Klanggestalt eines Mohrphems zusammengesetzt werden können" und andererseits „auch die Detailanalyse beim Anhören komplexer Sprachgebilde nur unvollständig gelingt" (Graichen, 1973, S. 128).

Taktil-kinästhetische und feinmotorische Störungen

Die Bedeutung taktiler und vor allem kinästhetischer Perzeptionsleistungen für die Sprachentwicklung liegt sowohl in der Präzisierung der Artikulation als auch in der besseren Differenzierung und Klassifizierung gehörter Laute. So haben Untersuchungen von Nowikowa (1957), Affolter (1976) u. a. gezeigt, daß bei Kindern mit Verdacht auf zentrale Hörstörung in einem hohen Prozentsatz taktil-kinästhetische Störungen die eigentliche Ursache der Auffälligkeit darstellen. Das „innere" Mitartikulieren des Gehörten ist bei diesen Kindern beeinträchtigt, so daß je nach Schweregrad der kinästhetischen Beeinträchtigung Sprachstörungen von der Dyslalie bis zur schweren Sprachentwicklungsverzögerung die Folge sein können, da die fehlerhafte Artikulation wegen der wechselseitigen Verknüpfung der akustischen und motorischen Muster das Kind auch bei der Beurteilung seiner Sprachproduktion behindert. Störungen der Zungen-, Lippen- und Kieferbeweglichkeit wurden dagegen bei artikulationsgestörten Kindern nicht wesentlich häufiger gefunden als bei nichtgestörten Kindern (nach van Riper u. Irwin, 1976). Kolzowa (1975) u. a. konnten zeigen, daß die Entwicklung der Feinmotorik (Fingermotorik) in engem Zusammenhang mit der Sprachentwicklung steht. Während einerseits Kinder mit retardierter Entwicklung der Grobmotorik durchaus nicht unbedingt auch eine retardierte Sprachentwicklung hatten, konnte festgestellt werden: „Wenn die Entwicklung der Fingerbeweglichkeit der Altersstufe (Norm) entspricht, so ist auch die Sprachentwicklung ebenfalls in den Grenzen der Norm; wenn jedoch die erstere zurückbleibt, so bleibt auch die Sprachentwicklung zurück . . ." (Kolzowa, 1975, S. 648). Arbeiten von Ljamina über die Bedeutung des Handhabens der Objekte der täglichen Umgebung für den Spracherwerb unterstützen ebenfalls die Bedeutung der kinästhetisch-feinmotorischen Entwicklung für die Sprachentwicklung des Kindes (nach Kolzowa, 1975).

Zentral-visuelle Störungen

Der Einfluß zentral-visueller Störungen auf die Sprachentwicklung ist kaum untersucht. Luria (1972) erwähnt Untersuchungen an Erwachsenen mit sog. visueller Agnosie nach Schädigung des parieto-okzipitalen Hirnabschnittes. Diese Patienten haben Schwierigkeiten, komplizierte logisch-grammatikalische Konstruktionen zu verstehen, vor allem, wenn räumliche Beziehungen (unter-über, vor-nach, etc.) impliziert sind. „Die Fähigkeit, Details zu einem Ganzen zu vereinen und zu verstehen, daß Konstruktionen aus ein und denselben Elementen unterschiedliche Beziehungen der Gegenstände ausdrücken können, ist bei diesen Patienten schwer gestört" (Luria, 1972, S. 196). Steffen u. Seidel (1976) fanden u. a. visuomotorische Koordinationsstörungen und visuelle Kurzzeitgedächtnisstörungen bei sprachbehinderten Kindern (Hauptsymptome waren: Dyslalie, Dysgrammatismus, Stottern), Störungen der Stereognosie (Links-Rechts-Diskriminierung, visuelle räumliche Integration) sowie einen unterdurchschnittlichen visuellen Wahrnehmungsquotienten im Frostig-Test. Allerdings gehen in diesen Test in hohem Maße fein-. motorische und taktil-kinästhetische Leistungen mit ein (Bischofsberger u. Sonderegger, 1974). Beeinträchtigungen des visuellen Sequenzgedächtnisses (Kurzzeitgedächtnis) sprachgestörter Kinder wurden auch im PET (Arnoldy u. Holtmann, 1977) gefunden.

Intermodale Störungen

Affolter (1972, 1977) berichtet von schwer sprachgestörten Kindern mit intakten Sinnesleistungen der einzelnen Modalitäten, aber einer Beeinträchtigung der Lokalisationsleistungen. „Eine genaue Analyse der Vorbedingungen zur Lokalisation zeigte, daß beide hier geprüften Arten das Zusammenspiel zweier Sinnesgebiete verlangen ... Wenn sich diese Kinder nach einem akustischen Reiz nicht umdrehen, so nicht, weil sie den Reiz nicht hörten" (Affolter 1977, S. 72), sondern weil sie offenbar mit dem Schall keinen gegenständlichen Ursprung verbanden. Inwieweit diese Störungen letztlich mit der sog. akustischen Agnosie übereinstimmen, ist nicht geklärt. Insgesamt zeigen Kinder mit sog. Intermodalitätsstörungen erhebliche allgemein-intellektuelle und sprachliche Beeinträchtigungen. Kompensationen über einzelne Kanäle werden spontan nicht ausgebildet.

Seriale Integrationsstörungen

Störungen der serialen Integration bei sprachgestörten Kindern wurden mehrfach von Affolter (1972, 1974, 1976, 1977) beschrieben. Die untersuchten Kinder „hatten Mühe, Reizserien oder Reizfolgen in der Zeit oder im Raum aufzunehmen. Sie wurden als serialgestörte Kinder ... bezeichnet. Die seriale Schwierigkeit umfaßte alle Sinnesgebiete. Die Kinder ... schienen oft auf akustische Reize nicht adäquat zu reagieren, besonders, wenn diese komplexerer Art waren. Die Schwierigkeit lag jedoch nicht beim Hören, sondern in einer mangelnden Organisation der zeitlichen Integration ... Die Schwierigkeiten der Nachahmung und des Spracherwerbs können durch die serialen

Schwierigkeiten erklärt werden" (Affolter, 1977). Bei einem Vergleich der Entwicklung vorwiegend serialgestörter Kinder mit Kindern, die in erster Linie modalitätsspezifisch beeinträchtigt waren, fanden Dornette u. Pechstein (1977) als gravierendsten Unterschied einen erheblich verzögerten Beginn der Sprachentwicklung (im Durchschnitt mit 3 Jahren) bei den serialgestörten Kindern. Auch Leistungsprofildifferenzen im Hawik zeigten sich vor allem zuungunsten der sprachlich-inhaltlichen und sukzessiven Leistungen der Kinder mit serialen Störungen.

Es handelt sich hierbei offenbar um eine Störung auf sehr hoher Stufe der Wahrnehmungsentwicklung, die sich von daher vor allem auf den Spracherwerb und sekundär auch auf das Verhalten der Kinder auswirkt.

Hinweise zur Diagnostik

Zur Diagnostik der Sprach- und Teilleistungsstörungen können hier nur globale Hinweise gegeben werden.

Jeder übermäßig verzögerte Sprachbeginn beim kleinen Kind (später als mit 18 Monaten), Stammeln und Dysgrammatismus bei Kindern über 4 Jahre, starker Gebrauch von Gestik oder Mimik bei geistig retardierten Kindern, deutliche Sprechhemmungen und Stottersymptome bei Kindern über 5 Jahre sollten Anlaß zu einer fachärztlichen (Phoniater, Neuropädiater), klinisch-fachpsychologischen und logopädischen Untersuchung sein.

Grundlage der dort vorgenommenen Diagnostik ist die neurologische Untersuchung sowie die Prüfung des Gehörs, der allgemeinen intellektuellen Entwicklung (verbal und nonverbal) und des Sprachstatus. Je nach Problematik sind zusätzliche Untersuchungen zentral-auditiver (phonematische Differenzierung, Lauteverbinden (PET), auditives Kurzzeitgedächtnis), zentral-visueller (Raumlage-Wahrnehmung, visuomotorische Koordination, Frostig-Perzeptionsquotient) und taktil-kinästhetischer (z. B. Untertests aus den Southern California Sensory-Integration-Tests von Ayres) Wahrnehmungsleistungen durchzuführen.

Intermodalitätsstörungen sind sehr selten. Spezifische Testverfahren liegen daher noch nicht vor. Im Zweifelsfalle ist es ratsam, ein neuropädiatrisches oder pädoaudiologisches Institut zu konsultieren.

Auch zur Prüfung der Serialleistungen liegen noch keine standardisierten Tests vor. Erste Ansätze dazu lieferten Affolter et al. (1974). Hinweise zur Diagnostik lassen sich zunächst über den Ausschluß anderer – vor allem modalitätsspezifischer – Störungen erbringen. Auch hier muß u. U. ein Fachinstitut zu Rate gezogen werden.

Insgesamt ist für die Beurteilung von Sprachstörungen zu sagen, daß im Zweifelsfalle stets einer vielleicht nicht unbedingt notwendigen Untersuchung der Vorzug zu geben ist gegenüber dem Versäumnis einer unbedingt notwendigen Untersuchung. Eine früh erfaßte oder aber übersehene Hörstörung oder zentrale Perzeptionsstörung kann die allgemeine Entwicklung und damit den gesamten Lebensweg eines Kindes ganz wesentlich beeinflussen. Das augen- (bzw. ohren-)fälligste Symptom liefert dabei immer die Sprache des Kindes. Dabei ist stets zu bedenken, daß zwar jede allgemeine geistige Retardierung auch den Spracherwerb beeinträchtigt, daß eine Sprachstörung aber nie von vornherein ein Indiz für eine geistige Behinderung ist, sondern nur ein Anlaß, nach ihren Ursachen zu forschen. Die Diagnostik sollte daher immer therapieorientiert sein und nicht ausschließlich nosologisch-klassifikatorische Ansprüche zu erfüllen suchen (Eisele, Dornette, Fritsch, 1976).

Hinweise zur Therapie

Die therapeutischen Maßnahmen richten sich ganz nach den erhobenen Befunden. Je differenzierter die Diagnostik, desto gezielter kann die Therapie eingesetzt werden. Außer bei peripheren Hörstörungen als Ursache für Sprachstörungen, die mit einer Hörgeräteversorgung und logopädischen Maßnahmen sicher ausreichend versorgt sind, genügt bei den meisten anderen Sprachstörungen eine reine Sprechbehandlung i. a. nicht. Häufig sind grob- und feinmotorische Fertigkeiten und Nachahmungsleistungen anzubahnen oder Therapien der spezifischen Perzeptionsstörungen parallel zur Sprachbehandlung durchzuführen. Gelegentlich ist zusätzliche erziehungsberaterische oder psychotherapeutische Hilfe zu geben. In jedem Fall sollte eine Sprachstörung Gegenstand gezielter diagnostischer und – wenn nötig – therapeutischer Maßnahmen sein.

Literaturverzeichnis

Affolter, F.: Entwicklung visueller und auditiver Prozesse. Schweiz. Z. Psychol. 31 (1972), 207–233.
Affolter, F.: Leistungsprofile wahrnehmungsgestörter Kinder. Pädiat. Fortbild.-K. Prax. 40 (1974), 169–185.
Affolter, F.: Auditive Wahrnehmungstörungen und Lernschwierigkeiten. Mschr. Kinderheilk., 124 (1976), 612–615.
Affolter, F.: Die Fehlentwicklung von Wahrnehmungsprozessen insbesondere im auditiven Bereich. In: Berger, E. (Hrsg.): s. u., 1977.
Affolter, F., R. Brubaker, W. Bischofberger: Comparative Studies between normal and language disturbed children. Arch. Oto-Laryng. 323 (1974).
Arnoldy, P., A. Holtmann: Ein empirisch überprüftes Programm zur Therapie der auditiven Wahrnehmungsschwäche auf der Diagnostik-Grundlage des PET. Sprachheilarb. 1 (1977), 11–21.
Bauer, H.: Klinik der Sprachstörungen. In: P. Biesalski, s. u. 1973.
Becker, K.-P., M. Sovák: Lehrbuch der Logopädie. Kiepenheuer und Witsch, Köln 1975.
Berger E. (Hrsg.): Teilleistungsschwächen bei Kindern. Huber, Bern – Stuttgart – Wien 1977.

Kapitel IV, Auswirkung auf die Sprachentwicklung

Berger, E.: Das Problem der Teilleistungsschwächen in seiner Bedeutung für die Schule. In: Berger, E. (Hrsg.) s. o., 1977.
Biesalski, P.: Phoniatrie und Pädaudiologie. Thieme, Stuttgart 1973.
Bischofberger, W., H. Sonderegger: Ausfälle taktil-kinästhetischer Leistungen. Vortrag an der III. Schweiz. Pädaudiolog. Tagung, Okt. 1974, Luzern.
Dornette, W.: Probleme des frühkindlich hirngeschädigten Schülers. In: Biermann, G.: Kinder im Schulstreß. Reinhardt, München – Basel 1977.
Dornette, W., J. Pechstein: „Seriale" Integrationsstörungen. Mschr. Kinderheilk. 125 (1977) 419–420.
Eckart, S.: Entwicklungsphysiologische Längsschnittuntersuchungen über die psychomotorische Entwicklung junger Kinder vergleichbarer Herkunft im Säuglingsheim und im Mütterheim. Unveröffentl. Diss., Med. Fak., Univ. München 1971.
Eisele, U., W. Dornette, G. Fritsch: Arbeitsmodell zur funktionalen Diagnostik entwicklungsgestörter Kinder. In: Tack, W. H. (Hrsg.): Bericht über den 30. Kongreß der DGfP, Regensburg 1976, Bd. 2. Hogrefe, Göttingen-Toronto-Zürich 1977.
Ferrier, E. E.: An investigation of the ITPA performance of children with functional defects of articulation. Excerpt. Children, May, 32 (1966) 9.
Foster, S.: Language skills for children with persistent articulation disorders. Zit. nach Kirk und Kirk, 1976.
Graichen, J.: Teilleistungsschwächen, dargestellt an Beispielen aus dem Bereich der Sprachbenützung. Z. Kinder-Jugendpsychiat. 1 (1973) 113–143.
Herrmann, Th.: Sprache. Einführung in die Psychologie, Bd. 5. Huber, Bern – Stuttgart 1972.
Herschkowitz, N.: Biochemische Aspekte der perinatalen Hirnschädigung. Mschr. 125 (1977) 380–381.
Hoffmann, K. P.: Kritische Phase in der Entwicklung des binokularen Sehens bei jungen Katzen. Kinderarzt 7, 9 (1976) 989–990.
Kirk, A., W. Kirk: Psycholinguistische Lernstörungen. Beltz, Weinheim – Basel 1976.
Kolzowa, M.: Untersuchungen zur Sprachentwicklung. Kinderarzt 6, 6 (1975) 643–648.
Lenneberg, E. H.: Biologische Grundlagen der Sprache. Suhrkamp, Frankfurt a. M. 1972.
Liberman, A. M., F. S. Cooper, K. S. Harris: P. F. MacNeilage: A motor theory of speech perception. Proc. Speech Communication Seminar, Stockholm 1962.
Liberman, A. M., K. S. Harris, H. S. Hoffman: B. C. Griffith: The discrimination of speech sounds within and across phoneme boundaries. J. exp. Psychol. 54 (1957) 358–368.
Luria, A. R.: Die höheren kortikalen Funktionen des Menschen und ihre Störungen bei örtlichen Hirnschädigungen. VEB Deutscher Verlag der Wissenschaften, Berlin 1970.
Luria, A. R.: The Working Brain: Penguin Books, London 1973.
Michaelis, R., M. Buchwald: Risikofaktoren und deren Einflüsse auf die psychomotorische Entwicklung von Risikokindern. Kinderarzt. 6, 9 (1975) 899–902.
Pechstein, J.: Umweltabhängigkeit der frühkindlichen zentralnervösen Entwicklung. Thieme, Stuttgart 1974.
Piaget, J., B. Inhelder: Die Psychologie des Kindes. Walter, Olten – Freiburg 1972.
Riper, Ch. van, J. V. Irwin: Artikulationsstörungen, Diagnose und Behandlung. Deutsche Bearbeitung von W. Orthmann. Marhold, Berlin 1976.
Schlote, W.: Migrationsstörungen und Verdrahtungsfehler in Neuronenketten als Ursache minimaler Hirndysfunktion. Mschr. Kinderheilk. 125 (19??) 397.
Siegert, C.: Entwicklung der Sprache und des Sprechens. In: P. Biesalski, s. o. 1973.
Sokolow, A. N.: Untersuchungen zum Problem der sprachlichen Mechanismen des Denkens. In: Hiebsch, H. (Hrsg.): Ergebnisse der sowjet. Psychologie. Klett, Stuttgart 1969.
Steffen, H., Ch. Seidel: Perzeptives, kognitives, schulisches und soziales Verhalten sprachretardierter und sprechgestörter Kinder. Kinder-Jugendpsychiat. 4, 3 (1976) 216–232.
Wurst, F.: Sprachentwicklungsstörungen und ihre Behandlung. Österreichischer Bundesverlag für Unterricht, Wissenschaft und Kunst, Wien 1973.
Wyatt, G. L.: Entwicklungsstörungen der Sprachbildung und ihre Behandlung. Hippokrates, Stuttgart 1973.

Kapitel V
Diagnose und Behandlung des gestörten Sprachverständnisses und der Sprechfähigkeit[1]

Eleanor M. Semel, Boston, Mass. (USA)

Welche Momente erregen Verdacht auf auditive Perzeptionsstörungen?

Zuerst sollen hier einige Stoßseufzer von Eltern und Lehrern und Beobachtungen an Kindern angeführt werden, die den Verdacht erregen sollten, es könnte sich um Wahrnehmungsstörungen im Hör-Verständnis-Bereich handeln.

Beispiele

„Harald muß ich mindestens alles dreimal sagen, bevor er mich überhaupt beachtet."
„Mark scheint nie zu wissen, worüber die anderen Kinder lachen."
„Susanne kann einfach keine Anweisungen befolgen, wenn ich ihr nicht ganz genau klarmache, was ich von ihr erwarte."
„Peter kann eine Grille vorm Fenster hören, aber nicht den Unterschied zwischen p und f."
„Gerd kann sich von einem Tag zum anderen nicht daran erinnern, was in unserer Vorlesegeschichte passiert ist."
Dies sind nur einige der vielen Klagen, die von Lehrern über das geringe Zuhörvermögen mancher Kinder hervorgebracht werden. Aber viele Kinder besitzen einfach nicht die Fähigkeit, richtig zuzuhören, denn das Zuhören ist weder einfach, noch ist es von anderen Fähigkeiten getrennt zu betrachten.

Hören, Auswählen und Verstehen

Frl. Schmitts Vorschulkinder ruhen sich auf ihren Matten aus. Plötzlich erschüttert ein lauter Knall das Zimmer, die Fenster klirren und das ganze Gebäude vibriert. Sofort verkündet Frl. Schmitt den Kindern mit ruhiger Stimme, daß kein Grund zur Aufregung bestehe; der laute Knall sei nur das Geräusch eines sehr schnell fliegenden Düsenflugzeugs gewesen. Die Kinder *hörten* das Geräusch, die Lehrerin *verstand* es. Darin besteht, einfach ausge-

---
1 Übersetzt von Dagmar Cushing.

drückt, der Unterschied zwischen Hörvermögen und auditiver Perzeption (Verarbeitung auditiver Information).

Halten Sie einen Augenblick lang beim Lesen ein und lauschen Sie. Was haben Sie gehört? Vielleicht das Ticken einer Uhr, Kinder beim Spiel oder eine Autohupe? Das Hören und Identifizieren von Umweltgeräuschen kommt uns wie eine einfache Aufgabe vor, ist aber in Wirklichkeit ein sehr kompliziertes Zusammenspiel auditiver Wahrnehmungsfähigkeiten, die auf einem ausreichenden Hörvermögen basieren.

Lehrer und Eltern sind verständlicherweise verwirrt, wenn ein Kind das eine Mal richtig versteht und das andere Mal dann wieder das Gehörte aber überhaupt nicht versteht. Ein Kind kann vielleicht ein einfaches einzelnes Konzept leicht erfassen, aber seine Fähigkeiten, zu hören und zu verstehen, verlassen es, wenn neue und verschiedenartige Elemente zunehmender Komplexität hinzukommen. Vielleicht „hört" und versteht es die Aufforderung des Lehrers teilweise, vielleicht überhaupt nicht. Die verdrehten Interpretationen der vom Kind erfaßten auditiven Information kann man oft seinen Aufsätzen, seinen mündlichen Antworten und seinen Bewegungen entnehmen.

Verdachtsmomente

Das frühzeitige Bewußtwerden, daß das kindliche Sprachverständnis gestört ist, bedeutet den ersten Schritt zur Abhilfe. Der zweite Schritt ist eine genauere Diagnose der Schwierigkeiten im auditiven Wahrnehmungsprozeß. Hier sind einige Anzeichen, die Arzt und Eltern auf mögliche auditive Wahrnehmungsprobleme ihres Kindes aufmerksam machen können:

1. Bittet oft, daß das Gesagte wiederholt wird. (Dies könnte auch ein Anzeichen für mangelndes Hörvermögen anstatt eines gestörten Sprachverständnisses sein, oder eine Kombination von beidem.)
2. Scheint manche Menschen besser zu verstehen als andere. Schnelles Sprechen und lokale Mundarten verblüffen das Kind mehr als gewöhnlich.
3. Hat Schwierigkeiten, Anweisungen zu befolgen. Dies ist eines der weitest verbreiteten und wichtigsten Anzeichen eines möglicherweise gestörten Sprachverständnisses.
4. Kann diktierte Wörter nur mit größter Schwierigkeit buchstabieren. Die Fehler spiegeln hauptsächlich Probleme der phonetischen Wiedergabe und der Buchstabenfolge wider.
5. Kann sich nur schwer an Namen, Zeitangaben, Ortsnamen, Melodien und rhythmische Muster erinnern.
6. Läßt sich leicht von Nebengeräuschen ablenken. Bei lauter Umgebung wird das Kind eventuell gereizt oder verärgert.

7. Beachtet nur einen Teil des Gesprochenen. Wenn man es fragt, was Heu, Häuser und heulen gemeinsam haben, antwortet es: „Man füttert es den Kühen"; oder wenn man es fragt, was ein Laster ist, sagt es: „Etwas Schweres".
8. Verwechselt Laute; zum Beispiel hört es „Fritz aß Brei-Äpfel" statt „Fritz aß drei Äpfel"; oder „Fink ist ein Metall" statt „Zink ist ein Metall".
9. Verwechselt Buchstaben- und Wortfolgen, wie zum Beispiel „Uhren" statt „ruhen", „Bootshaus" statt „Hausboot". Diese Sequenzfehler können bei Buchstaben, Silben, Wörtern, Ausdrücken, Sätzen oder Zahlen auftreten.
10. Das Kind versteht falsche Bedeutungen, wie z. B.: „Wie alt bist du?" statt „Wie groß bist du?"; oder „Leg den Ball in die Schachtel" statt „Leg den Ball auf die Schachtel".
11. Wenn es Wörter wiederholen soll, läßt es mehrere aus. Wenn es Sätze wiederholen soll, läßt es Wörter aus.

Auditive Perzeption ist unerläßlich!

Die Fähigkeit, auditive Informationen aus unserer Umwelt voll auszunutzen, ist viel zu wichtig, um sie dem Zufall oder beiläufigen Lernvorgängen zu überlassen. Ob es den Erwachsenen betrifft, der den Tonfall seines Chefs gern besser und genauer interpretieren möchte, oder das Kind, das selbst den einfachsten gesprochenen Satz nicht verstehen kann, in beiden Fällen ist die Bedeutung voll entwickelter auditiver Wahrnehmungsfähigkeiten offensichtlich.

In den Volksschulen wurde die Einführung verschiedener Methoden des Wahrnehmungstrainings bereits als notwendig erkannt. Hier sind einige der hervorstechendsten Faktoren aufgeführt, die für ein auditives *Wahrnehmungstraining bei allen kleinen Kindern sprechen:*

1. Auditive Wahrnehmungsprozesse sind ausschlaggebend für gutes Lesen und die kognitive Erfassung und Verarbeitung eintreffender Informationen.
2. Auditive Wahrnehmungsfähigkeiten sind Grundlage für die verbale Kommunikation, die einen Großteil aller zwischenmenschlichen Beziehungen ausmacht.
3. Auditive Wahrnehmungsprozesse nehmen in unserer geräuschvollen Welt immer mehr an Bedeutung zu.

In einer durchschnittlichen Schulklasse wird man als Lehrer kaum einen frühentwickelten Redekünstler oder ein schwerhöriges Kind – wahrscheinlich die Extremfälle auditiver Wahrnehmungsfähigkeiten – aus einer sozial schwachen, zweisprachigen Familie finden (Miller, 1951). Den meisten Lehrern werden aber Kinder begegnen, die bis zu einem gewissen Grad auditive Störungen oder unterentwickelte auditive Fähigkeiten aufweisen. Und wahrscheinlich werden sie auch Kinder mit überdurchschnittlichen, auf Übung oder Veranlagung beruhenden auditiven Fähigkeiten kennenlernen.

Auch bei noch so großen Unterschieden in den auditiven Fähigkeiten der Kinder lassen sich diese fast mit Sicherheit bei jedem Kind weiterentwickeln. Sowohl im Vorschulalter als auch während der Schulzeit wird das auditive Training vernachlässigt. Auditive Fähigkeiten sind von ausschlaggebender Bedeutung für das Lesen, das Sprechen, die Rechtschreibung und den richtigen Sprachgebrauch; trotzdem wird in vielen Schulen dieser Aspekt des Lernprozesses wenig beachtet. Oft besteht das „Hörtraining" aus einem kurzen Lesevorbereitungsprogramm, in dem gelernt wird, ähnlich klingende Worte zu unterscheiden.

Daher könnte ein der Entwicklungsstufe angepaßtes auditives Wahrnehmungstraining der Entstehung von Lernstörungen vorbeugen. Auch kann man damit die bei Schulanfang schon vorhandenen Lernstörungen früher erkennen und wirksamer behandeln.

Wie wir die auditiv erfaßten Informationen weiterverarbeiten, ist von ausschlaggebender Bedeutung für das Lesen, das Denken, den persönlichen Kontakt zu unseren Mitmenschen und ein unserer geräuschvollen Welt angepaßtes Verhalten.

Das Lesen

In den letzten drei Jahren hat man in zunehmendem Maße, wenn auch etwas verspätet, erkannt, daß auditive Wahrnehmungsprozesse beim Lesen eine wichtige Rolle spielen. Vom auditiven Unterscheidungsvermögen und der Lautverschmelzung bis hin zu weniger auffälligen Fähigkeiten, wie z. B. dem Erkennen von zeitlichen Sequenzen, bestimmen auditive Faktoren den Erfolg beim Lesenlernen. Sogar in unserem Zeitalter der Elektronik glauben die meisten Pädagogen noch, daß nur Lesen und Schreiben lernenswerte Fähigkeiten sind.

Wie wichtig auditive Perzeption für das Lesenlernen ist, hat sich in vielen Untersuchungen gezeigt.

Kinders (1970) Antwort auf die Frage: „Warum wird in letzter Zeit der Beziehung zwischen Lesen und Zuhören mehr Beachtung geschenkt?" lautet: „Aufgrund meiner eigenen praktischen Erfahrung auf dem Gebiet der Lesefähigkeiten bin ich der festen Überzeugung, daß Schüler durch Zuhören entscheidende kognitive Fähigkeiten erwerben und diese Denkprozesse dann auch beim Lesen anwenden können. Diese Lernhilfe ist bei der Arbeit mit geistig Behinderten besonders wirkungsvoll. Die Fähigkeit zuzuhören kann sowohl zur Entwicklung kognitiver Fähigkeiten beitragen, als auch Verstärker für diese sein."

Die kognitiven Prozesse

Die auditive Perzeption spielt eine entscheidende Rolle bei der Ingangsetzung kognitiver Prozesse. Der Mensch besitzt als einziges Lebewesen die Fähigkeit, seine Sprache zur Erfassung nicht physisch sichtbarer Objekte, Ideen und vergangener Begebenheiten zu benutzen. Für viele von uns sind Gedanken ohne Sprache einfach unvorstellbar. Die starke Behinderung, die durch Taubheit auftritt, stellt den Extremfall mangelhafter sprachlicher Fähigkeiten dar. Begabte Kinder zeichnen sich fast immer sowohl durch gute sprachliche Ausdrucksfähigkeit als auch durch gute Spracherfassung aus. Andererseits zeigt sich bei geistig zurückgebliebenen Kindern oft, daß die gestörte Sprachentwicklung einen Großteil ihrer Behinderung ausmacht.

Zur Veranschaulichung der entscheidenden Rolle, die das Sprachvermögen und die auditive Perzeption bei kognitiven Prozessen spielen, stellen wir uns einmal vor, wir wollen einen Begriff wie „die Achtung vor dem Eigentum anderer" erklären. Wie können wir einem Kind die vielfältigen Verhaltensweisen, die wir „Achtung" nennen, erklären, ohne auf Worte zurückzugreifen? Auch die nichtverbale Darstellung des Begriffs „Eigentum" ist kaum möglich.

Die zwischenmenschlichen Beziehungen

Viele Menschen glauben inzwischen, daß das Überleben der Menschheit von der Fähigkeit abhängt, seinen Mitmenschen mit genauerer Perzeption, größerem Einfühlungsvermögen und tieferem Verständnis zuhören zu können.

Nur die Fähigkeit, Gesagtes genau zu verstehen, gibt uns die Freiheit, uns der entscheidenden Frage nach dem Sinn des Gesprochenen zuzuwenden. Die richtige Interpretation von Redepausen, Tonfall, qualitativem Stimmwechsel und viele davon abhängige Fähigkeiten sind für das Entstehen und die Aufrechterhaltung einer offenen und ehrlichen zwischenmenschlichen Kommunikation ausschlaggebend.

Das Überleben in unserer geräuschvollen Welt

In einer Zeit, in der man es am meisten braucht, wird das genaue Zuhören zunehmend schwieriger. Der Geräuschpegel unseres Lebensraumes ist um vieles lauter als der unserer unmittelbaren und früheren Vorfahren. Dem

Bericht einer Regierungskommission zufolge verdoppelt sich die Lautstärke der uns umgebenden Geräusche alle zehn Jahre.

Den Otologen ist es seit langem bekannt, daß manche Geräusche in der Industrie und im Militärwesen – z. B. ein Preßluftbohrer oder eine von einem Flugzeugträger abhebende Düsenmaschine – Gehörverlust verursachen können. Sie behaupten, daß man, wenn man für längere Zeit einer Geräuschintensität von über 85 Dezibel ausgesetzt ist, gerade in dem Frequenzbereich, der für das Verstehen der menschlichen Sprache am wichtigsten ist, Hörverlust erleiden kann. Nun warnen uns Gehörspezialisten davor, daß *sogar alltägliche Geräusche eine gefährliche Lautintensität* angenommen haben.

Wir verstehen die psychologische, physiologische und soziologische Bedeutung der *Lärmverschmutzung* für den Menschen noch nicht ganz. Wir wissen aber genug, um Grund zur Beunruhigung zu haben.

In einer kürzlich durchgeführten Untersuchung zeigte sich, daß Menschen, die innerhalb einer maximalen Geräuschzone eines Flughafens in England wohnten, signifikant öfter in psychiatrische Krankenhäuser aufgenommen wurden als Menschen, die nur in der Nähe dieser Zone wohnten. Und in Laborexperimenten wurde deutlich, daß es bei einer Maus, (deren Gehör- und Nervensystem denen des Menschen ähnlich sind), wenn sie einmal einem lauten Geräusch ausgesetzt war, zu tödlichen Konvulsionen kommen kann, wenn sie dasselbe Geräusch nach ein paar Tagen wieder hört.

Kinder mit gestörter auditiver Perzeption

Kindern mit gestörter auditiver Wahrnehmungsverarbeitung fällt es schwer, die für den Schulerfolg wichtigen grundlegenden sprachlichen Fertigkeiten zu erwerben. Manchmal werden die auditiven Probleme früh erkannt. Ein Kind, das nicht auf alltägliche Umweltgeräusche (wie z. B. eine Türglocke) reagiert, wird wahrscheinlich sofort die Aufmerksamkeit auf sich ziehen. Aber manche auditiven Störungen, besonders solche, die auf einer höheren Ebene sprachlicher Verarbeitung auftreten, sind schwer zu erkennen. Die sprachliche Fehlentwicklung eines Kindes aufgrund gestörter auditiver Wahrnehmungsprozesse wird oft nicht erkannt, möglicherweise mißverstanden oder falsch diagnostiziert, bis das Kind viel älter ist und sich bereits in akademischen Mißerfolgen festgefahren hat. Ohne Behandlung verschlimmern sich die Störungen oft. Das Kind verläßt sich in zunehmenden Maß auf seine anderen Sinne und vermeidet auditive Prozesse so viel wie möglich.

Versteht ein potentiell durchschnittlich oder fast durchschnittlich intelligentes Kind nicht, was gesagt wird, oder reagiert es unangemessen, sind oft Diskrepanzen im auditiven Input dafür verantwortlich. Als man z. B. ein Kind fragte: „Worin gleichen sich Rudel und Bär?", antwortete es: „Wir trinken sie." Auf weitere Nachfragen stellte sich heraus, daß das Kind verstanden hatte: „Worin gleichen sich Sprudel und Bier?" Ein anderes Kind antwortete auf die Frage: „Worin gleichen sich Küken und Fohlen?" mit: „Wir tragen sie. Eine Krücke tragen wir, wenn wir ein Bein brechen und Wolle, wenn es Winter wird." Und so weiter. Für ein auditiv gestörtes Kind ist vielleicht „Quark" eine Geldmünze von 100 Pfennigen. „Gehen" wird zu „geben". „Auf die Seite legen" wird vielleicht als „auf der Leiter sägen" verstanden. „Bis bald mal wieder" wird vielleicht zu „Ist kalt mal wieder".

Ein Kind, das Laute – und sogar ganze Worte und Sätze – falsch versteht, steht sowohl schulischen als auch sozialen Problemen gegenüber. Es ist also wichtig, daß wir die Komplexität auditiver Störungen verstehen und bei deren Behandlung auf die individuellen Bedürfnisse eines jeden Kindes eingehen.

Bei der Behandlung auditiver Störungen ist es wichtig zu wissen, daß wir zwar mit dem Ohr hören, daß die Interpretation des Gehörten aber nicht im Ohr stattfindet. Geräusche werden vom Gehörgang durch das Mittelohr mit Hammer, Amboß und Steigbügel zur Schnecke geleitet. Dort findet eine Selektion von Geräuschen und deren Weiterleitung zum Gehirn statt. Die entscheidende Funktion auditiver Verarbeitungsprozesse liegt jedoch im Gehirn, nicht im Ohr. Auditive Störungen sind im allgemeinen nicht Folge eines eigentlichen Hörschadens; sie sind eher auf Fehlentwicklungen zurückzuführen, die irgendwo auf dem Weg zum Gehirn, im Hirnstamm oder in der Hirnrinde eingetreten sind.

Solange viele Aspekte dieses neurophysiologischen Hörprozesses noch unbekannt sind, hilft man sich weiter, indem man die Lernschwierigkeiten mit der elektronischen Kommunikation vergleicht. Jedesmal, wenn das Gehirn einen gehörten Inhalt registriert, wird die Information kurz auf eine Gehirnleinwand geworfen. Wie der Computer wird auch dasjenige Gehirn, das über die meisten und wichtigsten Informationseinheiten verfügt, ein klareres Bild entwerfen und die Information besser verarbeiten. Ist die ursprüngliche Information erst einmal gespeichert, kann das normale Gehirn den auditiven Trommelspeicher absuchen und die geeignete Reaktion abrufen.

Der auditive Prozeß

Der auditive Prozeß ist ein kompliziertes Netz sich überschneidender Fähigkeiten. Es kann dabei an jedem Punkt zu Unterbrechungen der Hörvorgänge kommen. Bei manchen Kindern ist der auditive Prozeß dadurch gestört, daß die Gehörschnecke falsche oder verzerrte Lautreize empfängt und weiterleitet. Bei anderen Kindern wird die auditive Information zwar problemlos durch das Ohr weitergeleitet, trifft aber im Hirnstamm, dem Sitz der Formatio reticularis, auf Schwierigkeiten. (Die Formatio reticularis ist der Durchgang zur Hirnrinde und als solcher mit passierenden sensorischen Informationen angefüllt.) Andere wiederum leiden an einer Art auditivem Kurzschluß: Die Information erreicht einen Gehirnteil früher als den anderen. Zur Unterstützung dieser Theorie liegt zwar ein gewisses neurologisches Beweismaterial vor, aber nicht genug, um sich ein genaues Urteil bilden zu können. Wir wissen nur, daß die Information irgendwo bei der Weiterleitung entweder auf dem Weg zum Gehirn oder im Gehirn selbst verlorengeht oder verdreht wird.

Aufgrund der zahllosen Schwierigkeiten, die bei der Informationsübertragung auftreten können, kann es sein, daß ein auditiv gestörtes Kind Geräuschmuster nur teilweise versteht. Auch können sich die auditiv erfaßten Sprachmuster, wenn sie endlich im Gehirn angelangen, wie Gemurmel oder gestörter Radioempfang mit statischen Nebengeräuschen anhören, was zu *sensorischer Aphasie* führt. Manchmal werden Teile von Lautfolgen überhaupt nicht registriert, was beim Kind enorme Lücken in der Verarbeitung auditiver Reize zur Folge hat. Noch schlimmer ist es, wenn auch der auditive Rückkopplungsmechanismus, – der nach Fehlern sucht –, gestört ist, und das Kind sich eines möglicherweise falschen Informationsgehalts nicht bewußt ist.

Durch andauernde Verstärkung bestimmter Fehlertypen verliert das Gehirn allmählich das Interesse an der Weiterverarbeitung unvollständiger Lautmuster. Das Gehirn leitet die Muster zwar immer noch weiter, wird sich aber dessen weniger bewußt. Zuletzt werden die Geräusche vielleicht im Gehirn überhaupt kaum mehr registriert, und das Kind „blockt" den nicht verstandenen auditiven Input einfach ab.

Obwohl es schwierig ist, die Kette der andauernden Fehlerverstärkungen zu unterbrechen, kann man durch Erwecken des auditiven Potentials beim Kind das Gehirn zu erneutem Interesse am auditiven Prozeß anregen.

Das auditive Training zum Erwecken des kindlichen Potentials ist darauf ausgerichtet, die gehäuft gespeicherten auditiven Informationen und Fähigkeiten, die nicht richtig entwickelt waren, freizusetzen. Bei dieser Art von auditivem Training werden dem Gehirn normalerweise Mikroeinheiten auditiver Lautmuster in geordneter Sequenz eingegeben. Dem Kind werden unter verschiedenen auditiven Bedingungen unterschiedliche Umweltgeräusche, Variationen im Tonfall, Einzelgeräusche, Wortpaare mit minimaler Abweichung, Ausdrücke und Sätze dargeboten. Es wird angeleitet, den unterschiedlichen Lauten zuzuhören. Die auditive Aufmerksamkeit wird auf die Lokalisation von Geräuschen gelenkt. Dem Kind wird gezeigt, wie man die verschiedenen Lautmuster erkennt, richtig beachtet, voneinander unterscheidet, ins Gedächtnis ruft, kategorisiert, integriert und zusammenfaßt, alles Fähigkeiten, die für die gesamte auditive Verarbeitung unerläßlich sind.

Zur Diagnostik

Es gibt etliche Methoden zur Erfassung und Prüfung gestörter auditiver Prozesse bei Kindern, aber bis jetzt noch keine einheitliche Methode, die eine detaillierte Diagnose aller Aspekte der Sprachverarbeitung ermöglicht. Die meisten Einzeltests sind auf eine oder wenige auditive Fähigkeiten spezialisiert. Folglich wird selbst bei der besten Testauswahl ein gewisser Prozentsatz von Kindern, bei denen später schwere Erziehungsprobleme auftreten werden, nicht erfaßt.

Eine nützliche klinische Methode ist die geübte Beobachtung der Kinder bei Spielen wie „Kaiser, wieviel Schritte schenkst du mir?", „Koffer packen" oder „Ich bin ein Musikant". Ein Kind, das immer zuerst „draußen" ist oder dauernd am Rande steht, ist ein wahrscheinlicher Kandidat für weitere Tests und Beobachtungen.

Beim Beobachten der obengenannten Spiele achte man besonders auf Kinder, bei denen sich folgende Schwierigkeiten manifestieren:

1. Verwechselt ähnlich klingende Wörter wie *Hand – Haut, Zähne – zehn, Nase – Vase, Daumen – Gaumen, Kopf – Topf, Fohlen – fehlen.*
2. Nimmt voreilig eine falsche Antwort vorweg.
3. Bittet dauernd um Wiederholung des Gesagten.
4. Kann nicht links und rechts, oben und unten, hinten und vorne unterscheiden und kann oft Reihenfolgen nicht richtig wiedergeben.
5. Versteht die meisten Anweisungen, aber nur sehr langsam; braucht im allgemeinen länger; wartet erst ab, was die anderen Kinder machen.
6. Läßt den ersten oder letzten Teil einer Reihe von Anweisungen aus; versteht die meisten richtig, aber in der falschen Reihenfolge.

Eine weitere nützliche Methode ist die Beobachtung der auditiven Fähigkeiten des Kindes im normalen Klassenzimmer. Die folgende Liste kann sich beim Erkennen auditiver Störungen als hilfreich erweisen[1].

Aufmerksamkeit: Erscheint das Kind tagsüber meist wach und aufmerksam? Kann es sich über normale Zeitspannen hinweg auf auditive Reize konzentrieren? Läßt sich das Kind durch andere (auditive oder visuelle) Reize leicht ablenken?

Lokalisation: Dreht das Kind seinen Kopf in die richtige Richtung, wenn man es ruft? Kann es gleich die Richtung ausmachen, aus der Gesprochenes und Umweltgeräusche kommen?

---

[1] Language Disabilities in Children and Adolescents, E. H. Wiig, E. M. Semel. Charles E. Merrill Publishing Co., 1976 Columbus, Ohio.

Figur/Hintergrund: Kann das Kind einen Geräuschinhalt von einem Hintergrund gleichzeitig auftretender Umweltlaute abheben? Kann es einen sprachlichen Sinngehalt auch dann noch verstehen, wenn bestimmte Laute, Wörter oder Ausdrücke in Nebengeräuschen verlorengehen?

Diskrimination: Kann das Kind spezifische Laute in Wortpaaren mit minimaler Abweichung (Wörter, die sich nur um ein Phonem unterscheiden, wie z. B. sagt – sägt, Pfand – Pfund) erkennen? Kann das Kind Konsonanten und Vokale erkennen und Laute, die am Anfang, in der Mitte oder am Ende eines Wortes stehen, unterscheiden? Welche spezifischen Laute kann es nur schwer erkennen; an welcher Stelle im Wort treten sie auf?

Erkennen auditiver Sequenzen: Kann sich das Kind an eine Reihe von Anweisungen in der gegebenen Reihenfolge erinnern? Kann es eine Lautreihe, Zahlen, zusammenhängende oder unzusammenhängende Wörter, Ausdrücke und Sätze in der richtigen Reihenfolge wiedergeben, ohne etwas zu verwechseln, auszulassen oder abzuändern?

Synthese und Analyse: Kann das Kind aus getrennten Phonemelementen Wörter bilden? Kann es die Zahl der gehörten Silben in einem Wort erkennen? Kann es die Silbenbetonung in Wörtern erkennen? Kann es die Beziehung zwischen Wortteilen und dem ganzen Wort herstellen?

Ergänzung: Kann das Kind mit Hilfe inhaltlicher Hinweise fehlende Wortteile oder durch Nebengeräusche blockierte Wörter ergänzen und somit Verzerrungen vermeiden?

Syntax und Morphologie: Kann das Kind unterschiedliche Syntaxstrukturen (Aussage, Frage; Aktiv und Passiv; Negativ usw.) erkennen und selbst wiedergeben? Kann es längere und kompliziertere Syntaxstrukturen interpretieren?

Segmentation: Kann das Kind die phonemischen Wortelemente mit der visuellen Entsprechung dieses Wortes in Verbindung bringen?

Vokabularspezifische Störungen: Versteht das Kind bestimmte Eigenheiten des Vokabulars (Doppeldeutigkeiten, Synonyme, Antonyme, Homonyme)? Kann es minimale Bedeutungsunterschiede zwischen Wörtern erkennen? Fällt ihm das zur Situation passende Wort ein? Kann es die zeitlichen Nuancen von Verbdeklinationen unterscheiden? Wendet es Fürwörter richtig an? Kann es Sätze mit vielen aneinandergereihten Adjektiven verstehen? Kann es beabsichtigte Beziehungen zwischen Wörtern und/oder Gedanken mit Hilfe von Konjunktionen richtig herstellen?

Klassifikation: Kann das Kind bestimmte Wörter in die richtigen semantischen Kategorien einordnen?

Beziehungen: Kann das Kind verbale Analogien verstehen und richtig auf sie reagieren? Versteht es die gebräuchlichsten Arten von Beziehungen, wie z. B. vergleichende, räumliche, zeitliche aufeinanderfolgende, analoge und solche, die sich mit Wortfamilien und Ursache und Wirkung befassen?

Transformationen: Kann das Kind Ähnlichkeiten zwischen bestimmten Konzepten verstehen? Kann es den Sinn mehrdeutiger Wörter je nach Zusammenhang definieren? Versteht es metaphorische Sprachwendungen (Redewendungen, bildhafte Ausdrücke, Sprichwörter)?

Schlußfolgerungen: Kann das Kind Schlüsse ziehen? Kann es Tatsachen von Meinungen unterscheiden? Erkennt es Propaganda, widersprüchliche und absurde Aussagen? Kann das Kind aufgrund der gegebenen Situation richtig einschätzen und beurteilen?

Gedächtnis: Kann sich das Kind an Gehörtes erinnern? Erinnert es sich gleich oder erst später?

Wiedergabe: Kann das Kind nach Belieben Wörter aus dem Gedächtnis abrufen? Falls nicht, umschreibt es oft und sucht nach dem passenden Wort? Oder gebraucht es viele unspezifische Wörter wie Dingsda?

Integration: Kann das Kind zwischen der auditiven und den visuellen und motorischen Modalitäten die notwendigen Verbindungen herstellen? Bei Diktaten zum Beispiel muß man Gehörtes in Geschriebenes umwandeln können.

Feedback: Kann das Kind Fehler und Widersprüche in einer Aussage erkennen? Kann es den Inhalt einer Aussage auch dann verstehen, wenn ein verbaler (oder auditiver) Fehler darin ist? Erkennt es die Wirkung nichtverbaler Kommunikation auf die Zuhörer?

Man kann die verschiedenen Aspekte des komplexen auditiven Prozesses als getrennte Einheiten darstellen, wie das in unserem klinischen Schema für die Verarbeitung sprachlich-auditiver Information (Abb. 1) geschieht. Man darf dabei aber nicht vergessen, daß sich diese Fähigkeiten überschneiden und miteinander zusammenhängen. Zum richtigen Zuhören bedarf es einer ausgewogenen Integration all dieser Fähigkeiten; jeder Bereich trägt, prozentual unterschiedlich, zu jeder auditiven Situation bei.

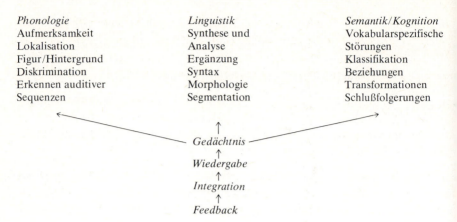

Abb. 1. Klinisches Schema für die Verarbeitung sprachlich-auditiver Information.

Phonologie

Auditive Aufmerksamkeit

Auditive Aufmerksamkeit bedeutet, daß man sich spezifischer gegenwärtiger – oder fehlender – Geräusche bewußt ist. Man sollte auditive Aufmerksamkeit nicht mit Hörvermögen verwechseln, welches mit der physischen Fähigkeit, verschiedene Lautfrequenzen und -intensitäten zu hören, gleichzusetzen ist.

Man unterscheidet bei Kindern verschiedene Typen auditiver Aufmerksamkeit. Manche Kinder scheinen „auditiv hyperaktiv" zu sein; sie lassen sich leicht von unerwarteten Nebengeräuschen ablenken, sind impulsiv und können beim Unterricht schlecht stillsitzen. Diese Kinder hören so viele Nebengeräusche, daß sie nervös und unruhig werden. Dieses Verhalten kann fälschlicherweise als Mangel an Disziplin diagnostiziert werden, obwohl das Kind in Wirklichkeit keinerlei Kontrolle darüber hat.

Andere Kinder scheinen eine Weile gut zuzuhören und „schalten" dann plötzlich „ab". Auch gibt es Kinder, die einer Geschichte für kurze Zeit zuhören, aber nicht die ganze Zeit lang stillsitzen können. Andere scheinen zwar zuzuhören, verstehen aber in Wirklichkeit nur vereinzelte Wörter. (Andererseits gibt es Kinder, die anscheinend *nicht* zuhören, die aber das Gesagte wörtlich wiedergeben können).

Kinder mit schwereren Störungen der auditiven Aufmerksamkeit stellen einen weiteren Aspekt dieses Problems dar. Diese Kinder können sich nicht auf bestimmte auditive Reize einstellen. Manche Kinder können z. B. für sie bedeutungslose Geräusche, das heißt solche Laute, die sie aus Erfahrung als bedeutungslos definieren, völlig aus ihrem Bewußtsein ausklammern. Solchermaßen auditiv gestörten Kindern fällt es vielleicht schwer, eine Hupe, die Sirene eines Feuerwehrautos oder manchmal sogar ihren eigenen gerufenen Namen zu hören. Normalerweise wird ein so schwer gestörtes Kind zur Diagnose und Behandlung an einen medizinischen Spezialisten, einen Sprachpathologen oder einen Audiologen überwiesen.

Man hat die Hypothese aufgestellt, daß manche Säuglinge mit einer Hypersensibilität gegenüber eigenen Körpergeräuschen geboren werden. Solche Kinder müssen erst die Geräusche ihres eigenen Herzschlags, Saugens, Schluckens und der Verdauung meistern lernen, bevor sie Umweltgeräusche identifizieren können. Manche Kinder entwickeln sich nie über diese Bewußtseinsstufe ihrer eigenen Körpergeräusche hinaus. So schwer aufmerksamkeitsgestörte Kinder findet man in normalen Schulen kaum. Aber man findet sie vielleicht in Gehörlosenschulen und in Krankenhäusern für autistische und stark geistig behinderte Kinder. Aufmerksamkeitsschwierigkeiten können auch hinsichtlich verschiedener Arten von Lehrmaterial auftreten. In einigen Fällen kann die Darbietung visuellen Materials zusammen mit einer Diskussion das Kind so tief beeindrucken, daß es sich nicht auf den gesprochenen Kommentar konzentrieren kann.

Am Ende eines Prüfungstags schneiden manche Kinder vielleicht schlechter ab, nicht nur weil sie müde sind, sondern auch weil sie mit ihrer geringen Konzentrationsfähigkeit nicht fertig werden. Geräusche, die sie um 9 Uhr morgens überhaupt nicht hörten, werden gegen 3 Uhr nachmittags überlaut.

Gelegentlich kann man die auditive Umgebung auch durch einen neuen Laut auflockern und somit die Kinder zum besseren Zuhören anhalten. Neue und ungewöhnliche Lautvariationen scheinen die sogenannte Formatio reticularis im Hirnstamm auf den Plan zu rufen. Die Nervenbahnen in diesem Hirnteil sind so dicht, daß manche Informationen nur mit Schwierigkeit zu den Verarbeitungs- und Gedächtniszentren durchkommen. Wenn keine Lautvariationen eingeführt werden, kann ein bestimmter auditiver Reiz schließlich seine Wirkung verlieren. Auch eine zeitliche Begrenzung der Unterrichtszeit, die individuell unterschiedliche Aufmerksamkeitsspannen der Kinder berücksichtigt, ist wichtig.

Auditive Lokalisation

Auditive Lokalisation ist die Fähigkeit, die Richtung und Entfernung eines Geräusches festzustellen. Die meisten von uns haben einmal die schreckliche Erfahrung gemacht, in einem Auto zu sitzen, dem sich plötzlich ein Feuerwehrauto mit greller Sirene nähert. Einen Augenblick lang geraten wir in Panik und wissen nicht, woher das Feuerwehrauto kommt. Unsere Verwirrung und Furcht läßt nach, sobald das Auto wegfährt. Ein Kind dagegen, das die Geräuschquelle nicht ausmachen kann, befindet sich meistens in diesem Panikzustand. Was noch schlimmer ist: Lokalisationsgestörte Kinder wissen nicht, daß ihre Verwirrung nur sie betrifft und daß die Welt der anderen geordnet ist.

Auch wenn wir uns dessen nicht bewußt sind, kommen doch Geräusche immer aus diversen Raumrichtungen auf uns zu. Wir lokalisieren bestimmte Laute, indem wir ihre Lage in bezug auf unseren Körper bestimmen: Oben oder unten, nah oder fern, rechts oder links, vorn oder hinten.

Schon mit 4 Monaten können normale Säuglinge die Stimme ihrer Mutter erkennen. Der Säugling trifft die richtige auditiv-visuelle Zuordnung mit Leichtigkeit und kann den besonderen Tonfall seiner Mutter identifizieren. Normale Säuglinge drehen ihren Kopf in Richtung plötzlicher Geräusche, unterbrechen ihr Spiel und blicken aufmerksam, als ob sie die Richtung dieser Geräusche ausmachen wollten. Lokalisationsgestörte Kinder im Schulalter drehen möglicherweise ihren Kopf nicht in die richtige Richtung, wenn sie aufgerufen werden. Diese Störung kann sich sogar bis zur Oberschule und zum Erwachsenenalter fortsetzen.

Auditive Lokalisation ist eine besonders wichtige Fähigkeit; sie stellt einen Teil des menschlichen Überlebensmechanismus dar. Kinder, die die Entfernung oder Richtung eines Geräusches nicht wahrnehmen, sind auf drohende Gefahr nicht gefaßt und können nicht gefahrgerecht reagieren. Ein unbewegliches Kind ist ein hilfloses Kind.

Auch für das Überleben im schulischen Bereich ist auditive Lokalisation ausschlaggebend. Man kann diese Fähigkeit leicht prüfen, indem man die Kinder mit geschlossenen Augen in die verschiedenen Richtungen deuten läßt, aus denen man sie ruft. Sobald man bei einem Kind Lokalisationsstörungen feststellt, sollte man es an einen Otologen überweisen; in manchen Fällen kann man die Störung medizinisch behandeln.

Figur/Hintergrund-Diskrimination im auditiven Bereich

Das Erkennen von Figur/Hintergrund im auditiven Bereich ist die Fähigkeit, relevante Informationen von Nebengeräuschen zu unterscheiden. Heutzutage hören wir alles gegen einen komplexen Hintergrund auditiver Reize und einer Lärmverschmutzung, die in bedenklichem Maße zunimmt. Es wird immer schwieriger, sich auf bestimmte Anweisungen zu konzentrieren und dabei gleichzeitig Nebengeräusche zu ignorieren. Die Toleranzschwelle für Nebengeräusche ist bei jedem Menschen verschieden. Für Menschen mit normaler Perzeption kann es ein Problem darstellen, einer Konversation inmitten einer Party zu folgen. Andere können bei lauten Fernseh- oder Radiogeräuschen nur schwer eine Konversation weiterführen. Kinder mit gestörter Diskrimination von Figur/Hintergrund haben Umweltgeräuschen gegenüber eine niedrige Reizidentifikationsrate.

Ein Figur/Hintergrund-gestörtes Kind kann nicht gleichzeitig auditive Reize in den Hintergrund verdrängen und sich zwecks schneller Verarbeitung und Antwort auf spezifische Reize konzentrieren. Ein solches Kind erfaßt alle Geräusche und kann daher die Bedeutung noch so intensiver oder lautstarker spezifischer Reize nicht ermessen. Vielleicht hört das Kind auf einem lauten Schulhof die Glocke nicht, die zum Unterricht ruft. In einem Klassenzimmer mit vielfältiger auditiver Ablenkung kann es Anweisungen nicht befolgen. Möglicherweise bittet es die anderen Kinder, still zu sein, oder setzt sich lieber von Fenstern, Türen oder anderen lauten Ecken weg. Diesen Kindern muß man beibringen, wie man Hintergrundgeräusche blockiert. Sie müssen sich in der Fähigkeit üben, auf längere Zeit spezifischen Reizen zuzuhören, ohne von Nebengeräuschen abgelenkt zu werden.

Auditive Diskrimination

Auditive Diskrimination ist die Fähigkeit, Ähnlichkeiten und Unterschiede zwischen Sprachlauten zu erkennen und auseinanderzuhalten. Die Probleme der visuellen Diskrimination bei Kindern, die Lesen und Schreiben lernen, sind uns allen geläufig. Sie verwechseln zum Beispiel die Buchstaben *b* und *d* oder *m* und *w*. Obwohl wir noch wenig über die Probleme wissen, die Kinder bei der Unterscheidung von Geräuschquellen haben, sind die phonemspezifischen Diskriminationsfehler auditiv gestörter Kinder bemerkenswert konsistent und voraussagbar.

Bei genauerer Analyse stellt sich heraus, daß Laute, die sich nur durch ein Phonemmerkmal unterscheiden, leichter verwechselt werden als solche mit mehreren verschiedenen Merkmalen. So lassen sich z. B. die Laute /k/ und /g/ einzig durch das Merkmal stimmlos bzw. stimmhaft unterscheiden. Die stimmhaften Laute (/b/g/d/v/) werden oft verwechselt, so daß z. B. „*gern*" für „*Kern*" gehalten wird. Andererseits ist es unwahrscheinlich, daß es mit „*fern*" verwechselt wird; beim Ausprobieren zeigt sich, wie sich die Position der Lippen beim /f/ ändert.

Selbst innerhalb der stimmhaften bzw. stimmlosen Lautgruppen treten oft Verwechslungen zwischen Konsonanten ein, die sich durch verschiedene Aussprachemechanismen unterscheiden, wie z. B. /b/-/d/ und /p/-/t/. Auch die nasalen Laute führen zu Schwierigkeiten. Die Nasallaute /m/, /n/ und /ng/ sind z. B. bei den Wörtern *einer – Eimer – enger* oder *beim – Bein – bang* nur schwer unterscheidbar.

Auch bei falsch verstandenen Vokalen geht es um fehlende Diskrimination. Das Kind lernt schon früh, daß es fünf Vokale gibt. Später wird dieses Konzept durch die Einführung diakritischer Zeichen für „lang" und „kurz" auf 10 Vokale erweitert. In Wirklichkeit gibt es im Englischen ungefähr 22 unterscheidbare Vokallaute. Tatsächlich kann man jeden der fünf Vokale auf unterschiedliche Weise aussprechen. Man vergleiche z. B. die Aussprache des Buchstaben *a* in den folgenden Wörtern: *mask, make, mark, chair, chalk, about* und *any*. Oder die des Buchstaben *e* in *he, her* und *egg*. Noch verwirrender ist das *o*, wie in *old, worm, knot, son, oil, who, foot* und *borrow*. Und dann kommen noch die dialektspezifischen Aussprachevariationen hinzu.

Lautkombinationen stellen ein weiteres Problem dar. Nehmen wir z. B. die Lautkombination /pr/. Sie kann leicht mit /pl/ verwechselt werden, was ja auch mit /p/ anfängt; oder man kann sie für andere Lautkombinationen mit /r/ halten, wie z. B. /fr/, /gr/ und /br/; oder der Doppellaut wird ganz fallengelassen, so daß man das /pr/ in *Preis* nur als /r/ – also *Reis* – hört.

Nun kommen wir zum Problem der *s*-Kombinationen. *S* wird häufig in Dreierkombinationen verwendet, was von auditiv gestörten Kindern leicht falsch verstanden wird. So kann z. B. *spritzen* als *spitzen, schlitzen* oder sogar *sitzen* gedeutet werden. Oder das Kind hört eine Lautkombination, wo keine ist – *schreit* statt *Scheit*.

Bei der Behandlung von Kindern mit Störungen der auditiven Diskrimination muß man nicht nur darauf hinweisen, welche Laute verschieden sind, sondern auch *wo* (am Wortanfang, in der Mitte oder am Ende) und *wie* (Konsonanten, Vokale, Kombinationen) sie verschieden sind.

Erkennen auditiver Sequenzen

Das Erkennen auditiver Sequenzen ist die Fähigkeit, Laute und Wörter in der richtigen Reihenfolge zu hören. Im allgemeinen hört man Laute, Wörter, Ausdrücke und Sätze nicht von einander getrennt; man hört und lernt sie in Verbindung mit anderen Lauten, Wörtern, Ausdrücken und Sätzen. Sequenzgestörte Kinder können zwar einzelne Laute richtig hören, deren Bedeutung ist ihnen aber unklar, weil sie sie nicht in der richtigen Reihenfolge hören. Alle möglichen Mißverständnisse können entstehen: Einzelne Laute innerhalb eines Wortes können verdreht werden, so daß z. B. aus *Espe Epse*, aus *Pfoten Topfen* und aus *Anemone Amenone* wird. Gelegentlich werden Laute innerhalb von Silben verwechselt, so daß aus *Kuhstall Kastuhl* wird. Vorsilben werden ausgetauscht, so daß die Unterschiede zwischen Wörtern wie *entdecken, verdecken* und *aufdecken* verschwimmen. Manche Kinder stellen ein Wort ganz auf den Kopf, wobei z. B. aus *Stab Bast* wird. Oder es werden Wortteile vertauscht, so daß *Bootshaus* zu *Hausboot* wird. Ein ganzer Satz kann umgestellt werden – „*Der Hund biß Hans*" ist nicht dasselbe wie „*Hans biß den Hund*". Die „automatischen Reihen" – wie Wochentage, Monate, das Alphabet und die Zahlenreihe – werden in der falschen Reihenfolge, lückenhaft oder mit Überschneidungen wiedergegeben, wie z. B. die Folge

Montag, Mittwoch, März, April, Donnerstag, Freitag, Samstag. Eine Reihe von Adjektiven kann falsch verarbeitet werden, so daß die *große, schwarze, viereckige, durchlöcherte Schachtel* zu einem *großen, durchlöcherten, verschachtelten, schwarzen Viereck* wird.

Das genaue Erkennen auditiver Sequenzen verlangt vom Kind eine Analyse von Laut- und Wortreihen oder rhythmischen Mustern und deren Synthese zu einer richtigen Reihenfolge. Gelingt das nicht oder nicht schnell genug, kommt es zu Verwechslungen einzelner Wörter sowie zusammenhängender Sätze. In schweren Fällen ist das kindliche Verständnis semantischer Konzepte, die für die grundlegenden zeitlichen Aspekte der Sprache entscheidend sind, gestört. Darüber hinaus können viele sequenzgestörte Kinder Begriffe wie zuerst und zuletzt, anfangen und aufhören, Anfang, Mitte und Ende, als nächstes sowie vorher und nachher nur schwer verstehen. Es überrascht nicht, daß solche Kinder auch bei visuellen Tests, die auf Erkennen von Sequenzen und Reihen prüfen, schlecht abschneiden.

Eine der grundlegenden auditiven Erinnerungshilfen für Kinder ist es, wenn sie verstehen, wie der Laut entstanden ist. Aber manche Kinder entwickeln nur hauchdünne Gedächtnisspuren oder Neurogramme (Engramme) des Gehörten. Falsche Lautwiedergabe kann mit Abweichungen von diesem Muster erklärt werden. Lernt ein solches Kind ein neues Wort, kann es zu Lautänderungen kommen, bevor das Kind die Gelegenheit hat, dieses Wort wieder auszusprechen. Das kommt daher, daß sich das Kind nicht gefühlsmäßig an die genaue zeitliche Sequenz bei der Aussprache erinnern kann. Selbst wenn der Laut einmal richtig wahrgenommen wird, vergißt das Kind mit der Zeit die zur Wiedergabe notwendige kinästhetische Motorik. Diese Abweichungen werden solange miteinander verwechselt, vermischt und neu kombiniert, bis sie überhaupt nicht mehr verständlich sind.

Linguistik

Synthese und Analyse

Synthese und Analyse sind eng miteinander verbundene Fähigkeiten. Man nennt die Fähigkeit, aus Einzellauten ein Wort zu bilden, Synthese oder Lautverschmelzung. Vielen auditiv gestörten Kindern fällt es schwer, Laute zu Worten zusammenzufügen. Für sie ist das ein mühsames und manchmal unmögliches Unterfangen, wie z. B. die Zusammensetzung der Laute /h/, /u/, /n/ und /d/ zu dem Wort *Hund*.

Beim Prozeß der Analyse werden aus einem ganzen Wort Einzellaute extrahiert. Viele kleine Kinder wissen nicht, daß man ein Wort in Teile oder einen Satz in Wörter zerlegen kann. Fragt man ein solches Kind, wie viele

Wörter die Frage „Hast du gegessen?" hat, wird es wahrscheinlich antworten: „Eins;" es versteht diese drei Wörter als so etwas Ähnliches wie „Hassugessen?" Wahrscheinlich hat das Kind es nie geschrieben gesehen und kann nicht verstehen, daß die Frage in Wirklichkeit drei getrennte Begriffe und Wörter enthält.

Einigen Kindern fällt es schwer, einzelne Laute aus einem ganzen Wort herauszuhören. Zum Beispiel kann das Kind das /m/ in *Milch* nicht heraushören oder aus einer Gruppe von Wörtern, die auch irreführende enthält (solche, in denen der gewünschte Laut nicht vorkommt,) wie bei *geben – Tasse – Maus,* das Wort mit /m/ nicht heraussuchen.

Kinder können wohl Schwierigkeiten bei der Synthese, nicht aber bei der Analyse haben. Eine analytische Aufgabe kann von einem im Bereich der Synthese oder Lautverschmelzung gestörten Kind durchaus richtig gelöst werden und umgekehrt. Die zwei Probleme treten zwar meistens, aber nicht immer, zusammen auf.

Auditive Ergänzung

Auditive Ergänzung ist die Fähigkeit, fehlende Laute, Wortteile oder Wörter aufgrund inhaltlicher Anhaltspunkte einsetzen zu können. In unserer lauten Umgebung kann Gesprochenes leicht durch Nebengeräusche unterbrochen, verzerrt oder völlig übertönt werden, wobei das Gehörte bruchstückhaft und wenigstens teilweise unverständlich wird. Die Fähigkeit zu auditiver Ergänzung – sie wird auch „Verzerrungresistenz" genannt – ist der innere Mechanismus, mit dem wir die Bedeutung eines Satzes durch Einsetzen fehlender Laute rekonstruieren, dies natürlich nur, wenn genügend inhaltliche Anhaltspunkte vorhanden sind.

Kinder, die diese Aufgabe nicht bewältigen, sehen sich in einer immer lauter werdenden Welt immer größer werdenden Schwierigkeiten gegenüber. Man hat festgestellt, daß manche Kinder speziell mit Vokalen vor einem Hintergrund von Umweltgeräuschen Schwierigkeiten haben; andere überhören leicht Laute mit hoher Frequenz (/p/, /t/, /k/, /s/, /sch/ und /tsch/). Wenn sie vom Inhalt her fehlende Wörter nicht ergänzen können, werden sie wahrscheinlich schnell sprechende Menschen und solche, die beim Sprechen kauen oder ihren Mund mit der Hand bedecken, nur schlecht verstehen; dasselbe gilt für Lehrer, die zur Tafel hin reden; Menschen mit starkem Dialekt, Akzent oder Sprachfehlern; außerdem für alles Gesprochene, das bei gleichzeitigen Nebengeräuschen, lauter Musik oder anderem Lärm auf die Kinder zukommt.

Sehr oft brauchen Kinder mit auditiven Ergänzungsstörungen für eine Antwort länger als andere Kinder. Vielleicht verblüfft sie die auf sie zukommende auditive Information. Als Kompensation dafür entwickeln manche

Kinder eine Art Nachsprechen – laut oder leise –, wodurch anscheinend das Gehörte verstärkt wird und die Kinder die Lücken leichter füllen können.

Die Fähigkeit zur Ergänzung ist auch beim Lesen wichtig, da im Lesestoff oft unbekannte Wörter vorkommen. Wer gut lesen kann, wird oft, auch wenn er auf unbekannte Wörter stößt, den Satz erst fertig lesen. Er weiß, daß sich vom Inhalt her oft Anhaltspunkte zur Deutung des Wortes ergeben und so die fehlenden Teile ergänzt werden können. Ein Kind, das Schwierigkeiten bei der auditiven Ergänzung hat, kann ein halb gelesenes – oder gehörtes – Wort nicht weiterverarbeiten und verliert somit eventuell die gesamte Information.

Auditive Syntax

Bei der auditiven Syntax geht es um den Satz als grundlegende Bedeutungseinheit und nicht um die Fähigkeit, zwischen einzelnen Lauten, Wörtern oder bruchstückhaften Sätzen zu unterscheiden. Zum Sprachverständnis gehört zwar ein gewisser Wortschatz, aber die einzelnen Wörter erhalten ihre Bedeutung eigentlich erst, wenn sie in einem Satz syntaktisch (grammatikalisch) angeordnet werden. Die räumlich-zeitliche Wortanordnung verleiht einem Satz erst seine Bedeutung. *Hans schlug Grete* ist nicht dasselbe wie *Grete schlug Hans*. Manche Kinder verstehen die normale Satzstellung mit Leichtigkeit, andere dagegen nie. Möglicherweise hatten syntaktisch gestörte Kinder, als sie klein waren, nicht genügend sprachlich-grammatikalische Anregung und müssen daher auf inhaltliche Anhaltspunkte des Gesprochenen besonders aufmerksam gemacht werden.

Kinder entwickeln eine eigene Methode, mit der sie Informationen in ihr Sprachschema umsetzen. „*Geh in die Stadtbücherei und bring zwei Bücher für mich zurück*" wird vielleicht zu „*Bring die Bücher wieder hin*". Das Kind hat die Anweisung richtig auf ihre „Grundstruktur" reduziert, die oft noch lange, nachdem die wörtliche „Oberflächenstruktur" dem kindlichen Gedächtnis entfallen ist, erhalten bleibt. (Der Begriff „Oberflächenstruktur" bezieht sich hier auf morphologische Regeln, Syntaxprobleme und die Unterscheidung von Phonemen. „Grundstruktur" bezieht sich auf den zugrundeliegenden semantischen Gehalt ganzer Sätze.)

Auditiv gestörten Kindern muß man oft zeigen, daß man dasselbe auf verschiedene Weise sagen kann, so daß sie sich ein Repertoire von Satzkonstruktionen aneignen und diese dann anderen gehörten Sätzen zuordnen können. Obwohl manche Satzkonstruktionen vergleichsweise ungeschickt sind, wird dem Kind doch wahrscheinlich jede Kombination mindestens einmal begegnen. Es sollte jede dieser Satzkonstruktionen auf ihre einfachste Form zurückführen können. Zum Beispiel bedeuten die folgenden Sätze alle dasselbe, obwohl der erste am einfachsten ist:

Grete gab dem Jungen das Buch.
Dem Jungen wurde das Buch von Grete gegeben.
Grete gab das Buch dem Jungen.
Das Buch wurde dem Jungen von Grete gegeben.

Es gibt eine bestimmte Hierarchie, mit der man den relativen Schwierigkeitsgrad verschiedener Satztypen für das Kind bestimmen kann. Der aktive Aussagesatz (*Der Junge warf den Ball*) ist am einfachsten und gebräuchlichsten. Etwas schwieriger für das Kind mit gestörter Lernfähigkeit sind die W-Fragen (*Was warf der Junge?*). Als nächstes kommen andere Fragetypen (*Warf der Junge den Ball?*), verneinte Aussagen (*Der Junge warf den Ball nicht*) und passive Sätze (*Der Ball wurde von dem Jungen geworfen*). Noch komplexer und verwirrender sind verneinte Fragen (*Wurde der Ball nicht von dem Jungen geworfen?*) und der betonte passive Satz (*Der Ball wurde nicht von dem Jungen geworfen*). Dieser letzte Satztyp kann vielerlei Bedeutungen annehmen, je nachdem, worauf die Betonung liegt. Perzeptionsgestörte Kinder erkennen Wortbetonungen im allgemeinen nicht; deshalb ist die Verarbeitung dieser zuletzt genannten Satzkonstruktionen für solche Kinder am schwersten.

Wenn syntax-gestörte Kinder Sätze bilden, sind diese zwar manchmal sinnvoll, aber oft grammatikalisch falsch. Zum Beispiel könnten sie so etwas sagen wie: „Ich kann nicht zu sie gehen und sie kann nicht zu ich kommen." Die Kinder müssen lernen, daß man dieselben Wörter grammatikalisch richtig zusammensetzen kann. Dabei ändert sich natürlich der Sinngehalt.

Manche auditiv gestörten Kinder verstehen einzelne Substantive und Verben (*Milch, sitzen, trinken*), aber sie können einem längeren Satzgebilde wie *Setz dich an den Tisch, bevor zu deine Milch trinkst,* nicht folgen.

Syntaktisch eng gefügte Sätze sind noch schwieriger zu verarbeiten als lange Sätze. Das Kind kann zwar die einfachen Sätze *Der Hund hat ein Bett* und *Das Bett ist draußen* verstehen, wenn diese aber zu dem Satz *Das Hundebett ist draußen* zusammengefaßt sind, können manche Kinder eine sinngemäße Umsetzung nicht mehr vornehmen.

Um einem syntax-gestörten Kind zu helfen, muß man zunächst das dem Kind eigene grammatikalische Schema bestimmen und dann den Unterricht daraufhin ausrichten.

Morphologie

Morphologie bedeutet Verstehen der zur Wortbildung nötigen Regeln. Kinder mit Lernstörungen brauchen oft lange, bevor sie die morphologischen Aspekte der Sprache verstehen. Sie betrachten jedes abgeleitete Wort als ein neues, das mit dem ursprünglichen Wort nichts zu tun hat. Solche Kinder scheinen bei folgenden sprachlich-morphologischen Aspekten die meisten Schwierigkeiten zu haben: Beim Plural, Komparativ und Superlativ; bei an Wortwurzeln angehängten Vor- und Nachsilben; bei Zeiten, verschiedenen Verbformen und besitzanzeigenden Fürwörtern.

Auditive Segmentation

Auditive Segmentation ist die Fähigkeit, Beziehungen zwischen Wortkomponenten und dem gesamten Wort zu erkennen. Wörter setzen sich aus individuell hörbaren Lauten zusammen, die den geschriebenen Buchstaben nicht immer 1 zu 1 zugeordnet werden können. Wenn sie ca. 44 Laute hören, aber nur 22 Buchstaben sehen oder umgekehrt, kann das bei diesen Kindern Verwirrung auslösen. Auch „Lautkomplexe", das heißt die Aufteilung eines Wortes in Phoneme, können eine Laut-Buchstabe-Zuordnung erschweren. So hat z. B. das Wort *Schuh* fünf Buchstaben, aber nur zwei hörbare Segmente, nämlich /sch/ und /u/. Besonders beim Lesen ist die Fähigkeit, einzelne Phoneme als Teil eines Wortes zu erkennen, von entscheidender Bedeutung für die richtige Zuordnung auditiver Konfigurationen und deren visuellen Darstellung.

Semantik/Kognition

Vokabularspezifische Störungen

Bei Kindern mit Lernstörungen kommt es in bestimmten Vokabularbereichen oft zu Komplikationen bei der kognitiven Verarbeitung semantischer Einheiten. Viele dieser Kinder haben ein bemerkenswert gutes, nur bis zu 6 Monaten von ihren Altersgenossen abweichendes Wortgedächtnis. Dieses anscheinend gute Vokabular verdeckt aber nur das eigentliche Problem. Diese Kinder sind zwar oft redefreudig und sprachlich gewandt, aber bei genauerer Analyse ihrer Sprachgewohnheiten findet man charakteristische Lücken in ihrem Wortschatz. Diese Probleme offenbaren sich oft in spezifischen, an bestimmte Vokabularbereiche gebundenen Sprachgewohnheiten.

Manche Kinder haben mit Hauptwörtern Schwierigkeiten. Sie vergessen ein Wort, obwohl sie dessen Bedeutung und Definition kennen und es beim Zuhören wiedererkennen. Ein solches Kind sieht eine Abbildung eines Zahnarztes und sagt: „Er repariert unsere Zähne"; aber das eigentliche Wort *Zahnarzt* fällt ihm nur ein, wenn es ihm innerhalb einer Wortreihe dargeboten wird. Es kennt das Wort, kann sich aber nicht spontan daran erinnern (Dysnomie).

Da dieses Problem besonders frustrierend ist, entwickeln die Kinder oft komplizierte Kompensationsmechanismen. Sie benutzen zum Ausgleich Gesten und Ersatzwörter wie *Dingsda* und *Zeug* oder geben operationale Definitionen.

Manche dieser Kinder sind, wenn sie nach einem Wort suchen, oft für Hinweise dankbar. Andere sagen: „Sag nichts. Ich hab's gleich." Gibt man ihnen genügend Zeit, können diese Kinder manchmal das gewünschte Wort finden, Kinder, die zu ungeduldig sind, um nach einem ähnlichen Wort zu suchen, benutzen oft nichtverbale Laute, um sich auszudrücken. Zum Beispiel könnte ein Kind bellen, wenn es *Hund* meint. Andere Kinder erinnern sich bei ihren Bemühungen vielleicht an die Silbenzahl oder die Betonung und sagen etwa „da-da-da-DA" anstelle des Wortes.

Auch die subtilen Unterschiede bei Verbkonjugationen stellen für auditiv gestörte Kinder Schwierigkeiten dar. Da Gedanken innerhalb eines zeitlichen Rahmens mitgeteilt werden, finden Gesprächspartner zur besseren Verständigung normalerweise denselben zeitlichen Bezugspunkt für Gegenwart und Vergangenheit. Kinder mit Lernstörungen benutzen dagegen manchmal fließende zeitliche Bezugspunkte, wobei es zu Sätzen kommt, wie z. B. „Letzten Sonntag baue ich ein Flugzeug, und dann hab ich es morgen fertiggemacht".

Wie sich in einigen Untersuchungen zeigte, können diese Kinder Sätze mit vielen aneinandergereihten oder nicht nach Regeln angeordneten Adjektiven schlecht verstehen. Auch stellte sich heraus, daß interessante Adjektive, die Einzelheiten wie Farbe, Größe, Zahl und Form angeben, leichter verstanden werden als solche, die von Begriffen wie Entfernung (nah, fern), Zeit (kurz, lang) und Vergleichen (groß, größer, am größten) handeln, wobei die letztere Kategorie am allerschwierigsten ist.

Auch bei Fürwörtern kommt es zu vielerlei Schwierigkeiten; so können manche lerngestörten Kinder z. B. männliche und weibliche Sprachformen nicht auseinanderhalten; sie verwechseln oft *er* und *sie*. Oder sie verstehen den Satz „*Möchtest du ein Eis?*" als Aufforderung, dem Redner ein Eis zu geben. Das bedeutet im allgemeinen, daß das Kind den Bezugspunkt nicht von *ich* zu *du* verschieben kann.

Eine weitere Schwierigkeit stellt die Assoziation einer Bezugsperson mit verschiedenen Fürwörtern dar. Das Kind kann nicht verstehen, daß sich *ich, mir, mein* und *meins* alle auf seine eigene Person beziehen.

Nimmt man dann noch die hinweisenden, die fragenden und die unbestimmten Fürwörter hinzu, wird es für das semantisch-kognitiv gestörte Kind einfach zu viel.

Präpositionen sind sowohl in ihrer bestimmten als auch in ihrer unbestimmten Form mehrdeutige Wörter. Oft beziehen sie sich entweder auf räumliche Konzepte (bestimmt, wie *auf, über, unter* oder unbestimmt, wie *in, bei, an*) oder auf zeitliche (vorher, nachher). Besonders schwierig wird es bei

Präpositionen, die zeitliche *und* räumliche Bedeutung haben. Dadurch wird das Kind verständlicherweise verwirrt. Zum Beispiel können Wörter wie *am, um* und *von* sowohl eine zeitliche Bedeutung haben, wie in *am Sonntag, um 2 Uhr* und *von Montag an,* als auch eine räumliche, wie in *am Tisch, um die Ecke* und *vom Bäcker.*

Verwechslungen von Konjunktionen (Bindewörtern) kommen oft vor, wenn die Beziehungen zwischen den Wörtern oder Gedanken nicht richtig verstanden werden.

Zu einer erfolgreichen Behandlung muß man zunächst feststellen, auf welchem Gebiet die Vokabularschwierigkeiten des Kindes liegen und wie sie mit seiner zeitlich-räumlichen Wahrnehmung verknüpft sind.

Klassifikation

Bei manchen Kindern scheint das Speicherungssystem, das der Klassifikation von Informationen dient, defekt zu sein. Da sie nicht richtig klassifizieren können, kommt es bei ihnen, jedesmal wenn sie ein Wort suchen, zu Fehlkopplungen im Bezugssystem.

Hier sind einige der Behandlungsmethoden für diese Störung aufgezählt: Erkennen von Ähnlichkeiten und Unterschieden; Assoziation eines kategorischen Sammelbegriffs mit einzelnen, dieser Kategorie angehörigen Wörtern; Bildung neuer Kategorien aus unterschiedlich klassifizierten Wörtern; Auswahl von einer bestimmten Kategorie zugehörigen Wörtern; Erkennen von nicht kategorie-zugehörigen Wörtern; richtige Zuordnung von Wörtern nach Beschreibung der Kategorien; Klassifikation zusammengehöriger Wörter aufgrund gemeinsamer Merkmale.

Beziehungen[1]

Es gibt zahlreiche Satzkonstruktionen, die Beziehungen zwischen Konzepten ausdrücken. Für manche auditiv gestörten Kinder ist die Verarbeitung von Sätzen, die linguistische und logische Beziehungen ausdrücken, besonders schwierig. Wir verstehen die in diesen komplizierten Prozeß eingehenden spezifischen Fähigkeiten noch nicht ganz, weshalb diese Störung oft nicht erkannt wird.

Analogien sind eine Art logischer Beziehungen. Sie setzen die Fähigkeit voraus, bereits bekannte und gewohnte Beziehungen in neuen und verschiedenen Verbindungen zur Problemlösung zu benutzen. Das Erkennen und die

---

1 Clinical Evaluation of Language Functions (CELF). E. M. Semel, E. H. Wiig; Charles E. Merrill Publishing Co., 1980 Columbus, Ohio

Interpretation in Analogien ausgedrückter logischer Beziehungen sind für das kognitive Sprachverständnis von grundlegender Bedeutung.

Auch die folgenden allgemein gebräuchlichen Beziehungen sind für Kinder mit Lernstörungen schwierig: Besitzanzeigende Familienbeziehungen (*Georg ist der Bruder meiner Mutter*); vergleichende Beziehungen (*Elefanten sind größer als Tiger*); passive Beziehungen (*Franz wurde von Helga gebracht*); räumliche Beziehungen (*Peter ging zwischen Hans und Fritz*); Beziehungen der Zeitenfolge (*Klaus kam vor Frieda an*); Ursache und Wirkung (Konstruktionen wie *wenn . . . dann, weil, daher*) und ein- und ausschließende Beziehungen (*alle, keiner, manche, irgendeiner; alle außer, weder . . . noch*). Diese Beziehungen können nur verstanden werden, wenn eine gleichzeitige Analyse und Synthese und ein logischer Vergleich der entscheidenden Wortelemente stattfindet.

Auditiv gestörte Kinder brauchen besonderes Training hinsichtlich der feinen Sprachnuancen, die kritisches Zuhören und einen höheren Grad kognitiver Verarbeitung erfordern.

Gedächtnis

Auditives Erinnerungsvermögen ist die Fähigkeit, gehörte Informationen zu speichern (und wieder abzurufen). Der Erfolg der auditiven Verarbeitung hängt letzten Endes von der Menge der gespeicherten und abrufbaren Informationen ab. Auch die Fähigkeit, sich an Einzelheiten und komplexe Sprachmuster zu erinnern, ist für den Lernerfolg ausschlaggebend. Kinder, denen auch nur ein kleiner Teil einer wichtigen Mitteilung entgeht, können die gesamte Information vergessen.

Es gibt verschiedene Gründe für einen auditiven Kurzschluß. Manche Kinder haben Schwierigkeiten mit phonetischen Details, das heißt sie können einfach Lautsegmente nicht unterscheiden und behalten. Andere scheitern an bestimmten Wortkategorien oder Themenbereichen.

Der auditive Kurzschluß kann zu verschiedenen Zeitpunkten auftreten. Ein rein gedächtnisschwaches Kind wird bis zum Ende einer Reihe von Anweisungen die erste Anweisung vergessen haben. Das konzentrationsgestörte Kind wird sein Interesse verlieren, bevor eine Rede beendet ist. Ein Kind mit Störungen im Wiederverarbeitungsprozeß kann wahrscheinlich Anfang und Ende einer Informationskette klar wiedergeben, den mittleren Teil aber nur verschwommen. Ein im Sequenzbereich gestörtes Kind kann sich zwar an alle Anweisungen erinnern, aber nicht in der richtigen Reihenfolge.

Auditiv-visuelle Koordination

Beim Lesenlernen müssen die Kinder zwei verschiedene Aufgaben bewältigen:

1. Die Umsetzung gedruckter Zeichen in gesprochene und gehörte Laute, dann
2. die Interpretation der letzteren.

Da die englische Sprache nicht orthographisch ist, entsprechen die visuellen Symbole (Buchstaben) nicht immer den gehörten Lauten. Viele Laute werden mit einem oder mehreren Buchstaben oder verschiedenen Buchstabenkombinationen ausgedrückt – wie z. B. der Laut *a* in *ate, neighbor* und *nail*. Und manche Buchstaben stehen für mehrere Laute, so wie der Buchstabe /a/ in *father, cat* und *said*.

Gute auditiv-visuelle Koordination ist eine wichtige Voraussetzung für das Lesenlernen. Deshalb sollten Kinder ausreichend Gelegenheit haben, sich mit den *Beziehungen* zwischen Gehörtem und Geschriebenem zu befassen.

Die Beherrschung der grundlegenden Schritte bei der Laut- und Sequenzerfassung ist Voraussetzung für den nächsten Schritt im auditiven Verarbeitungsprozeß – das Erfassen von Bedeutungsinhalten. Dabei ist zu bedenken, daß Wortbedeutungen sich nicht aus geschriebenen Symbolen ergeben. Sie kommen im allgemeinen von gesprochenen bzw. gehörten Wörtern, denen geschriebene bzw. gelesene und letzten Endes gedruckte Symbole entsprechen. So haben z. B. die gedruckten Buchstaben H-u-n-d für die meisten Kinder im Vorschulalter keine Bedeutung, wohl aber das gesprochene Wort *Hund*.

Manche Phonetikprogramme beinhalten Übungen für auditive Lautunterscheidung, aber nur wenige ermöglichen eine Entwicklung aller grundlegenden Fähigkeiten, die zum Verständnis gesprochener Laute und deren Beziehungen zu den entsprechenden geschriebenen Symbolen notwendig sind. Unsere heutigen Programme befassen sich nicht ausgiebig genug mit Grundaufgaben der Laut-Symbol-Zuordnung.

Therapie[1]

Der Schlüssel zu verbesserten auditiven Wahrnehmungsfunktionen liegt nicht in der Chirurgie, Medizin oder bei Hörgeräten, sondern in einer systematischen, Schritt für Schritt vorgehenden Lehrmethode.

Kinder müssen lernen, wie man richtig zuhört – wie man auf Laute achtet

---

1 Language Assessment and Intervention for the Learning Disabled. E. H. Wiig, E. M. Semel; Charles E. Merrill Publishing Co., 1980 Columbus, Ohio.

und sie erkennt, worauf man seine Aufmerksamkeit richtet, wie man eine Figur vom Hintergrund abhebt, wie man diskriminiert, Sequenzen erkennt, Bedeutungsinhalte assoziiert und sich an verschiedene auditive Konfigurationsmuster erinnert.

Ich füge einige Aufgabentypen bei, die im Schülerantwortbogen und auf den Handlungskarten des SOS (Sound-Order-Sense)-Programms und des SAPP (Semel Auditory Processing Program) vorkommen.

Das SOS-Programm ist ein sich über zwei Jahre erstreckender Entwicklungsplan für auditive Perzeption.

Das Semel Auditory Processing Program (SAPP) wurde entwickelt, um sowohl Klassenlehrern als auch Fachlehrern die Behandlung auditiver Verarbeitungsprobleme zu ermöglichen.

Das Semel Auditory Processing Program[1]

Für jeden Aufgabenbereich gibt es mehrere Dutzend Beispiele. Wir haben versucht, Gelegenheiten zum Zuhören zu bieten, die zu einer Reduktion von Laut-Symbol-Inkonsistenzen führen. Um das Kind in seiner Fähigkeit, Nebengeräusche zu blockieren und auf die gesprochenen Anweisungen des Lehrers zu achten, zu stärken, kann man die Aufgaben in Verbindung mit Tonbandaufnahmen von Umweltgeräuschen benutzen.

Lehrbeispiele

Die folgenden Beispiele sind Zuhörspiele von den Handlungskarten des SOS-Programms. Während für die Zuhörübungen der Schülerantwortbögen eine visuell-motorische Reaktion erforderlich ist, verlangen die Zuhörspiele auf den Handlungskarten eine gesprochene oder motorische Antwort.

1. Die Kinder probieren aus, was für Geräusche sie mit ihren Füßen machen können: Laute Geräusche wie aufstampfen, mit Bauklötzen an ihre Schuhe klopfen, ihre Absätze zusammenknallen (das bedarf einiger Übung) und leise Geräusche wie klopfen, rutschen und hin und her schieben. Sie legen die Köpfe auf ihre Pulte. Ein Kind geht nach vorn und macht eines der Geräusche vor. Die anderen Kinder müssen raten, wie es gemacht worden ist.

2. Ein Kind ist „Es" und geht nach draußen. Ein anderes Kind wird zur „geheimen Person" gewählt. „Es" kommt wieder ins Zimmer, dreht sich der Wand zu und versucht, die „geheime Person" zu identifizieren, wenn diese „Hallo" sagt. Die „geheime Person" steht in der Mitte einer Gruppe und darf „Es" durch Verstellen ihrer Stimme irreführen, so gut sie kann.

---
[1] Semel Auditory Processing Program. Follet Publishing Co., 1976 Chicago, Ill.

3. Mehrere Kinder nehmen die Namen anderer anwesender Kinder an. Diese Kinder bilden mit dem Gesicht nach innen einen kleinen Kreis. Die anderen Kinder machen die Augen zu. Der Lehrer deutet auf eines der Kinder im Kreis, welches daraufhin mit normaler Stimme sagt: „Ich bin So-und-so (der angenommene Name)." Die anderen Kinder müssen versuchen, den Sprecher an der Stimme zu erkennen.

4. Mit geschlossenen Augen lauschen die Kinder auf Geräusche im Klassenzimmer und auf dem Gang. Jedes Kind wird aufgefordert, eine Geräuschquelle zu identifizieren und in die Richtung zu deuten, aus der der Laut kommt.

5. Die Kinder hören Sätze, bei denen etwas nicht stimmt. Sie sagen, was falsch ist, und einzelne Kinder melden sich, um den Fehler zu berichtigen.

Einige *Beispiele:*
Fritz trinkt das Würstchen.
Egon will angeln gehen und holt sich seinen Fußball und die Fußballschuhe aus dem Schrank.
Mutter stellt das Eis in den Eisschrank, um es warm zu halten.
Wir rannten so schnell, daß unsere Ohren müde wurden.
Ich legte meine Füße auf das Kissen und schlief ein.

6. Der Lehrer liest eine Geschichte aus vier Sätzen vor, von denen einer nicht in den Zusammenhang paßt. Die Kinder hören der Geschichte erst einmal zu und melden sich dann, wenn sie noch einmal vorgelesen wird, bei dem falschen Satz.

Ein *Beispiel:*
Tom hat einen neuen Schlitten. Er will damit fahren, aber es liegt kein Schnee auf der Erde. *Tom ißt gern Erdnußbutter.* Sobald es schneit, wird Tom nach draußen gehen.

7. Der Lehrer liest den Kindern einen Text vor, in dem ein unpassender Satz enthalten ist. Beim zweiten Vorlesen melden sich die Kinder, wenn sie einen Satz hören, der unsinnig ist oder nicht in die Geschichte paßt.

Ein *Beispiel:*
Ellen wohnt weit von der Schule weg. Jeden Morgen muß sie früh aufstehen und zur Bushaltestelle gehen. Sie ist immer die erste im Bus. *Ellens Bruder spielt Fußball.* Wenn der Bus morgens einmal nicht kommt, kann Ellen nicht zur Schule kommen, weil es zum Laufen zu weit ist.

8. Die Kinder hören einen Textabschnitt, in dem ein Wort mehrmals vorkommt. Sie melden sich jedesmal, wenn das wiederholte Wort falsch gebraucht wird. Sie raten, welches Wort das richtige sein könnte.

Kapitel V, Sprachverständnis und Sprechfähigkeit

Ein *Beispiel:*

Ottos Großvater hatte Tomaten in seinem Garten. Im Sommer besuchte Otto seinen Großvater. Er half ihm beim Unkrautjäten und beim Gießen der Tomaten. Zum Mittagessen gab es eine schöne saftige Tomatenschnitte. Nach dem Mittagessen kam Ottos Vater mit der Tomate, und sie fuhren nach Hause. Otto erzählte ihm, wie große Tomaten er beim Großvater gehabt hatte. Er sagte, er wolle sobald wie möglich wieder zu Großvater hintomaten.

9. Die Kinder sitzen auf Stühlen, die wie die Polster eines Schulbusses aufgestellt sind. Die Lehrerin spielt den Fahrer. Sie gibt jedem Kind einen Buchstabenlaut. Während die Kinder Fahrgeräusche nachahmen (leises Motorenbrummen mit gelegentlichen Verkehrsgeräuschen), ruft die Lehrerin Straßennamen aus. Hört ein Kind einen Straßennamen, der mit seinem Buchstaben beginnt, steigt es aus. Die ausgestiegenen Kinder stellen sich neben dem Bus auf und machen weiter Verkehrsgeräusche, bis der Bus leer ist.

10. Ein Kind spielt einen Laufjungen in einem Lebensmittelladen. Mit einem Spielzeug oder einem imaginären Telefon ruft ein anderes Kind beim Laden an und bestellt drei oder vier Sachen (Äpfel, Milch, Kekse). Der Laufjunge stellt pantomimisch dar, daß er die Sachen in eine Tüte tut und zu dem Kunden bringt. Dort angekommen, nimmt er die Sachen heraus und zählt sie in der vom Kunden gegebenen Reihenfolge auf. Alle Kinder dürfen einmal Laufjunge oder Kunde sein.

11. Die Lehrerin sagt, sie wolle einmal sehen, wie viele Sachen die Kinder in einen kleinen, roten Wagen laden können, bevor er zu schwer zum Ziehen wird. Jedes Kind einer Vierergruppe nennt etwas, das es in den Wagen tun will und wiederholt in richtiger Reihenfolge, was die anderen Kinder schon eingeladen haben. Vergißt ein Kind einen Teil der Liste, bittet die Lehrerin eines der Kinder, die schon dran waren, um Hilfe. Wenn alle dran waren, sagen die Kinder die Liste noch einmal auf. Die Lehrerin sollte die Kinder veranlassen, ihrer Phantasie freien Lauf zu lassen.

12. Der Lehrer spielt den Koch in einer Schnellküche. Er sucht vier oder fünf Kinder heraus, die alle etwas bestellen sollen. Dann bestimmt er noch ein Kind als Kellner(in). Dieses Kind ruft dem Koch die Bestellungen in der gehörten Reihenfolge zu. Die Kinder, die bestellt haben, passen auf, daß der Kellner (bzw. die Kellnerin) es richtig macht. Nachdem der Lehrer so getan hat, als hätte er die Speisen gekocht, wiederholt er die Bestellungen in der richtigen Reihenfolge und gibt sie dem Kellner. Ab und zu verwechselt er die Bestellungen oder fügt etwas Albernes hinzu, so daß die anderen Kinder ihn verbessern können. Es geht mit anderen Kindern als Kunden und Kellnern (Kellnerinnen) weiter.

13. Die Kinder nehmen ihre eigene Telefonnummer oder irgendeine 7stellige Zahl. Ein Kind nennt seine Zahl und ruft dann den Namen eines anderen Kindes. Das aufgerufene Kind muß das erste anrufen, indem es die genannte Telefonnummer wiederholt. Unterläuft ihm dabei ein Fehler, antwortet das erste Kind: „Falsch gewählt!" und ruft so lange andere Kinder auf, bis eines die Zahl richtig wiederholt. Das Spiel wird mit anderen Kindern fortgesetzt.

14. Der Lehrer sagt Sätze in der Subjekt-Verb-Objekt-Form, welche die Kinder wiederholen müssen. Nachdem sie die Sätze mehrmals wiederholt haben, erfinden sie eigene Sätze nach dem gleichen Muster.

Zwei Beispiele:
Franz wirft den Ball.
Franz wirft den weichen Ball.
Franz wirft den weichen Ball über den Platz.
Franz wirft den weichen, braunen Ball über den Platz.
Sie essen die Würstchen
Sie essen die saftigen Würstchen.
Sie essen die saftigen Würstchen mit Senf.
Sie essen die dicken, saftigen Würstchen mit Senf.

15. Die Lehrerin demonstriert Silbenbetonung mit Hilfe einer Trommel. Sie nennt ein 2- oder 3silbiges Wort und bittet ein Kind, das Wort erst zu wiederholen und dann die Silbenfolge und -betonung zu trommeln, wobei jede betonte Silbe besonders laut getrommelt wird. Die anderen Kinder passen auf, daß sie die Betonung richtig hören. Wenn sie sie nicht hören oder sie für falsch halten, melden sie sich. Die Lehrerin ruft dann eines der Kinder auf, um das Wort richtig zu betonen.

Beispiele:
Mo-*tor*-rad
E-le-*fant*
Leh-rer
Di-*rek*-tor
Ü-ber
In-nen

16. Der Lehrer liest Sätze mit falschen Fürwörtern. Er fordert die Kinder auf, dasjenige Wort herauszufinden, das ihnen sinnwidrig vorkommt.

Beispiele:
Als Ilse heute von zu Hause wegging, vergaß *er* sein Butterbrot.
Gabis neue Schuhe waren zu klein für *seine* Füße.
Erich fiel die Treppe hinunter und verletzte sich an *ihrem* Knie.
Mein Vater verreist. *Sie* kommt in einer Woche wieder.

17. Die Kinder hören Sätze und sagen, welche stimmen und welche nicht. Wenn sie nicht wissen, ob einer stimmt, erklären sie, warum.

Beispiele:
Schokoladenpudding wird aus Orangenextrakt gemacht.
Alle Monate haben mehr als 29 Tage.
Morgen scheint die Sonne.
Gestern regnete es.
Ein Löwe hört sich mehr wie ein Tiger als wie ein Vogel an.
An dem Baum wohnt ein Wurm einen Meter tief unter der Erde.
Das Meerschweinchen hat acht Millionen Haare.

18. Die Kinder hören sich Satzpaare an. Sie suchen zwei gleichlautende Wörter heraus und sagen, ob diese auch dasselbe bedeuten.

Beispiele:
Heute haben wir im Musikunterricht gelernt, Noten zu schreiben.
Mein Bruder hat nur gute Noten in seinem Zeugnis.
Der Lehrer benotet meinen Aufsatz.

Das Glas ist voll Limonade.
Ein Baby kann nicht aus dem Glas trinken.
Jemand hat das Fensterglas zerbrochen.
Ich kann mich im Spiegelglas sehen.

19. Die Kinder hören sich Sprichwörter an. Nach einem Sprichwort liest die Lehrerin zwei Sätze vor: Einen, der die Bedeutung des Sprichwortes wiedergibt, und einen, der das Sprichwort wörtlich nimmt und die übertragene Bedeutung nicht berücksichtigt. Sie diskutieren die Sätze durch und entscheiden, welcher zur Erklärung des Sprichwortes am geeignetsten ist[1].

Beispiele:
Es ist nicht alles Gold, was glänzt.
Manchmal kaufe ich mir ein Spielzeug, nur weil es im Laden so schön aussieht, und zu Hause ärgere ich mich dann, wenn es gleich kaputtgeht.
Silber und Kupfer glänzen auch.

Zwei Köpfe sind besser als einer.
Wir wären alle schlauer, wenn wir zwei Köpfe hätten.
Wenn Peter und ich zusammen ein Puzzle machen, sind wir schneller fertig, als wenn es jeder für sich macht.

---

1 Becker, Ulrike, Wiig, E. H., Semel, E. M.; Identification of German 7/8 and 12/13 year old Language/Learning Disabled Children using the CELF (clinical Evaluation of Language Functions). Boston University, Boston, Mass. (unpublished dissertation).

Zu viele Köche verderben den Brei.
Wenn wir alle auf einmal der Lehrerin beim Hefteverteilen helfen wollen, gibt es ein großes Durcheinander.
Wenn zu viele Leute an einer Suppe herumkochen, schmeckt sie scheußlich.

Wer andern eine Grube gräbt, fällt selbst hinein.
Beim Lochgraben muß man aufpassen, daß man nicht ausrutscht.
Wenn ich meinen Bruder verpetze, werde ich selbst von meinen Eltern gescholten.

20. Der Lehrer liest Wörter vor, bei denen Buchstaben fehlen. Er erklärt den Kindern, daß sie ein Wort hören werden, das wie ein bekanntes Wort klingt, bei dem aber ein Teil fehlt. Die Kinder sagen, wie das vollständige Wort heißen müßte.

Beispiele:
Fern(s)ehen
Toma(t)e
Würs(t)chen
ob(w)ohl
Fo(t)ograph
Käse(b)rot
Kat(z)e
Schnee(f)locke

Nun folgen einige Beispiele für Aufgaben aus dem Schülerantwortbogen des SOS-Programms.

1. 2 Zeichenpaare werden gezeigt – 1 Paar besteht aus 2 gleichen Zeichen (2 Kreise) und das andere aus 2 verschiedenen (1 Kreis und 1 Viereck). Das Kind soll dasjenige Zeichenpaar ankreuzen, das gehörten Lauten entspricht. Dann wird ihm eine Reihe von Wortpaaren vorgelesen, und es muß anzeigen, ob beide Paarelemente gleich (Wand, Wand) oder verschieden (Wand, Land) waren. Dieses Verfahren wird später mit Sätzen mit minimaler Abweichung weitergeführt, das heißt mit Sätzen, die sich bis auf ein Element gleichen, wie z. B. „Hast du Durst?" bzw. „Hast du Wurst?"

2. 3 Linien sollen 3 Wörter einer dargebotenen Wortreihe darstellen. Das Kind soll einen bestimmten Laut, z. B. „g", heraushören und die entsprechende Linie ankreuzen. Wenn es die Wörter „Boot, Gummi und Schuh" hört, muß es die 2. Linie ankreuzen, da das „g" in dem zweiten Wort vorkommt.

3. Als nächstes soll das Kind ankreuzen, an welcher Stelle eines Wortes ein besonderer Laut vorkommt. Eine Linie stellt den Anfang eines Wortes und

Kapitel V, Sprachverständnis und Sprechfähigkeit

die andere das Ende dar. Wenn das Kind ein „g" heraushören soll, wird es bei dem Wort „Gummi" die 1. Linie und bei „Pflug" die 2. Linie ankreuzen.

4. Dem Kind wird eine Reihe von Symbolen dargeboten, die verschiedene Lauttypen darstellen sollen. Es hört nun die zum Programm gehörige Schallplatte an und soll angeben, welche von 2 gespielten Melodien lang und welche kurz, welche schnell und welche langsam, welche laut und welche leise ist, wobei es die jeweiligen Zeichen für jede dieser Beschreibungen verwendet. Auch soll angekreuzt werden, wo eine und wo mehrere Stimmen vorkommen und ob die Laute aus der Nähe oder von weither kommen.

5. Bei den Kategorisierungsaufgaben soll das Kind ein nicht zu einer Wortreihe „gehöriges" Wort herausfinden und die für dieses Wort vorgesehene Linie ankreuzen. Eine dem nichtzugehörigen Wort entsprechende Linie kann sich ober- oder unterhalb der anderen befinden. Erkennt das Kind, daß in der Wortreihe „Apfel, Birne, Boot, Banane" das dritte Wort nicht paßt, wird es dasjenige Muster ankreuzen, bei dem die 3. Linie nicht mit den anderen übereinstimmt.

6. Eine ähnliche Aufgabe sind die Wortreime, bei denen das Kind dasjenige Wort herausfinden muß, das nicht wie die andern klingt. Die Aufgabe umfaßt auch Wörter mit ähnlichem Anfang, Ende etc.

7. Bei manchen Aufgaben soll das Kind ein bestimmtes Wort, wie z. B. eine Zahl oder einen Wochentag, heraushören und dann in dem vorliegenden Muster ankreuzen, an welcher Stelle einer Wortreihe dieses Wort vorkommt.

8. Eine Reihe geometrischer Formen soll bei Komparativ-, Superlativ- und Präpositionsaufgaben helfen. Das Kind soll den größeren Kreis, das mittelgroße Viereck, das letzte Dreieck usw. ankreuzen sowie komplexere Figuren, wie z. B. das Dreieck mit dem Kreis darüber, das Dreieck mit dem Kreis in der Mitte, das Viereck mit dem Strich darüber oder das weiße Viereck mit dem Strich darüber, identifizieren.

Allgemeine Hinweise

Der Lehrer kann den Kindern durch Befolgen folgender Richtlinien bei der Überwindung auditiver Wahrnehmungsprobleme helfen.

Sprechen Sie richtig und zusammenhängend. Vermeiden Sie verheerende Redeweisen wie: „Jetzt wollen wir mal Rechtschreiben üben. Fritz, setz dich hin! Das erste Wort ist Hund. Peter, hör auf zu reden! Der Hund bellt. Du sollst doch keinen Kaugummi kauen! Das zweite Wort ist Katze. Der Lärm hört jetzt sofort auf! Die Katze trinkt Milch."

Entwickeln Sie vielmehr eine gleichbleibende Methode, mit der Sie die Aufmerksamkeit der Kinder auf sich ziehen, bevor Sie Aufgaben stellen. Dieses „Einstimmen" dient dazu, die auditive Konzentration in die richtige

Richtung zu lenken. Gebrauchen Sie wirkungsvolle Wörter wie „hört zu", „fertig?" und „anfangen" als Auslöser. Auch die Redewendung „Jetzt hört mal gut zu" oder die Bitte an das Kind, die Anweisungen zu wiederholen, können nützlich sein.

Geben Sie nicht zu viele Anweisungen oder Aufgaben auf einmal. Rufen Sie das kindliche Interesse durch Querverbindungen zwischen neuem Lehrmaterial und früheren Erfahrungen wach. Oft wollen Kinder eher teilnehmen, wenn man ihnen den Zweck und den Wert einer Hörübung erklärt.

Passen Sie die Hörübungen dem auditiven Entwicklungsgrad eines Kindes an. Man kann es sich als Lehrer nicht leisten, irrtümlicherweise zu leichte oder zu schwere Fragen zu stellen.

Drücken Sie sich vorsichtig aus. Fragen Sie so, daß sich bestimmte Fragen ergeben. Fragt man ein Kind etwa: „Was hast du gestern zu Hause gemacht?", bekommt man vielleicht keine Antwort. Dagegen erfolgt auf die Frage: „Hast du gestern deiner Mutter geholfen?" eher eine positive Reaktion.

Lernen Sie, wie man wichtige Fragewörter wie *wer, was, wo, wann, warum, wieviel* benutzt. Wenn ein Kind mit *Wo*-Fragen Schwierigkeiten hat, kann man die Frage vielleicht mit *welche(r, s)* umschreiben. Manchmal ist es nützlich, wenn man für ein schwieriges Wort konsistente Ersatzwörter verwendet. Man kann Fragesätze mit Hilfe des Wortes *welche(r, s)* so umformulieren, daß aus *wer – welche Person,* aus *wo – an welcher Stelle,* aus *wann – zu welcher Zeit,* aus *warum – aus welchem Grund* und aus *wie – auf welche Weise* wird.

Benutzen Sie immer wieder dieselben Redewendungen zum Einüben des Plurals. Zum Beispiel kann der Lehrer sagen: „Das ist ein Schuh; dieses sind Schuhe. Das ist ein Hund; dieses sind Hunde." Kinder werden leicht verwirrt durch Redewendungen, wie z. B. „Jetzt schaut euch mal diesen Bleistift an, Kinder. Wenn bloß einer da ist, ist es ein Bleistift. Hier sind zwei Bücher. Wenn wir zwei haben, wie heißen sie dann? Jawohl, Bücher. Sehr gut". Der Lehrer muß wissen, daß immer wiederkehrende, regelmäßige Sprachmuster besonders wichtig sind.

Benutzen Sie leicht überblickbare Fragen und Antworten. Man kann z. B. eine Reihe von Fragen in der Form „*Wo ist das ...?*" „*Wo ist das ...?*" stellen und dann das Kind bitten, jede Antwort nach dem Schema „*Die Katze ist ...*" „*der Hund ist ...*" zu beginnen.

Lernen Sie, wie und wann man Gesten mit Sprache verbindet. Gesten können einem Kind ein allgemeines Konzept verdeutlichen, auch wenn es die spezifischen auditiven Einzelheiten nicht erfaßt.

Verdecken Sie ihren Mund beim Sprechen nicht.

Bitten Sie ein Kind, das schlecht versteht, das Gesagte zu wiederholen.

Spezielle Hinweise für Lehrer

1. Reden Sie immer langsam und deutlich, aber nicht monoton.
2. Wiederholen Sie Anweisungen und Fragen, falls nötig. Versteht das Kind Sie immer noch nicht, formulieren Sie das Gesagte um und benutzen dabei einfachere Wörter und Satzkonstruktionen.
3. Ein einleitender Ausdruck wie z. B. *„Merkt euch, hört mal auf dieses Geräusch..."* zieht die Aufmerksamkeit der Kinder auf sich.
4. Warten Sie lange genug auf eine Antwort. Eine verzögerte Antwort könnte auf langsame Informationsverarbeitung zurückzuführen sein.
5. Verstärken Sie eine richtige Antwort, indem Sie den Wortwechsel oder einen Teil davon sowie die richtige Antwort des Kindes wiederholen. Diese Art der Verstärkung zahlt sich normalerweise aus.
6. Bei auditiven Diskriminationsübungen sollte man, um eine Antwort zu erleichtern, eine Aufforderung mit Hilfe geeigneter Wahrnehmungsreize verdeutlichen:

Phonetische Hilfsmittel

Zeigen und erklären Sie Zungen- und Lippenstellung bei der Aussprache verschiedener Laute.

Taktil-kinästhetische Hilfsmittel

Legen Sie die Hand des Kindes auf Ihren Mund, so daß es fühlen kann, wie verschiedene, ähnlich klingende Wörter sich deutlich in Aussprachemerkmalen – wie z. B. Stimmhaftigkeit bzw. Stimmlosigkeit, Nasalität, relative Spannung bzw. Schlaffheit der Lippen und Zungenstellung – unterscheiden.

Lassen Sie die Kinder sich auch die Hände selbst auf den Mund legen, um gegensätzliche Bewegungsabläufe zu erfühlen.

Visuelle Hilfsmittel

1. Das Kind soll sich auf Ihre mit Absicht übertriebenen Mundbewegungen bei der Aussprache bestimmter Wörter konzentrieren.
2. Lassen Sie das Kind mit Hilfe eines Spiegels seine eigenen Mundbewegungen beobachten.
3. Das Kind soll sich auch auf visuelle Hilfsmittel – wie Querschnittzeichnungen und andere Illustrationen unterschiedlicher Zungenstellung und Lippenöffnung – konzentrieren.

4. Zeigen Sie ihm auch visuelle Hilfsmittel, die Konsistenzen oder Entsprechungen zwischen Buchstabenlauten darstellen.
5. Gibt das Kind mit einiger Regelmäßigkeit richtige Antworten, geben Sie ihm Aufgaben mit zunehmendem Komplexitätsgrad und lassen Sie allmählich die visuellen Hilfsmittel weg. Kehren Sie dann zu den anfänglichen Anweisungen und Fragen zurück.
6. Besonders wichtig ist es, die Kinder zu motivieren; Schüler, die sich langweilen, sind weniger lernwillig als solche, die von der Aussicht auf Verbesserung ihres Sprachvermögens begeistert sind. Dabei muß man bedenken, daß die gestellten Aufgaben auf die schwachen Punkte der Kinder abzielen. Bei mangelnder Motivation werden sie möglicherweise nicht den nötigen Arbeitseifer aufbringen. Auch eine entspannte Atmosphäre wird sich als nützlich erweisen.
7. Die besten Hilfsmittel, das kindliche Interesse wachzurufen und aufrechtzuerhalten, sind Neuigkeit und Humor. Um den Unterricht interessant zu gestalten und die für dieses Training notwendige Eintönigkeit zu unterbrechen, haben wir die Aufgaben durch Geschichten, Rätsel, lustige Sätze und lächerliche „Fehler" aufgelockert. Solche und ähnliche Methoden sind bei der Motivierung der Kinder besonders wirksam.
8. Hörübungen sollten dort durchgeführt werden, wo keine ungewöhnlichen Ablenkungen zu erwarten sind. Wenn kein getrenntes Zimmer für Kinder, die spezielles Hörtraining mitmachen, zur Verfügung steht, benutzen Sie eine ruhige Ecke des Klassenzimmers, während die anderen Kinder in ihren Bänken ruhig Aufgaben machen. Auf den Pulten sollte außer Papier und Bleistiften, sofern diese für die Übungen erforderlich sind, nichts herumliegen. Die Kinder müssen auf jeden Fall entspannt sein; ermutigen Sie sie und helfen Sie ihnen, mit Selbstvertrauen an die Aufgaben heranzugehen.

Literaturverzeichnis

Becker, U., Wiig, E. H., Semel, E. M.: Identification of German 7/8 and 12/13 year old Language/Learning Disabled Children using the CELF (Clinical Evaluation of Language Functions). Unpublished dissertation, Boston University 1980.
Kinder, R. F.: Interview. Read. Newsrep. 4, 5 (1970).
Miller, G. A.: Language and Communication. McGraw-Hill, New York 1951.
Semel, E. M.: Semel auditory processing program. Follett Publishing Co., Chicago (Ill.) 1976.
Semel, E. M.: Sound-order-sense: a developmental program in auditory perception. Follett Educational Corporation, Chicago (Ill.) 1970.
Semel, E. M. Wiig, E. H.: Clinical Evaluation of Language Functions (CELF). Charles E. Merrill Publishing Co., Columbus (Ohio) 1980.
Wiig, E. H., Semel, E. M.: Language Assessment and Intervention for the Learning Disabled. Charles E. Merrill Publishing Co., Columbus (Ohio) 1980.
Wiig, E. H., Semel, E. M.: Language Disabilities in Children and Adolescents. Charles E. Merrill Publishing Co., Columbus (Ohio) 1976.

Kapitel VI
Legasthenie

Beatrice von Bernuth, Aachen

Einführung in das Problem der Lese- und Rechtschreibschwierigkeiten (Legasthenie)

Allgemeine Beschreibung

Die Lese-Rechtschreibschwäche (Legasthenie) stellt eine Teilleistungsstörung dar, die sowohl bei Kindern mit guter Intelligenz als auch bei solchen mit verminderter logischer Intelligenz und mit anderen Leistungsstörungen kombiniert vorkommt. Immer wieder begegnen Eltern und Lehrer dem Phänomen, daß Kinder trotz größter Bemühungen und guter Allgemeinbefähigung im Lesen und Rechtschreiben versagen. Da es sich häufig um aufgeweckte Kinder handelt, werden sie bei der Einschulung für schulreif erklärt; sie beteiligen sich gewöhnlich lebhaft am Unterricht und fügen sich gut in die Klassengemeinschaft ein. Bei weiterem Voranschreiten im 1. und zu Beginn des 2. Schuljahres bleibt der anfängliche Eindruck meist bestehen. Oft erst im Laufe der 2. und zu Beginn der 3. Klasse treten scheinbar plötzliche Schwierigkeiten im Lesen und Schreiben auf. Das Lesen neuer Wörter oder weiter zurückliegender Texte gelingt schlecht oder gar nicht. Beim Freischreiben zeigt sich eine Unsicherheit, die dem bis dahin bestehenden Bild vom Können kraß entgegensteht. Eine Klassenwiederholung bringt keine oder nur sehr geringe Verbesserungen der Lese- und Rechtschreibfähigkeiten, und das Versagen breitet sich unter Umständen auch auf die übrigen Leistungen und auf das allgemeine Verhalten aus.

Nach dem Zeitpunkt, an dem Legasthenie in der Schule deutlich wird, lassen sich drei Gruppen unterscheiden (Linder, M., 18 (1951) 97, 142. Kirchhoff, H. 7 (1964) 10):

1. Die Schwierigkeiten treten beim Eintritt in die Schule auf. Die Kinder können mehr oder weniger gar nicht lesen. Abschreiben von der Tafel ist nahezu unmöglich.
2. Die Schwierigkeiten treten etwa Mitte des 2. Schuljahres auf, wenn Texte frei gelesen und frei geschrieben werden müssen.
3. Erst unter den erhöhten Anforderungen der 3. und 4. Klasse werden Probleme im Lesen oder/und Rechtschreiben deutlich.

Allgemeine Fragestellungen

Aus dem bisher Gesagten ergeben sich viele der Fragen, die uns näher an die Erörterung des Problems der Legasthenie heranführen können:

Was ist eine Legasthenie überhaupt?
Wie läßt sie sich diagnostizieren?
Wodurch könnte Legasthenie verursacht werden?
Welche Faktoren sind evtl. bei ihrer Verursachung mitbeteiligt?
Könnte Legasthenie bereits *vor* der Schule erkannt werden?
Was könnte gegen Legasthenie getan werden?
Wie kann dem Auftreten von Legasthenie vorgebeugt werden?
ect.

Ich werde nicht auf all diese Fragen im Rahmen dieser Arbeit eingehen können. Mein Ziel soll vielmehr darin bestehen,

- zu zeigen, daß es *eine* Legasthenie nicht gibt,
- zu zeigen, daß die bisherigen Forschungsergebnisse nicht ausreichen, um viele Fragen im Zusammenhang mit Legasthenie zu beantworten, und schließlich
- mein praktisches Vorgehen als Legasthenie-Therapeutin im Umgang mit dem Problem darzustellen.

Zur Theorie der Legasthenie-Forschung

Betrachten wir die historische Entwicklung der Legasthenie-Forschung, lassen sich drei Hauptrichtungen unterscheiden:

- Die medizinische Forschung,
- Die physiologisch-psychologische Forschung,
- Die psychologisch-pädagogische Forschung.

Die medizinische Forschung

Die Lese- und Schreibunfähigkeit, die vor allem bei Erwachsenen infolge von Hirnschädigungen auftreten kann, wurde erstmals von Kussmaul (1877) als „erworbene Wortblindheit" oder „Alexie" bezeichnet. Diese Bezeichnung, bei der das Hauptgewicht auf Mängel der visuellen Wahrnehmungsfähigkeit (Perzeption) gelegt wurde, griffen verschiedene Mediziner auf und differenzierten daraus verschiedene Formen von „Alexien", besonders die verbale und die literale Form von Alexie (Henschen u. a.). Berlin grenzt dann den Begriff der „Alexie" gegen den der „Dyslexie" ab, der noch heute gebräuchlichste Ausdruck für Legasthenie im angloamerikanischen Raum. Mit „Dyslexie" will Berlin das plötzliche Auftreten von Leseunvermögen und Lesescheu kennzeichnen, die nach dem Lesen einiger weniger Wörter in Erscheinung treten können. Einige Jahre danach werden von Kerr und Morgan (1896) die ersten Falldarstellungen von Kindern mit normaler Intelligenz und normalem Seh- und Hörvermögen veröffentlicht, die an einer „congenital wordblindness" litten. Da die Autoren keinen erworbenen Hirnschaden feststellen konnten, stellten sie die Hypothese auf, daß die Leseschwäche durch eine „angeborene Schädigung des gyrus angularis im Gehirn" verursacht sein müßte. Hinshelwood (1900) führt die Diskussion über erworbene und/oder angeborene Wortblindheit weiter und beschreibt das Unvermögen, geschriebene oder gedruckte Texte zu erkennen und zu deuten, als eine „Zerstörung von visuellen Zentren im Gehirn".

Verschiedene Mediziner sind nach wie vor der Meinung, daß der gyrus angularis, ein besonderes Lese-Schreibzentrum oder bestimmte Funktionszentren für Lesen und Schreiben eine bedeutende Rolle bei der Entwicklung von Lese- und Schreibunvermögen spielen (Held, 1965; Weinschenk, 1967; Spiel u. Gloning, 1968; Kirschner, 1968; Rabinovitch, 1968).

Im Laufe der Zeit tauchte eine Fülle der verschiedensten Begriffe auf, von denen ich die wichtigsten nochmals kurz zusammenfassen möchte: Berkhan spricht 1885/86 von partieller, angeborener Idiotie. Berlin prägt 1887 den Begriff Dyslexie, Ranschburg führt 1916/28 den Ausdruck Legasthenie für Leseschwäche ein, Henschen erweitert 1920 die Vorstellungen von angeborener und erworbener Wortblindheit, gestützt auf die Aphasielehre, bis Bannatyne, Rabinovitch, de Hirsch und Critchley u. a. 1966/67 von einer angeborenen und neurologisch erfaßbaren Entwicklungsdyslexie sprechen.

Hinter fast all diesen Bezeichnungen von meistens Medizinern steht bis zum heutigen Tage die Vermutung eines lokalisierbaren Defektes, einer gestörten oder zumindest einer unregelmäßigen Reifung des Gehirns. Die Beziehung zwischen den Funktionen des Gehirns und der Entwicklung der Lese- und Schreibfähigkeit scheinen aber noch nicht so eindeutig geklärt zu sein, um derartige Thesen vertreten zu können (s. u. a. Malmquist, Graichen, Angermaier, Sirch, Valtin). In einigen Fällen ist eine Abweichung von der normalen neurologischen Entwicklung festzustellen, die durch Hirnschädigungen vor und nach der Geburt verursacht werden kann. Es mag in einigen Fällen extreme Entwicklungsvarianten in bezug auf die Ausreifung bestimmter Gebiete des Gehirns geben, die zu Lese- und Schreibversagen führen könnten. Es steht wohl auch außer Zweifel fest, daß es „reine" Fälle erblicher Legasthenie gibt, d. h. beim Zustandekommen von Legasthenie Erbfaktoren die Hauptrolle spielen. Überall in der Fachliteratur finden sich Beispiele von familiärem Auftreten, die sich nicht selten über mehrere Generationen erstrekken. Ein eindeutiger Erblichkeitsnachweis scheint aber dennoch ein schwieriges Unterfangen zu sein, bei dem die Sammlung anamnestischer Daten allein nicht zu genügen scheint, da sich erbliche und nichterbliche Legasthenie phänomenologisch offensichtlich nicht unterscheiden lassen. Ich kann deshalb dem Hauptvertreter der Erblichkeitstheorie Weinschenk nicht recht geben, wenn er neben der erblich-familiären Form Legasthenie keine andere gelten läßt.

Die physiologisch-psychologische Forschung

Die ursprünglich medizinische Betrachtungsweise, Legasthenie als eine lokalisierte Schädigung visueller und auditiver Gehirnfunktionen zu sehen, wird mit Ausgang des 19. Jahrhunderts durch physiologisch-psychologische Vorstellungen abgelöst bzw. erweitert.

Der physiologisch-experimentalpsychologische Abschnitt

Um das Ende des 19. Jh. wird von verschiedenen Forschern begonnen, Legasthenie anhand physiologischer und psychologischer Experimente zu diagnostizieren. Erste Ergebnisse entstammen der Ophthalmologie. Den Schwerpunkt der Experimente bilden Studien über Augenbewegungen beim Lesen. Es handelt sich dabei hauptsächlich um Fragen der visuellen Perzeption, weniger um die Erforschung zentraler Leselernprozesse. Die Frage, wie Lese- und Schreibfähigkeiten erlernt werden, welche einzelnen Funktionen an dem Gesamtprozeß beteiligt sind, bleibt bei diesen Untersuchungen vorerst weitgehend unberücksichtigt (vgl. Kap. II u. V).

Der testpsychologische Abschnitt

Zu Beginn unseres Jahrhunderts tauchen dann die ersten Lesetests auf, u. a. entstanden aus dem Wunsch heraus, praktische Möglichkeiten zur Beurteilung der Leseleistung eines Schülers im Vergleich zu seiner Altersnorm zu erhalten. Mit der Zeit entsteht so eine Fülle von Testmaterialien, die, entgegen subjektiven Leistungsbeurteilungen, die Gütekriterien nach Reliabilität, Objektivität und Validität zu erfüllen versuchen. An die Entwicklung solcher Tests knüpfen sich u. a. Namen, wie z. B. Durell, Gates, Monroe.

Durch die Verschiebung des Schwerpunktes von medizinischer Sichtweise hin zu experimentalphysiologischer und psychologischer Sicht gelangt man hinsichtlich der Theorie über die Verursachung einer Legasthenie zu neuen Ansätzen. Mit Legasthenie wird *nicht* mehr das Unvermögen beim Lesen und Schreiben bezeichnet, das infolge von *Schädigungen bestimmter, lokalisier-*

barer Bereiche erklärbar ist. Als Legasthenie-Ursachen werden *nun visuelle, akustische, verbale und motorische Störungen der Funktionsabläufe* angenommen; d. h. eine Beeinträchtigung einer oder mehrerer Bereiche, die zum reibungslosen Ablauf von Lese- und Schreibprozessen notwendig sind.

Es wird weiter angenommen, daß sich diese gestörten Funktionen an den Fehlern eines Legasthenikers ablesen ließen. Durch Tests wird versucht, anhand einer quantitativen sowie qualitativen Fehleranalyse diese Funktionsschwächen zu einem bestimmten Zeitpunkt zu diagnostizieren. Es handelt sich dabei um Gruppen- oder Einzeltestverfahren zur Bestimmung der Lese- und Rechtschreibleistung im Vergleich zur Altersnorm.

Die gebräuchlichsten Testverfahren z. Zt. sind:

● Test der Buchstabenkenntnisse
  Bremer Buchstaben und Diktatprobe (BBLDP)
● Lesefertigkeit
  Bremer Lesetest für die 1. und 2. Klasse (BLT 1–2)
● Rechtschreibleistung
  Diagnostischer Rechtschreibtest, R. Müller-DRT 2/3/4/5/
(Bezugsquellen bzw. Verlage s. Lit. VZ.)

Zur Ergänzung der testmäßig erfaßten Lese- und Schreibleistungen zu einem bestimmten Entwicklungszeitpunkt stellt Schenk-Danzinger zwei Beobachtungsschemata zur Erfassung der verschiedenen Fehlerarten und deren Abklingen im Laufe der Entwicklung auf (s. S. 167 und 168).

Zum besseren Verständnis der hier dargestellten Tabellen 1 und 2 möchte ich folgendes hinzufügen: Die Zusammenstellungen von Schenk-Danzinger haben sich als wertvolle Hilfe für die Praxis bewährt, auch wenn sich ihre Auffassung spezifischer Legastheniefehler nicht halten läßt. Nicht die Art, sondern die Vielzahl der Fehler hat sich als legasthenieverdächtig herausgestellt. Durch die Tabellen werden auch den Laien, wie Eltern, Lehrern, die in bezug auf die Legasthenie unerfahren sind, und Ärzten Hilfsmittel gegeben, anhand von schriftlichen Äußerungen in etwa zu ermessen, in welchem Ausmaß über die altersgemäß zu erwartenden Schwierigkeiten hinaus Probleme mit der deutschen Orthographie bestehen. Dazu lassen sich ungefähr die individuell verschiedenen Schwerpunkte aus der großen Fehlerzahl bilden.

Zur Verdeutlichung des Problems wird das Diktat eines 12jährigen Jungen abgebildet (Abb. 1), der zum Zeitpunkt des Schreibens die 6. Hauptschulklasse besuchte. Er hatte ein halbes Jahr Legasthenie-Therapie erhalten. Zu Beginn der Therapie wurden Fehler auf fast allen Stufen gemacht. Fehlerschwerpunkte bestanden in Fehlerart Nr. 4 = Auslassungen von Konsonanten und Vokalen, Nr. 9 = Verwechslung von Umlauten und Zwielauten.

Tab. 1. Entwicklungsstufen der Rechtschreibung beim legasthenischen Kind nach Schenk-Danziger.

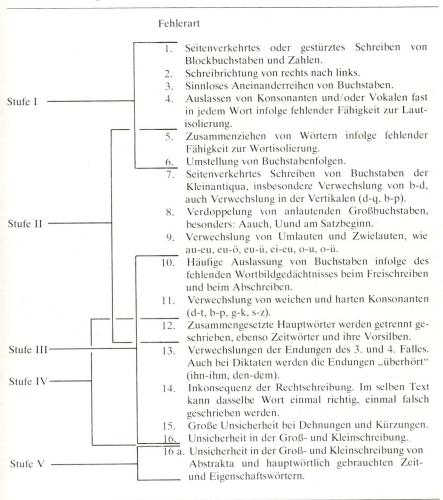

Fehlerart

Stufe I
1. Seitenverkehrtes oder gestürztes Schreiben von Blockbuchstaben und Zahlen.
2. Schreibrichtung von rechts nach links.
3. Sinnloses Aneinanderreihen von Buchstaben.
4. Auslassen von Konsonanten und/oder Vokalen fast in jedem Wort infolge fehlender Fähigkeit zur Lautisolierung.
5. Zusammenziehen von Wörtern infolge fehlender Fähigkeit zur Wortisolierung.
6. Umstellung von Buchstabenfolgen.

Stufe II
7. Seitenverkehrtes Schreiben von Buchstaben der Kleinantiqua, insbesondere Verwechslung von b-d, auch Verwechslung in der Vertikalen (d-q, b-p).
8. Verdoppelung von anlautenden Großbuchstaben, besonders: Aauch, Uund am Satzbeginn.
9. Verwechslung von Umlauten und Zwielauten, wie au-eu, eu-ö, eu-ü, ei-eu, o-u, o-ü.
10. Häufige Auslassung von Buchstaben infolge des fehlenden Wortbildgedächtnisses beim Freischreiben und beim Abschreiben.
11. Verwechslung von weichen und harten Konsonanten (d-t, b-p, g-k, s-z).
12. Zusammengesetzte Hauptwörter werden getrennt geschrieben, ebenso Zeitwörter und ihre Vorsilben.

Stufe III
13. Verwechslungen der Endungen des 3. und 4. Falles. Auch bei Diktaten werden die Endungen „überhört" (ihn-ihm, den-dem).

Stufe IV
14. Inkonsequenz der Rechtschreibung. Im selben Text kann dasselbe Wort einmal richtig, einmal falsch geschrieben werden.
15. Große Unsicherheit bei Dehnungen und Kürzungen.
16. Unsicherheit in der Groß- und Kleinschreibung.

Stufe V
16 a. Unsicherheit in der Groß- und Kleinschreibung von Abstrakta und hauptwörtlich gebrauchten Zeit- und Eigenschaftswörtern.

Tabelle 2.
Zuordnung der Entwicklungsstufen beim Lesen und Rechtschreiben zu Alter und Schulstufe.

Stufe	Fehlerart	Alter	Schulklasse	Abgeklungene Fehlerarten
I. Stufe	1–16	etwa 6–8 Jahre	1. Schuljahr	
II. Stufe	5–16	etwa 7–9 Jahre	2. Schuljahr	1–4
III. Stufe	10–16	etwa 8–12 Jahre	etwa 3.–6. Schuljahr	5–9
IV. Stufe	13–16	etwa 11–14 Jahre	etwa 5. Schulj.–Schulaustritt	10–12
V. Stufe	16a	bis etwa 16 Jahre	bei verlängerter Schulbildung verschwindet diese Fehlerart etwa in der 9. oder 10. Oberschulklasse	

Bei der Betrachtung des Diktates fällt die für fast alle Legastheniker typische Schriftunsicherheit allgemein auf, so die vielen Verbesserungen und undeutlich geformten Buchstaben. Erfreulich dagegen zeigt sich nach einem halben Jahr Therapie das völlige Verschwinden der Fehlerart Nr. 9, das weniger häufige Auftreten der Fehlerart Nr. 4. Als neuer Fehlerschwerpunkt erscheint Fehlerart Nr. 11 = Verwechlung von weichen und harten Konsonanten. Am hartnäckigsten bleiben die Fehlerarten Nr. 15 und 16 bestehen. Gelingt es, durch Förderung eines Kindes eine Verbesserung seiner Lese- und Schreibleistung zu erreichen, läßt sich das langsame Verschwinden der Fehlerarten früherer Stufen beobachten (s. Tabelle 2, 4. Spalte, 2. Schema, abgeklungene Fehlerarten). Andererseits bleiben „persönliche" Fehler oft lange nach dem Überwinden der früheren Fehlerstufen bestehen, wie in unserem Beispiel die Fehlerart 11 der Stufe III (d-t, g-k). Nach meinen Erfahrungen bereiten die Fehlerarten 14, 15 und 16 allen Legasthenikern mehr oder weniger gleiche, oft weit über die Schulzeit hinausdauernde Schwierigkeiten. Durch „Sammeln" von Lese- und Schreibfehlern können somit wertvolle Hinweise für den Beginn einer Legasthenie-Therapie gewonnen werden. Schul- und Haushefte sollten also möglichst in die Beratung bzw. Sprechstunde mitgebracht werden.

Als Zusammenfassung des physiologisch-psychologischen Abschnitts die derzeit gebräuchlichsten Hypothesen über die primären Störungsprinzipien

Über die Funktionsstörungen, die sich hinter den verschiedenen Fehlern verbergen könnten, gibt es geteilte Ansichten, wie sich aus den folgenden 4 geläufigsten Auffassungen über primäre Störungsprinzipien der Legasthenie ersehen läßt:

a) Die einzige Leistungsminderung der Legastheniker besteht in einem Unvermögen bzw. einer Schwäche der Analyse und Synthese des Laut-

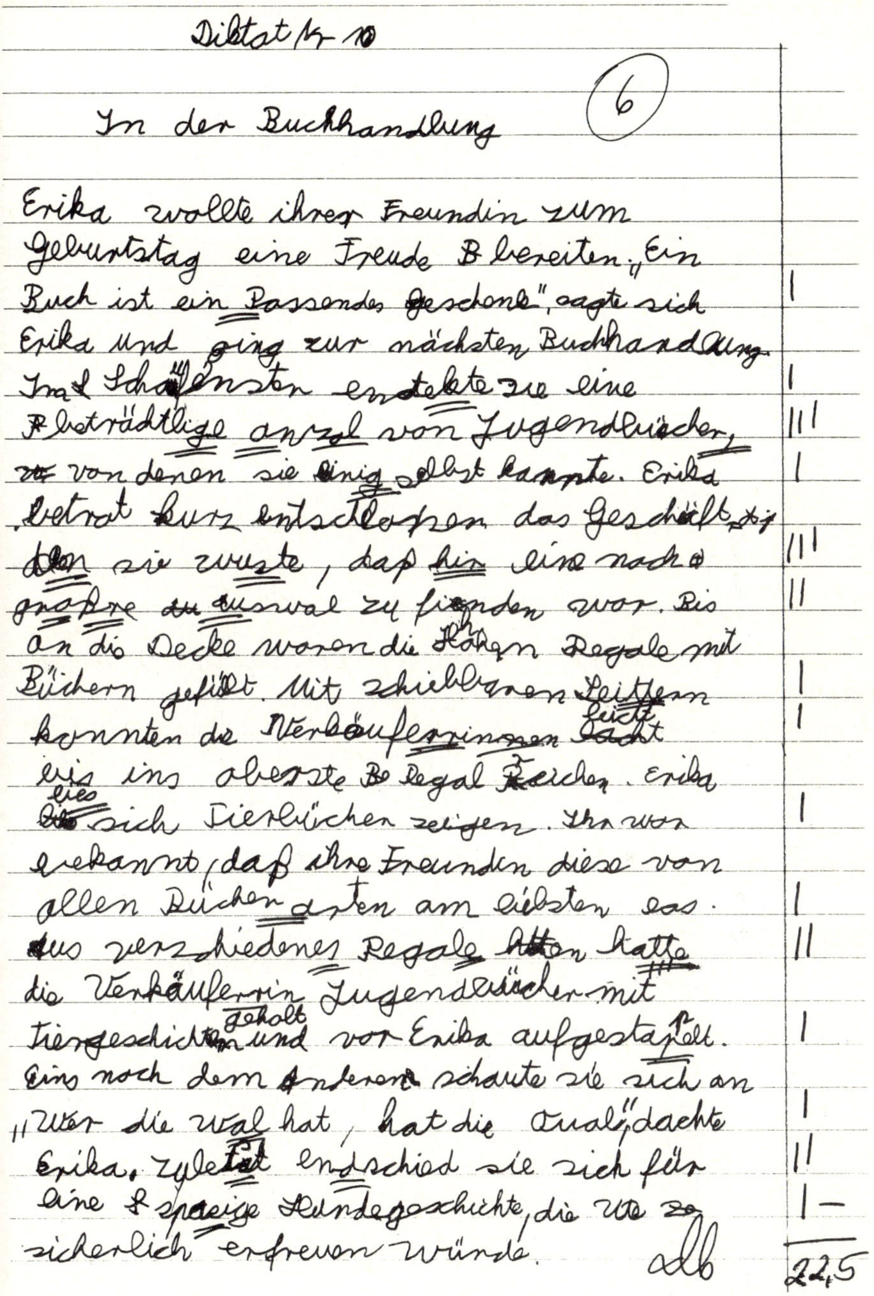

Abb. 1. Arbeit eines 12jährigen Legasthenikers.

wortes. Andere Leistungsmängel sind nicht nachweisbar (Solms, Weinschenk).
b) Legasthenie ist eine Gedächtnisschwäche (Speicherschwäche) und von Störungen der Wahrnehmung unabhängig (Schubenz-Buchwald, Kemmler), bzw. mit einer Wahrnehmungsschwäche verbunden (R. Müller).
c) Legasthenie beruht auf akustischen und sprechmotorischen Fähigkeitsausfällen (Kossakowski).
d) Legasthenie ist gekennzeichnet durch eine optische und akustische Gestaltgliederungsschwäche und durch eine Raumlagelabilität (Kirchhoff, Schenk-Danzinger, Tamm, Straub).

So ist es recht charakteristisch für Legastheniker, daß sie es nicht lernen, von Noten Klavier zu spielen, weil sie das komplexe Notenbild nicht übersehen.

All diese Definitionen erscheinen heute zu einseitig bzw. zu ausschließlich in der Festlegung von Legasthenie auf *die* Primärursache, bzw. Ursachen.

Die psychologisch-pädagogische Forschung

Erst seit den 50er Jahren wurden von seiten der Psychologen und Pädagogen die „Primärsymptome" der Legasthenie durch die Beachtung von „Sekundärsymptomen" ergänzt und erweitert. Die psychologisch-pädagogische Forschung zeichnet sich seitdem durch eine verwirrende, z. T. widersprüchliche Vielfalt von Aussagen über den Zusammenhang von Legasthenie mit anderen Begleiterscheinungen aus, die, je nach Autor, in organischen, psychologischen oder sozialen Bereichen gesucht und gefunden werden.

Die Uneinheitlichkeit des Ansatzes zeigt sich allein schon an den schwankenden Prozentangaben über die Häufigkeit des Auftretens von Legasthenie. Je nach dem im einzelnen zugrundeliegenden Begriff von Legasthenie finden wir Angaben zwischen 2–20% (Klasen, 5, 24).

All diese Vorstellungen und Überlegungen über primäre und sekundäre Ursachen oder Auswirkungen müßten bei Testuntersuchungen und in Beobachtungsbögen bei einer fraglichen Legasthenie mitbedacht und mitverwertet werden. Leider gehen viele Untersucher und Untersuchungen oft von einseitigen Vorstellungen über eine Legasthenie-Verursachung aus. Auch viele Tests genügen im einzelnen noch nicht derartig universalen Ansprüchen. Als äußerst wünschenswert erscheint deshalb eine verstärkte interdisziplinäre Zusammenarbeit. Dabei sollte jeder Fachbereich seine Forschungsergebnisse aus den Erkenntnissen seiner wissenschaftlichen Disziplin heraus geben! Leider ist es recht üblich, daß z. B. Ärzte Aussagen über pädagogische Zusammenhänge machen, Pädagogen sich in das Gebiet der Psychologie, Psychologen in das der Medizin etc. begeben. Damit wird der Klärung des Problems sicher kein guter Dienst erwiesen.

Als Zusammenfassung des theoretischen Teils meiner Arbeit will ich drei Definitionen zitieren, die die unterschiedlichen Auffassungen der Medizin, Psychologie und Pädagogik nochmals deutlich machen.

Zitiert nach Sirch (1975, S. 7):

„Legasthenie nenne ich diejenige Minderwertigkeit des geistigen Apparates, derzufolge Kinder im schulpflichtigen Alter sich das verbale Lesen innerhalb der ersten Schuljahre trotz normaler Sinnesorgane nicht entsprechend anzueignen vermögen. Sie bedeutet fast immer eine nachhaltige Rückständigkeit in der geistigen Entwicklung des Kindes" (Ranschburg, 1916).

„Legasthenie ist eine spezielle und aus dem Rahmen der übrigen Leistungen fallende Schwäche im Erlernen des Lesens (und indirekt auch des orthographischen Schreibens) bei sonst intakter oder (im Verhältnis zur Lesefähigkeit) relativ guter Intelligenz" (Linder, 1951).

„Legasthenie ist eine schulische Lernstörung. Diese Lernstörung kann auf eine ganze Reihe von Verursachungsmomenten zurückgehen. Regelrechte körperliche Schäden spielen dabei praktisch keine Rolle" (Angermaier, 1974).

Da bisher keine eindeutigen Forschungsergebnisse eine Aussage über die Legasthenie zulassen, muß Angermaier mit seiner sehr allgemeinen Feststellung im Moment rechtgegeben werden; ich möchte sogar noch vorsichtiger von *Legasthenie als allgemeiner Lernstörung*, nicht nur von schulischer Lernstörung, sprechen. Dagegen kann ich mich nicht der zur Zeit gebräuchlichen Definition von Linder anschließen, da es sich, wie eingangs gesagt, meines Erachtens bei Legasthenie um eine Teilleistungsstörung handelt, die sowohl bei Kindern mit guter Intelligenz als auch bei solchen mit verminderter logischer Intelligenz vorkommen kann. Ob Legasthenie außerdem eine „spezielle und aus dem Rahmen der übrigen Leistungen fallende" Schwäche ist, scheint mir ebenfalls fraglich. Nach meinen bisherigen Beobachtungen möchte ich behaupten, daß einerseits so manch späterer Legastheniker sogar schon vor der Schule erkannt werden könnte, d. h. Legasthenie nicht unbedingt erst durch den Vergleich mit anderen Schulleistungen quasi „zum Ausbruch" kommt, andererseits die Legasthenie-Problematik mehr oder weniger stark in verschiedene andere Gebiete streut. Da ist z. B. der Legastheniker mit einer 5 im Turnen (Hinweis auf grobmotorische Bewegungsstörung?), der Legastheniker mit einer 5 in Musik (Hinweis auf akustisch/rhythmische Störung?), einer 5 in Werken und Zeichnen (feinmotorische Probleme?), einer 5 in Stenographie (visuelle Speicherprobleme?), einer 5 im Rechnen (Legasthenie- und Rechenschwäche?), einer 5 im Maschinenschreiben (Koordinations-Assoziationsprobleme?), usw.

Der Umgang mit dem Problem der Legasthenie

Sieht man sich nun der Aufgabe gegenüber, Kindern mit Schwierigkeiten beim Lesen und Schreiben zu helfen, Kindern *und* deren Eltern, steht man nach wie vor vor einer Fülle von ungeklärten Fragen.

Denkt man an die eingangs gestellten Fragen, stellen sich mir aus ihnen für die Praxis u. a. folgende Probleme:

1. Welcher der verschiedenen Definitionen soll ich mich als Ausgangspunkt für Fördermaßnahmen anschließen?
2. In welcher Weise kann ich bei der Ermittlung eines Legasthenie-Falles verfahren?
3. Welche Art und Weise von Legasthenie-Förderung ergibt sich aus den Ermittlungen und ist im einzelnen Fall angezeigt?
4. Wie kann der Behandlungserfolg objektiviert werden?

In den folgenden Ausführungen kann ich nicht auf alle möglichen Antworten auf diese Fragen eingehen. Ich will vielmehr die Grundvorstellungen und Vorgehensweisen darstellen, die ich im Laufe meiner zwölfjährigen Tätigkeit im praktischen Umgang mit Legasthenikern erworben habe.

Grundannahmen als Ausgangspunkt für Fördermaßnahmen

Da es sich beim Lesen und Schreiben nicht um biologisch bedingte Fähigkeiten handelt, sondern diese Fertigkeiten sekundär als sogenannte Kulturtechniken erlernt werden müssen, scheint mir die Grundfrage diejenige nach den Voraussetzungen zu sein, die zu diesen sekundären Fertigkeiten führen. Leider gibt es über die Entwicklung vieler Teilfunktionen, die für den störungsfreien Ablauf eines Lese- und Schreibprozesses verantwortlich sind, noch keine eindeutigen Forschungsergebnisse (Francescato, 1973, S. 68, 160.) (Graichen, Sonderdruck). Es läßt sich bisher meines Erachtens nur soviel sagen, daß alle Lernschritte, die zum Erlernen des Sprechens und der Sprache vollzogen werden müssen, sich beim Erlernen des Lesens und Schreibens auf erhöhter Ebene wiederholen. Unter Lesen und Schreiben will ich demnach folgenden Prozeß verstehen: „*Lesen* ist verstehendes Aufnehmen von fixierten Sprachfügungen." „*Schreiben* ist die Tätigkeit der Umsetzung sprachlicher Bedeutungseinheiten (Sinnträger) und verbal ausformulierter Gedankengänge eines innersprachlichen Konzepts in sichtbare Zeichen" (Kainz, F., 1956, S. 3, 162.).

Sprechen, Hören und Sehen allein genügen also nicht, um Lesen und Schreiben zu können. Die Aufnahme der Sprache und der Wortbilder muß verstehend, sinnerfassend sein. Erst aus dieser Erkenntnis heraus, daß

Sprache und Schriftzeichen Symbole, Sinnträger sind, kann sich durch ständiges Üben, ein „Laut-Bild-Speicher" (Schubenz) bilden, der zur gegebenen Zeit als ein „innersprachlich-bildliches Konzept" dienen kann. Die Einsicht in die Gesetzmäßigkeit hörbarer und „fixierter Sprachfügungen" macht es schließlich möglich, innersprachlich ausformulierte Gedankengänge motorisch in sichtbare Zeichen und hörbare Lautfolgen umzusetzen.

Erst wenn alle diese Schritte durch Lern- und Lehrvorgänge genügend miteinander koordiniert bzw. geübt werden, gelingt das, was wir nach obiger Definition unter Lesen und Schreiben verstehen wollen.

Da zu allen diesen Leistungen vor allem verbal-auditive, visuelle und motorische Prozesse notwendig sind, müssen sich Schwierigkeiten im Lesen und Schreiben *primär* in Störungen oder Versagen einer oder mehrerer dieser psycho-physischen Funktionen zeigen.

Ich schließe mich damit der Definition von Legasthenie von Ruth Becker an, die aufgrund von Beobachtungen Legasthenie folgendermaßen definiert: „Die Legasthenie stellt eine Störung im Erlernen des Lesens und Rechtschreibens dar, so daß die schriftsprachliche Kommunikation längere Zeit erheblich beeinträchtigt oder gar unmöglich ist. Diese Störung kann vorwiegend auf eine mangelhafte Ausbildung der phonematisch-kinästhetischen und sprechmotorischen Funktionen zurückgeführt werden." (Becker, R., Berlin 1973, S. 53.).

Bei einer Legasthenie-Behandlung gehe ich somit von folgenden *Grundannahmen* aus:

● Legasthenie beruht auf Störungen in oder während der Entwicklung von Lernprozessen, die sowohl das Sprechen als auch die Fähigkeit des Gebrauchs von Sprache und Schriftbildern voraussetzen.
  Die Störungen zeigen sich bei motorischen, auditiven und visuellen Assoziationen bei der Aufnahme, Speicherung und Wiedergabe sprachlich-bildlicher Inhalte.
● Die Störungen können durch biologische, psychische und pädagogische Gegebenheiten verursacht werden.
● Sie können sich in vielfältiger Weise sekundär auswirken.

Ermittlung notwendiger Maßnahmen

Bevor ich an einem Beispiel die Durchführung einer Legasthenie-Behandlung zeigen will, möchte ich *meine Verfahrensweise allgemein von der Ermittlung bis zur Erstellung eines Therapieplans* beschreiben.

Allgemein umfaßt jede Legasthenie-Behandlung vier Bereiche:

1. Ermittlung und Beratung
- Beratung mit den Eltern.
- Ermittlung anhand des ärztlichen/schulpsychologischen Gutachtens.
- Ermittlung anhand des Fragebogens an die Eltern.
- Beratung mit den Eltern und Festlegung eines vorläufigen Therapieplans
- zusätzlich Ermittlung, falls nötig, und Umstellung der Maßnahmen.
- Beratung mit den Eltern nach Abschluß und Erfolgskontrolle durch den Psychologen.

2. Spezielle Förderung im Bereich primärer Symptome (Fehlerschwerpunkte).

3. Häusliche Förderung.

4. Elterngruppe – Information, Erfahrungsaustausch, Einsicht in die Sekundärproblematik.

Meist sind es die Eltern selbst, gelegentlich sind es psychologische Beratungsstellen oder Schulen, die mit der Bitte, ihrem Kind mit Schulschwierigkeiten, insbesondere im Lesen/Schreiben, zu helfen, zu einer ersten Beratung kommen.

Plan A
Mögliche Schritte zur Ermittlung einer Legasthenie

Instanz	Untersuchungs-bereich	Diagnose	Maßnahmen Therapie
Eltern Kindergarten	Auffälligkeiten	Verhaltensstörung	Beratung, Überweisung
Eltern Schule	Schwierigkeiten im Lesen und Schreiben	Verhaltensstörung allg. Lernstörung Legasthenie	Beratung, Überweisung
Ärzte	Organstörung	Sehstörungen Hörstörungen Störungen der Motorik allg. körperlicher Entwicklungs-rückstand	Brille, Hörgerät, Krankengymnastik, logopädische Betreuung, evtl. schulische Zurückstellung
Psychologen Psychagogen Erziehungsberater	psychische Mängel	Mängel der sprach-lichen Reife, intellek-tuellen Reife u. sozial-emotionalen Reife	Förderung in den entsprechenden Bereichen
Fachpsychologen	Funktionsabläufe	Störung der visuellen, audi-auditiven und motorischen Funktionsabläufe	Legasthenietherapie, schulisches und häusliches Förderprogramm
Eltern Schule	pädagogische Mängel	Mängel im häuslichen schulischen Erzie-hungsstil (z. B. Lei-stungsdruck) Mängel in der Lehrmethode	Aufklärung, psychologische Beratung
Eltern Schule	soziale Gegeben-heiten	gestörte Familienver-hältnisse u. Kind-Lehrerbeziehung zu große Klassen-frequenz häufiger Wechsel der Bezugsperson	politische Aktionen

Kapitel VI, Legasthenie

Plan B
Allgemeiner Mitteilungsbogen über Legasthenie

Datum:
Name des Kindes: A . . . geb. am:
Anschrift:

Test durchgeführt am:
Ergebnis: Gesamt IQ 105; 114/96 – DRT 5; : PR 5–10

Auffälligkeiten:
Körperliche Symptome   Verhaltensbereich
                                    zurückgezogen

Psychische Symptome   Leistungsbereich
 sozialemotionale und sprachliche Mängel   *Lernfächer 1 und 2, Deutsch 5,*
                                    Werken, Zeichnen, Turnen,
                                    Musik 4

Problemverhalten:
Kind   – Versagensangst
         Kontaktschwierigkeiten
Eltern – Unsicherheit, sich dem Kind gegenüber
         richtig zu verhalten
Schule – unaufgeschlossen

Verhaltensauffälligkeiten:
Unsicherheit: gehemmt – scheu – *ängstlich* – *empfindlich*
Entmutigung: mangelndes Selbstvertrauen – schnelles Aufgeben – *Arbeitswilligkeit/*
                -unlust
Passivität: Antriebsarmut – *angepaßtes Verhalten*
Störanfälligkeit: Aggressivität – Trotzreaktionen – Streitsucht – Impulsivität

Fehlerschwerpunkte:
Fehlerart Nr. 4 = Auslassungen von Konsonanten und Vokalen infolge fehlender Fähigkeit
                    zur Lautisolierung
Fehlerart Nr. 9 = Verwechslung von Umlauten und Zwielauten
Fehlerart Nr. 11 = Verwechslung von weichen und harten Konsonanten
Fehlerart Nr. 15 = Große Unsicherheit bei Dehnung und Schärfung
Fehlerart Nr. 16 = Unsicherheit der Groß- und Kleinschreibung

Weitere Schwerpunkte:
Mängel der Lautunterscheidung, insbesondere d-t, g-k
Dysrhythmisches, abgehacktes Nachsprechen längerer Wörter
Ungeschicklichkeit in Vorgängen *der motorischen Koordination*

Fortsetzung Plan B

Sprachlicher Entwicklungsstand:
Stammeln: –
Stottern: –
Dysgrammatische Satzbildung: –
Verzögerte Sprachentwicklung:
Undeutliche Aussprache:
Sprechen: hastig – überstürzt – stockend
Nachsprechen längerer Wörter: *Häufiges Versprechen, Sprachfluß oft unterbrochen*
Bes. körperliche Auffälligkeit:
Phonematische Diskrimination:
Erschwerte Mengenauffassung

Wo könnte über die LRS-Therapie hinaus angesetzt werden?

Was wurde den Eltern geraten?
Zusammenfassender Eindruck: intelligenter Junge, arbeitswillig und angepaßt, mit mangelndem Selbstvertrauen. Legasthenische Probleme im auditiv-motorischen Bereich.

Plan C
Fragebogen an die Eltern bei Beginn einer Legasthenie-Behandlung

Ort:

Name: A...   Datum:
Adresse:
Geschwister: geb.:
Beruf des Vaters:
Beruf der Mutter:
Kasse: Arbeitszeit:

(übernimmt Kosten: ganz – für ..... Std. – nicht)
Kind kommt auf Empfehlung von:
Legasthenie-Test wurde durchgeführt
durch: am:

Kindergarten besucht: Anzahl der Jahre: *1*–2–3–4
Alter bei Schuleintritt: *6 Jahre*
Schule: *Hauptschule*
Klassenhöhe: 6
Klasse wiederholt: 1 – 2 – 3 – 4 – 5 – 6
zurückgestellt: 1 – 2 – 3 – 4 – 5 – 6

Kapitel VI, Legasthenie

Fortsetzung Plan C

Besondere Krankheiten seit der Geburt: –
Schwere Erlebnisse: –
Auffälligkeiten während der Entwicklung
– Sprachliche Entwicklung *Spät sprechen gelernt, Sätze und Wörter verdreht ausgesprochen*
– körperliche Entwicklung *gut*
– Links- oder *Rechtshänder*
– Entwicklung der *Selbständigkeit langsam*
– Entwicklung der *Spielfreude* / Neugierde / *Arbeitslust: gut*

Wodurch sind Sie auf das Legasthenie-Problem aufmerksam geworden? *Diktatnote 6*
Wann fielen Ihnen erste Anzeichen möglicher Schulschwierigkeiten auf? *Ende der 2. Klasse*
Was wurde oder wird Ihnen von der Schule geraten, zu Hause zu tun? *Üben, üben, üben*
Gibt es Förderunterricht an der Schule? *Ja*
Ab Klasse: *2.–4. Klasse, jetzt nicht mehr*
Nimmt Ihr Kind am Förderunterricht teil?
Wie oft?
Zeugnisse und Leistungsbeurteilung der Schule:

Wie beurteilen Sie das Verhalten Ihres Kindes
(früher / jetzt) ? *Verhalten 1, Mitarbeit 2, Lernfächer 2, Turnen, Werken, Zeichnen 4*
– ist es *unsicher, ängstlich, leicht entmutigt,* scheu?
 . . . . .
– hat es gutes Selbstvertrauen, ist sein Selbstwertgefühl eher mangelhaft,
 schnelles Aufgeben häufig?
 . . . . . *sein Selbstwertgefühl mangelhaft*
– reagiert es auf Schwierigkeiten passiv oder aktiv, *resignierend*
 d. h. *lustlos* oder mit neuer Aktivität?
– ist es eher aggressiv, trotzig, streitsüchtig, impulsiv, oder *eher angepaßt*?
– kann es sich gut / *weniger gut konzentrieren*? *(Spiel / Arbeit)*
– ist es bei *Spielen / Arbeiten ausdauernd* oder weniger ausdauernd?
– halten Sie Ihr Kind für ehrgeizig, *leistungswillig,*
 oder noch eher für verspielt, interesselos, schwer zu motivieren?

Macht Ihr Kind seine Aufgaben allein? *nein*
Wie lange dauern die täglichen Aufgaben etwa? *2–3 Stunden*
Bei welchen Aufgaben helfen Sie? *Deutsch*
Worin bestehen zusätzliche Übungen? *Diktatübungen*
Übt der Vater / Mutter ?   Wie lange täglich? *1 Stunde*

Wie beurteilen Sie die Lesefähigkeit Ihres Kindes?
– *Sinnentnehmendes Lesen möglich – nicht möglich* bei schwierigeren Texten
– Lesen ist ratend – *stockend* – verlangsamt – überhastet
– Buchstabenkenntnis ist *sicher* – unsicher – fast keine
– Leselust ist groß – *gering* – voller Abneigung
– *liest von sich aus* – nur Heftchen – *gar nicht*
Ich lese ihm gelegentlich vor – *will nicht vorgelesen bekommen* – lese nie vor
Gemeinsame Leseübungen: *nicht mehr*
Lesespiele ect.:

Fortsetzung Plan C

Wie beurteilen Sie die Rechtschreibfähigkeit Ihres Kindes?
– *schreibt gern* – sehr ungern – vermeidet schreiben
– kann fehlerfrei abschreiben – nicht fehlerfrei abschreiben
– *freies Schreiben gelingt* – gelingt kaum / *mäßig*
– es macht die meisten Fehler: *Auslassungen, Verwechslungen, Groß- u. Kleinschreibung, Dehnung u. Schärfung*
– seine Schrift ist ungeschickt – gut – *unsicher* – flüssig
– es kann Fehler selbst finden – *sieht Fehler nicht*
– es läßt Fehler stehen – radiert oft – *schreibt drüber*
. . . . .
– ich verhalte mich . . . *abwartend, ausgleichend*

Sonstige Probleme: (Freunde, Schulangst, Berufsvorstellungen, Umschulung in weiterführende Schule . . .)
Keine Freunde, wird als dumm gehänselt

Welche Möglichkeiten zur Mitwirkung bei der Legasthenie-Behandlung sehen Sie – vom Kind – von der Schule – vom Therapeuten – von sich – . . .?
Mitwirkung der Eltern durch gezielte häusliche Förderung unter Anleitung

Als Gesamtübersicht zur Ermittlung orientiere ich mich an Plan A, der die möglichen bzw. teilweise notwendigen Schritte bei der Ermittlung einer Legasthenie enthält. Mittels dieser Aufstellung versuche ich stufenweise, vor allem unter Mithilfe der Eltern sowie Lehrer, Psychologen und Ärzte (s. Instanz), im organischen, psychischen, funktionellen, pädagogischen und sozialen Bereich (s. Untersuchungsbereich) zu einer Diagnose (s. Diagnose) zu gelangen, um schließlich mit den verschiedenen Instanzen Möglichkeiten eines individuellen Förderprogramms zu erarbeiten (s. Maßnahmen – Therapie). Schulpsychologen, Ärzten, Psychagogen etc. geht dazu ein Mitteilungsbogen zu (Plan B), der sich zwar im Laufe der Jahre oft gewandelt, jedoch in dieser Form als brauchbar erwiesen hat. Die Eltern erhalten einen gesonderten Fragebogen (Plan C), in dem Fragen über die organischen und psychischen Entwicklungsmomente sowie die pädagogisch-sozialen Gegebenheiten gestellt werden, die sich als eventuell relevant im Falle einer Legasthenie herausgestellt haben (s. S. 176, 178 f.)

Nachdem alle angezeigten Schritte unternommen und die Ergebnisse mit den entsprechenden Fachkräften besprochen sind, findet eine zweite Besprechung mit den Eltern statt, bei der das weitere Vorgehen allgemein und im einzelnen besprochen wird. Auf jeden Fall ist eine ständige Kontrolle des Behandlungserfolges während der Förderung sowie gegebenenfalls eine Nachermittlung und Umstellung verschiedener Maßnahmen notwendig.

Trotz aller Bemühungen führen die verschiedenen Daten und Aussagen dennoch nicht in jedem Fall zu einem völlig befriedigenden Behandlungsplan.

Ich will im Rahmen dieser Arbeit nicht auf die Fraglichkeit der Bestimmung eines Legasthenikers aus der Diskrepanz von ermitteltem Prozentrang (meist erhoben nach dem Deutschen Rechtschreibtest von R. Müller) und der Höhe des Intelligenzquotienten eingehen, als einem Problem, das sich einer wirkungsvollen Therapie in den Weg stellt. Der Hinweis auf drei Arbeiten der neueren Zeit, in denen ausführlich zu diesem Problem Stellung genommen wird, möge genügen, um die unsichere Basis jeglicher Förderungsversuche anzudeuten: Sirch (1975): „Der Unfug mit der Legasthenie". Schlee (1974) „Zur Erfindung der Legasthenie", in „Bildung und Erziehung", 27, S. 289–299. Schlee (1976) „Legasthenieforschung am Ende?"

Dazu kommt als weitere Erschwernis für ein erfolgreiches Förderungsprogramm unter anderem die Widersprüchlichkeit über den Grundcharakter einer Legasthenie, die Uneinigkeit über das methodische Vorgehen im Anfangs-Lese- und -Schreibunterricht, die begrenzten Möglichkeiten der Schule im individuellen Vorgehen bzw. persönlichen Eingehen auf Einzelbedürfnisse.

Durchführung einer Legasthenie-Behandlung

Ich will nun kurz an dem 12jährigen Jungen, dessen Diktat bereits an anderer Stelle besprochen wurde, aufzeigen, wie ich verfahre: Aus den Ermittlungen ergab sich, grob umrissen, folgendes: (alle wesentlich erscheinenden Punkte finden sich im Plan A [kursiv]).

Bei der ersten Besprechung mit den Eltern berichten diese, daß sie etwa im 2. Schuljahr die Schwierigkeiten bei dem Kind beim freien Lesen und Schreiben bemerkt hätten. Der Lehrer riet nur: üben, üben, üben. Aufgrund sonst guter Leistungen wurde ein spezielles Leistungsversagen angenommen. Zur Klärung eventuell vorhandener organischer Störungen werden ein Kinderarzt und ein Neurologe konsultiert, die klinisch keine Auffälligkeiten feststellen. Mittels eines psychologischen Gutachtens wird eine gute durchschnittliche Intelligenz von 105 ermittelt, wobei der niedrige Wert im Verbalteil (96), im Vergleich zum Handlungsteil (114), auffällt. Aus der Anwendung des DRT 5 ergibt sich ein Prozentrang von 5–10.

Alle weiteren Ermittlungen lassen sich aus dem Plan B ablesen; ebenso sprechen die Aussagen der Eltern im Plan C für sich. Herausheben möchte ich nur die bereits im Alter von 2,3 Jahren gemachte Beobachtung, daß der Junge Wörter und Sätze verdreht gesprochen hätte, und auffällig ungeschickt gewesen sei. Wäre durch ein gezieltes Sprach- und Bewegungstraining bereits von diesem Alter an eventuell die Legasthenie gar nicht oder zumindest nur in gemilderter Form zum Ausbruch gekommen?

Durchführung einer Legasthenie-Behandlung

Plan D
Beobachtungen über Fehlerschwerpunkte (s. Fehlerarten Tabelle 1, S. 167)

Name: *A...* geb.: Klasse: *6. Kl.*

	Bemerkungen		Fehler-
	Lesen	Schreiben	art Nr.
Stufe 1 (6–8 J.)			
Erraten von Wörtern (Wortsalat)			
Verwechseln von Wörtern			
Verwechseln von Buchstaben			
Verzög. Buchstabieren			
Laut-Assoziation			
Mangelnde Speicherung von Wörtern			
Nur zwei Drittel der Buchstaben können zusammengelesen werden			
Größte Abneigung gegen Lesen und Schreiben	X		
Unsicherheit in dieser Richtung			
Schreibmotorische Probleme			
Sprachmotorische Probleme	X		
Stufe 2 (7–9 J.)			
Mangelnde Differenzierung			
von Wörtern			
von Buchstaben (lange/kurze Vokale)			
M-W n-m d-b-p-q-g			
l-h-f-t-g ei-ie			
st-sch-sp u-o-a-i-e-a			
g-k d-t s-z-x		X	4
Umstellungen			
von Vokalen			
von Konsonanten			
von Ziffern			
von Buchstabenverbindungen			
von Silben			
Auslassungen			
von Vokalen		X	
von Konsonanten		X	4
Schwierigkeiten beim Heraus-Differenzieren			
von Buchstaben			
von Buchstabenverbindungen			
von Silben			
Fehler können nicht erkannt werden			
Schwierigkeiten bei der Durchgliederung			
von Wörtern zu Silben			
von Silben zu Wörtern			
Lesetempo verlangsamt	X		
Lautierendes, halblautes Vorüben	X		
Zu leises Lesen			
Verwaschene Aussprache	*Dialekt*		

Kapitel VI, Legasthenie

Fortsetzung Plan D

	Bemerkungen		Fehler-
	Lesen	Schreiben	art Nr.

Stufe 3 (8–12 J.)
Ersetzung ganzer Wörter
Auslassung ganzer Wörter

Oftmaliges Verbessern	X	X	
Geringe Ausprägung der Form/Lautnuancen	X	X	

Inkonsequenz – verschiedenes Verlesen und
   Verschreiben desselben Wortes

Verwechslung von Um- und Zwielauten		X	

Hinzufügung von Buchstaben
Große Unsicherheit bei

Dehnungen		X	15
Schärfungen		X	
Groß- und Kleinschreibung schwierig		X	16

Verwechslung von stimmhaften und stimmlosen
Konsonanten (d-t b-p *g-k* s-z-x w-f st-sp-sch)

		X	11
Unsicherheit bei Konsonantenhäufungen		X	
Geringes *Leseverständnis*	schwierige Texte		
Abneigung gegen Lesen und Schreiben	X		

Interpunktion wird mißachtet
Oberzeichen-Fehler

Dysrhythmisches Lesen und *Schreiben*	X		

Selbstgeschriebenes kann schwer wieder-
gelesen werden

Noch verlangsamtes Lese- und *Schreibtempo*	X		

Tendenz zum
   Aufgeben
   zu schnellen Arbeiten

Stufe 4 (11–15 J.)
Verwechslung gleichklingender Laute
(e-ä eu-äu v-f chs-x-gs-ks ng-g nk-k)

Dehnungsfehler		X	
Schärfungsfehler		X	

Beim Freischreiben Zurückfallen in alte Fehler
Beginnendes Leseinteresse (meist comics)

Abneigung gegen lautes Lesen	X		

Unlust zu schriftlichen Arbeiten

Schriftbild		unsicher	
Motorik	leicht gestört		
Sprache	gestörter Rhythmus		
Allgemeine Arbeitshaltung	sehr bereit		

Bei einer weiteren Beratung mit den Eltern *wurden folgende Maßnahmen beschlossen:*

- Aneignung einiger wichtiger Kenntnisse über Legasthenie auf elterlicher Seite zum besseren Verständnis des Problems
- Versuch der sprachlichen Förderung zu Hause durch Sprachspiele, Reime, täglich kleine Nachsprechübungen unter Berücksichtigung bestimmter Laute und des Sprachflusses, durch Singen und Lernen von Texten etc.
- Versuch, das Leseinteresse durch einfache Lesestoffe zu wecken
- Verstärkte Unterstützung von Freundschaften durch Einladen von Klassenkameraden und Arrangieren gemeinsamer Ausflüge etc.
- Turnen im örtlichen Turnverein, zusammen mit zwei anderen Klassenkameraden
- häufige Gespräche mit Lehrern in der Schule zum besseren Verständnis des Legasthenie-Problems und des Kindes
- „Politik der Ermutigung" und „Politik der kleinsten Schritte", d. h. Freude über den kleinsten Fortschritt.

Förderung durch Legasthenie-Therapie

Aus dem Plan D geht hervor, welche Fehlerschwerpunkte durch gezielte Übungen angegangen wurden. Der Plan entstand im Laufe der Jahre, in Anlehnung an Schenk-Danzinger, durch einige Faktoren erweitert, die meines Erachtens in diesem Zusammenhang festgehalten werden müssen.

Es würde zu weit führen, jeden einzelnen Trainingsschritt zu referieren. Ich kann nur in groben Zügen darstellen, in welcher Weise ich bei einem „speziellen Fehlertraining" verfahre.

Dazu muß ich kurz auf das zur Zeit gebräuchlichste Verfahren der Erfassung von Fehlerschwerpunkten als Ansatz für Fördermaßnahmen eingehen. Es handelt sich um die von R. Müller entwickelten Rechtschreibtests (s. S. 166, 187), von denen bereits die Rede war. Ziel der Testergebnisse soll die Feststellung der jeweiligen Fehlerschwerpunkte sein, die als Ausgangspunkte zur Behebung einer Legasthenie durch ein „Fehlertraining" benützt werden sollen.

Leider hat sich im Laufe der letzten Zeit zum einen herausgestellt, daß zur „Behebung" einer Legasthenie *ein gezieltes Fehlertraining allein nur in seltenen Fällen genügt,* zum anderen haben derartige Übungen mit mehr oder weniger schulischem Lese- und Schreibmaterial meines Erachtens nur dann eine *Erfolgschance,* wenn sie nicht nur vielfältig sind, sondern bei jedem Übungsschritt *sowohl visuelle als auch motorische Kanäle angesprochen werden* (Prinzip der drei Kanäle) – eine Voraussetzung, die bei keinem käuflich angebotenen Übungsmaterial erfüllt ist.

Zum Beispiel:

Will ich auf eine bestimmte Lese-, oder Rechtschreibschwierigkeit eingehen, bereite ich jede Übung so vor, daß sie in dreifacher Weise die visuell-akustisch-motorischen Kanäle im Wechsel beansprucht. Das heißt, ich biete zuerst dem Schüler visuell, danach auditorisch das Material an. Der Schüler wird aufgefordert, das visuell Dargebotene unter anderem Material wiederzufinden, das auditorisch Dargebotene nachzusprechen und es dabei gleichzeitig zu schreiben. Derselbe Vorgang wird wiederholt, mit dem Unterschied, daß der Schüler erst nach Ablauf einer bestimmten Merkzeit (ca. 20 Sekunden und mehr) wiederzuerkennen, nachzusprechen und zu schreiben versucht.

Als Material verwende ich Einzellaute, Lautketten, schwierige Lautverbindungen, einzelne Worte und Wörter im Textzusammenhang. Durch diese Vorgehensweise versuche ich unter anderem zu erreichen:

- sprachmotorische, akustische, visuelle, schreibmotorische Festigung des Klang- und Lautbildes
- Speicherung dieses Klang- und Lautbildes über längere Zeit
- Steigerung des Schwierigkeitsgrades
- Motivations- und Konzentrationssteigerungo
- Fähigkeit zur Selbstkontrolle,
- Freude an kleinsten Fortschritten
- Fähigkeit, das in der speziellen Situation Gelernte jederzeit anwenden zu können.

Die *Politik der Ermutigung* + die *Politik der kleinsten Schritte* + das „*Prinzip der drei Kanäle*" sind die Grundfesten, auf denen ich meine Förderung aufbaue.

Damit nenne ich bereits die Ausgangspunkte für die Empfehlungen eines möglichen kleinen häuslichen Programms. Vereinfacht wird den Eltern das oben beschriebene Übungsbeispiel erklärt und durch Beobachten während meines Arbeitens mit ihrem Kind demonstriert.

Bei allen Übungen zu Hause kommt es auf freudige, individuell freie Gestaltung, auf die Fähigkeit an, phantasievoll und kindgerecht selbst Übungsformen zu erdenken und die käuflichen Übungsangebote entsprechend dem einzelnen Kind umzugestalten, eine Notwendigkeit, die für manche Eltern (und auch Lehrer) eine große zeitliche und pädagogische Forderung, wenn nicht Überforderung, bedeuten kann.

Die Eltern des Jungen gaben sich große Mühe, Fehler zu sammeln und seine Leistungen wie auch vor allem sein Selbstvertrauen durch Lob und Anerkennung zu stärken.

Fragen und Probleme, die aufgrund der Legasthenie den Umgang mit dem Kind erschweren, z. B. allgemeine Verhaltensprobleme, Geschwisterprobleme, Unstimmigkeiten mit Lehrern, Schule oder den Eltern untereinander, werden an den *monatlich stattfindenden Elternabenden* zur Sprache gebracht. Im Fall von A stand sein mangelndes Selbstvertrauen und seine Unfähigkeit, Freunde zu finden, im Vordergrund der Gespräche.

Zu Beginn wurde mit einer *Behandlungsdauer* von etwa 30 Stunden gerechnet. Nach Ablauf dieser Zeit wurde mit den Eltern, die von guten Fortschritten berichteten, Rückschau gehalten: weniger Fehler im Diktat, größere Lust, beginnendes Leseinteresse. *Nach 50 Stunden* wurde der Junge *erneut von der Schulpsychologin getestet*. Über den Rückgang der verschiedenen Fehlerschwerpunkte wurde bereits früher berichtet. Bei gleichgebliebenem IQ hatte sich der *Prozentrang auf 20 verbessert*. Weitere 20 Behandlungsstunden wurden angesetzt. Heute besucht A die 7. Klasse Hauptschule und behauptet sich unter seinen Freunden und in seinen Leistungen in zufriedenstellendem Maße, wenn auch weiterhin Schwierigkeiten im Rechtschreiben bestehen. Sein Leseinteresse ist enorm gestiegen, und er kann heute jeden Text bei sorgfältigem Lesen sinngemäß erfassen.

Wie kann der Behandlungserfolg objektiviert werden?

Wie erfolgreich sind nun all diese Versuche, allgemein eine Verbesserung der Lese- und Rechtschreibleistungen und den damit verbundenen Auffälligkeiten zu erreichen?

Edith Klasen geht auf diese Frage folgendermaßen ein: „Es besteht in der Legasthenieliteratur Einigkeit darüber, daß Unterrichtserfolge (= Therapieerfolge) bei leseschwachen Kindern die Regel sind. Statistische Angaben lassen sich jedoch schwer vergleichen, da Dauer, Häufigkeit, Qualität und Ort des Unterrichts sowie die Einheiten, in denen der Erfolg gemessen wird, zu unterschiedlich sind. Je qualifizierter das heilpädagogische Team, je kleiner die Gruppe, je geringer der Grad der Legasthenie und je höher die Intelligenz und Motivation des Kindes ist, desto größerer und schnellerer Erfolg darf erwartet werden. Gewiß ist, daß Legastheniker, die in normalen Schulklassen nicht vorwärtskommen oder sogar zurückfallen, in heilpädagogischer Lesebehandlung, d. h. bei Anwendung individuell angepaßter Sondermethoden durch geschulte Fachkräfte, durchaus Fortschritte machen können und oft sogar ihre Schreib-Leseschwäche völlig überwinden.

Quantitative Leistungszunahmen, so erfreulich sie sind, stellen aber nur einen Teil des Erfolges dar. Die Einstellungsveränderung der Kinder zu sich selbst, zum Lernen, zur Mit- und Umwelt bereitet den Boden für weitere Leistungsfortschritte und trägt zur besseren sozialen Anpassung bei. Solche qualitativen Erfolge der Lesetherapie lassen sich nicht in Zahlen ausdrücken" (E. Klasen: Das Syndrom der Legasthenie, s. S. 187). Ich glaube, daß Klasen damit in klarer Weise das ausdrückt, was ich im praktischen Teil dieser Arbeit auszusagen versuchte.

Zusammenfassung

Ich habe versucht, im theoretischen Teil zu zeigen, wie aus einem anfangs enggefaßten Legastheniebegriff mit der Zeit immer breiter gefaßte Vorstellungen über Verursachungsmomente bei Lese- und Schreibschwierigkeiten entwickelt wurden. Im praktischen Teil ging es darum, zu zeigen, wie aus der Fülle der möglichen biologischen, psychologischen und pädagogischen Gegebenheiten ein individueller Behandlungsplan entwickelt wird.

Die Mithilfe der Eltern, d. h. insbesondere eine Einstellungsänderung zu unseren Kindern, scheint dabei die wesentlichste Voraussetzung – sowohl für Prophylaxe als auch Therapieerfolg – bei einer Legastheniebehandlung zu sein.

Ich bin bei meinen Ausführungen nicht auf das oft sicherlich Legasthenie verursachende lerntheoretisch undurchdachte oder methodisch-didaktisch falsche Vorgehen der Schule im Anfangs-Lese- und Schreibunterricht eingegangen (s. Sirch). Diesen Aspekt versuche ich im Rahmen meines „Arbeitskreis Schülerhilfe" im Gespräch mit Eltern und Lehrern u. a. zu berücksichtigen und durch Austausch persönlicher und allgemeiner Erfahrungen mit dem Problem Legasthenie Erleichterungen und größeres Verständnis für das einzelne Kind zu Hause, in der Schule und der Öffentlichkeit zu erreichen.

Literaturverzeichnis

Angermaier, M.: Verursachungsmomente einer Lernstörung. Beltz, Weinheim 1970.
Angermaier, M.: Legasthenie. Fischer, Frankfurt 1976.
Bannatyne, A.: A Suggested Classification of Causes of Dyslexia, London 1966.
Becker, R.: Die Lese-Rechtschreibschwäche aus logopädischer Sicht, S. 53. VEB Berlin (DDR) 1973.
Berkhan, O.: zit. nach Handbuch der Legasthenie im Kindesalter, 3. Aufl., Beltz, Weinheim 1975.
Berlin, R.: zit. nach Handbuch der Psychologie, Bd. 10, Hogrefe, Göttingen 1959.
Bremer Lesetest für 1. und 2. Klassen von W. Niemeyer. Herbig, Bremen 1964.
Critchley, M.: Developmental Dyslexia. Springfield, ILL., USA, 1964.
Durell, D.: The Auditory Discrimination Factor in Reading Readiness and Reading Disability. New York 1968.
Francescato, G.: Spracherwerb und Sprachstruktur beim Kinde, S. 68, 160. Klett, Stuttgart 1973.
Gates, A.: The Improvement of Reading. New York 1947.
Gordon, Th.: Die Familienkonferenz. Hoffman und Campe, Hamburg 1972.
Graichen, J.: Kann man legasthenische und dyskalkulatorische Schulschwierigkeiten voraussagen? Prax. Kinderpsychol. Kinderpsychiat. 24 (1975).
Grissemann, H.: Die Legasthenie als Deutungsschwäche. Huber, Bern 1972.
Handbuch der Psychologie, Bd. 10, Pädagogische Psychologie. Beltz, Göttingen 1959.
Held, F.: Legasthenie-Fibel. Klett, Stuttgart 1972.
Henschen, S. E.: zit. nach Malmquist und Valtin 1974. s. dort.
Hinshelwood, J.: zit nach Angermaier 1970, s. dort.
de Hirsch, K., J. Jansky: Early Prediction of Reading Disability in Dyslexia Diagnosis and Treatment of Reading Disorders. Saint Louis (USA) 1968.

Kainz, F.: Psychologie der Sprache, Bd. IV. Spez. Sprachpsychologie S. 3, 162. Klett, Stuttgart 1956.
Kemmler, L.: Erfolg und Versagen in der Grundschule. Hogrefe, Göttingen 1967 u. 1975.
Kerr, J.: zit. nach Malmquist, und Valtin, s. dort.
Kirchhoff, H.: Verbale Lese- und Rechtschreibschwäche im Kindesalter. In: Psychologische Praxis, 3. Aufl. Karger, Basel 1964.
Kirschner, R.: Word Blindness. Saint Louis (USA) 1969.
Klasen, E.: Das Syndrom der Legasthenie. Huber, Bern 1970.
Kossakowski, A.: Wie überwinden wir Schwierigkeiten beim Lesen- und Schreibenlernen, insbesondere bei Lese- und Rechtschreibschwäche? VEB Wissenschaft, Berlin (DDR) 1961.
Kussmaul, A.: zit. nach Klasen, 1970, s. dort.
Linder, M.: Über das Problem sekundärer Symptome der Legasthenie. In: Kirchhoff/Pietrowicz: Neues zur LRS. In: Psychologische Praxis, Heft 14. Karger, Basel 1963.
Malmquist, E., R. Valtin: Förderung legasthenischer Kinder in der Schule. Beltz, Weinheim 1974.
Monroe, M.: Children who cannot read. Chicago 1946.
Morgan, P.: zit. nach Malmquist und Valtin, 1974, s. dort. A case of congenital word blindness. Brit. med. J. I (1973) 1378.
Müller, R.: Diagnostische Rechtschreibetests. In: „Deutsche Schultests", hrsg. von Karl Heinz Ingenkamp. Beltz, Weinheim 1966.
Müller, R.: Anleitungsbuch zum Material für gezieltes Rechtschreibtraining. Beltz, Weinheim 1969.
Müller, R.: Fehleranalytische Diagnose bei Legasthenikern. In: Ingenkamp. Beltz, Weinheim 1970.
Rabinovitch, R. D.: Reading Problems in Children. Saint Louis (USA) 1968.
Ranschburg, P.: zit. nach R. Valtin: Legasthenie-Theorien und Untersuchungen. Beltz, Weinheim 1973.
Schenk-Danzinger, L.: Über die Entwicklung der legasthenischen Symptome. In: Neues zur Lese- und Rechtschreibeschwäche. Beltz, Basel 1963.
Schenk-Danzinger, L.: Handbuch der Legasthenie im Kindesalter. Beltz, Weinheim 1975.
Schwäbisch, L., M. Siems: Anleitung zum sozialen Lernen für Paare, Gruppen und Erzieher. Rowohlt, Hamburg 1974.
Schlee, J.: Zur Erfindung der Legasthenie. In: Bildung und Erziehung, Heft 4. Klett, Stuttgart 1974.
Schlee, J.: Legasthenieforschung am Ende? Urban & Schwarzenberg, München 1977.
Schubenz, S.: Über einen neuen Weg in der Legasthenieforschung. Schule Psychol. 11 (1964) 19.
Sirch, K.: Der Unfug mit der Legasthenie, S. 7. Klett, Stuttgart 1975.
Spiel, W., K. Gloning: Die Hirnpathologie der Störungen des Schreibens und Lesens. In: Handbuch der Legasthenie im Kindesalter. Berlin 1968.
Straub, A.: Die Lese-Rechtschreibschwäche als psychologisches und pädagogisches Problem. Ein Erfahrungsbericht über die Stuttgarter LRS-Klassen. Schule Psychol. 12 (1965) 173.
Tamm, H.: Die Behandlung legasthenischer Kinder. Beltz, Weinheim 1970.
Valtin, R.: Empirische Untersuchungen zur Legasthenie. Schroedel, Hannover 1972.
Valtin, R.: Legasthenie, Theorien und Untersuchungen. Beltz, Weinheim 1973.
Weinschenk, K.: Die erbliche Lese-Rechtschreibschwäche und ihre sozialpsychiatrischen Auswirkungen. Huber, Stuttgart 1965.

Praktische Hilfsmittel (Auswahl für Eltern)

Clasen, H.: LRS Arbeitsheft 1 und 2, Dürrsche Verlagsbuchhandlung, Bad Godesberg 1972.
Fernstudienlehrgang: Legasthenie – Hilfen für das legasthenische Kind, Begleitbrief 3, 4 u. 5. Beltz, Weinheim 1974.

Grissemann, H.: Die heilpädagogische Betreuung des legasthenischen Kindes. Huber, Bern 1968.
Grissemann, H.: Die Förderung des legasthenischen Kindes. In: Die Legasthenie als Deutungsschwäche. Huber, Bern 1972.
Gygax, E., H. Oswald: Übungsblätter für den Unterricht lese- und rechtschreibschwacher Kinder. Schubiger, Winterthur 1973.
Höchstötter, W.: Unser Kind hat Schwierigkeiten beim Lesen und Schreiben. Hilfen zur Behebung der Lese- und Rechtschreibschwäche. In; Otto Maier Ravensburger Elternbücher. Maier, Ravensburg 1973.
Kowarik, O., H. Kraft: Das macht mir Spaß mit Kopf und Buntstift (16 Hefte). Jugend und Volk, Wien-München 1971.
Kowarik, O., H. Kraft: Funktionstraining für lese- und rechtschreibschwache Schüler. Jugend und Volk, Wien-München 1971.
Lük: Lerne – Übe – Kontrolliere. Arbeitshefte. Lük – Übungen für Legastheniker 1 u. 2, Lük – Rechtschreibung 1 und 2, Lük – Muttersprache 3. Vogel, Wilhelmshaven 1974.
Mayer, H., R. Mayer: Lese- und Rechtschreibschwäche und ihre Behandlung im Unterricht. (I. und II.) Schroedel, Hannover 1972.
Niemeyer, W.: Bremer Hilfen für lese- und rechtschreibschwache Kinder. Herbig, Bremen 1970.
Schmiedeberg, J.: Rechtschreib- und Sprachübungen. Dümmler, Bonn 1972.
Schomburg, E.: 70 Lesekarten. Schule und Elternhaus, Kassel.
Schomburg, E.: Hundert Hilfen. Schule und Elternhaus, Kassel.
Straub, A.: Die Förderung des Legasthenikers in der Schule. Klett, Stuttgart 1974.
Straub, A.: 1. und 2. LRS-Übungsprogramm. Dürrsche Verlagsbuchhandlung, Bonn 1975.
Tamm, H.: Lies mit uns, schreib mit uns. (Klassenstufe 2/3, 3/4, 5/6) Karger, Basel 1975.

Kapitel VII
Modellvorstellungen zum Problem der hirnfunktionellen Bedingungen von Perzeptions- und Teilleistungsstörungen[1]

Ernst Berger, Wien

Problemstellung

Konzepte

Dem im deutschen Sprachraum üblichen Begriff der Teilleistungsstörungen – Thema dieses Buches – entspricht im angloamerikanischen Sprachraum am ehesten der Begriff der „specific learning disabilities", wenngleich eine Begriffsidentität nicht besteht. Derartige Funktionsdefizite wie etwa visuelle Perzeptionsstörungen und ähnliches werden mittels spezifischer Tests und Beobachtungsverfahren erfaßt und ggf. in Spezialschulklassen behandelt. Wir sind jedoch der Meinung, daß die pädagogische Sichtweite des Problems, so wichtig sie für die Praxis ist, nicht ausreicht, um das Phänomen der Störung einzelner, eng umgrenzter Teilfunktionen im Leistungsbereich ganz besonders bei Schulkindern zu erklären. Wir wollen daher versuchen, anhand der Darstellung des diagnostischen Prozesses einen anderen Ansatz zur Erklärung von Erscheinungsbildern wie etwa einer isolierten Lese-Rechtschreibeschwäche, einer Rechenschwäche, einer Beeinträchtigung des Schriftbildes, einer allgemeinen körperlichen Ungeschicklichkeit u. a. m. zu entwickeln.

Bei Betrachtung des Gesamtspektrums schulischer Leistungsstörungen findet der Pädagoge oft abgrenzbare Ausfälle bei Kindern in den angeführten Teilbereichen. Unter Anwendung der üblichen psychologischen Testmethoden, wie beispielsweise Hawik, Horn, Raven, Snijders-Oomen, Kramer, ist eine weitere diagnostische Ebene gegeben. Diese Testmethoden erlauben neben einer Aussage über die intellektuelle Leistungsfähigkeit insgesamt die Differenzierung gewisser Substrukturen der Intelligenz anhand der Beurteilung von Subtests. Auf diese Weise können Aussagen über Sprachverständnis, sprachliches Ausdrucksvermögen, Begriffs- und Assoziationsbildung, Konzentrationsfähigkeit, Wahrnehmungsvorgänge u. a. gemacht werden. Jedoch sind die auf diese Weise erfaßten Leistungen noch sehr komplex strukturiert.

---

[1] Dieser Beitrag war bereits 1976 erbeten und 1977 in der jetzigen Fassung abgeliefert worden.

So kann z. B. ein schlechtes Ergebnis in einem Rechen-Subtest nicht nur aufgrund schlechter mathematischer Fähigkeiten auftreten, sondern ebenso aufgrund von Ausfällen im Kurzzeitgedächtnis oder in den visuellen Vorstellungen oder in der auditiven Diskrimination entstanden sein (Hallahan, 1975). Ein weiteres Beispiel stellt die Beurteilung des Mosaik-Tests aus dem Hawik dar. Fehler in diesem Subtest werden üblicherweise als Inadäquanz der visuellen Wahrnehmung von Form und Muster interpretiert; in die Lösung der Aufgabe fließen aber Komponenten der sequenzialen Handlungsorganisation ein, basierend auf richtiger Wahrnehmung, Wahrnehmungsanalyse und -synthese und visuell-motorischer Integration (Bortner u. Birch, 1962). Das bedeutet, daß unter der durch Anwendung psychologischer Tests eröffneten Ebene noch eine weitere diagnostische Ebene zu beachten ist.

Diese Ebene umfaßt die elementaren Prozesse psychischer Funktionen, für deren Verständnis neuropsychologische Konzeptionen adäquate Modelle liefern. In diesem Sinne wollen wir den Begriff der Teilleistungsschwächen folgendermaßen definieren: *Teilleistungsschwächen sind Störungen der Wahrnehmung, der Motorik, bzw. der Integrationsprozesse in beiden Bereichen (intermodal und sensomotorisch), die oft nicht als solche, sondern in Form von Zustandsbildern scheinbarer geistiger Behinderung oder Verhaltensstörung zutage treten.* Es handelt sich um Erscheinungsformen einer minimalen zerebralen Dysfunktion, die sowohl auf einem primär organischen Defekt, als auch auf sensorischer Deprivation in der frühkindlichen Entwicklung beruhen kann (Berger, 1977).

Eine ähnliche, an neuropsychologischen Konzepten orientierte Position vertritt auch eine Reihe anderer Autoren wie J. Graichen (1973), Affolter (1975). Rourke (1975) stellt aufgrund umfangreicher neurophysiologischer und neuropsychologischer Untersuchungen an Kindern mit Lernstörungen zusammenfassend fest: „It would also appear that a neuropsychological approach to the explanation of learning disabilities in children can provide a heuristic framwork within which to elucidate the nature and extent of the factors associated with or responsible for such disabilities".

Auch Gaddes (1975) vertritt ähnliche Auffassungen.

Neuropsychologie

Die Neuropsychologie als „Wissenschaft, welche die biologischen Grundlagen des Verhaltens und Erlebens untersucht" (Guttmann, 1972) ist in diesem Sinne als Grundlagenwissenschaft des Problembereichs der Teilleistungsschwächen anzusehen. Luria (1970) formuliert die Zielsetzung der neuropsychologischen Untersuchung folgendermaßen: „Die neuropsychologische Untersuchung muß eine qualitative (strukturelle) Analyse des beobachteten

Symptoms liefern, sie muß nachweisen, ob der Defekt durch Störung relativ elementarer Faktoren entsteht, oder ob er mit der Störung einer höheren Organisationsstufe zusammenhängt. Sie soll klären, ob das Symptom primäres Resultat der Störung oder eine sekundäre Folge eines primären Defektes darstellt."

Diese Forderungen sind auch in der Diagnostik von Teilleistungsschwächen zu berücksichtigen, ebenso wie die Konsequenzen für die Therapie. Wir müssen dabei im Auge behalten, daß die elementaren Funktionen Teil der komplexesten psychischen Funktionen sind und auf diese Weise Einfluß auf den gesamten Entwicklungsprozeß sowie auch auf das soziale Verhalten besitzen. Im folgenden Abschnitt wollen wir den Versuch machen, einige neuropsychologische Modelle darzustellen, die die vorherigen Ausführungen über elementare Prozesse auf der unteren diagnostischen Ebene konkretisieren sollen. Störungen in der Entwicklung und Funktion dieser elementaren Prozesse sind Teilleistungsschwächen im oben genannten Sinne und somit Ansatzpunkt der Therapie.

Neuropsychologische Modelle

Funktionelle Hirnorgane

Die moderne Neuropsychologie verwendet für die Erklärung der zerebralen Steuerung psychischer Funktionen durchwegs Konzepte, die auf Regelkreissystemen beruhen. Ein Beispiel hierfür ist das bereits vor 30 Jahren entwickelte Reafferenzprinzip (Holst u. Mittelstaedt, 1950). Komplexe Leistungen werden nun zweifellos durch das Zusammenwirken mehrerer derartiger Regelkreise erbracht. So erfordert z. B. die Fähigkeit, nach Diktat zu schreiben, das gut eingeübte Zusammenspiel einer Reihe von Detailfunktionen.

Das gleiche Modell gilt auch für die niedrigeren Entwicklungsstufen. Einfachere sensomotorische Prozesse werden, wie die entwicklungspsychologischen Untersuchungen von Jean Piaget zeigen, insbesondere in den ersten Lebensmonaten immer und immer wieder geübt, bis schließlich auf diese Weise Funktionen stabilisiert werden.

Es ist also anzunehmen, daß der Einübung und schließlich Stabilisierung derartiger Funktionen ein entsprechendes neurophysiologisches und neuromorphologisches Korrelat zugrundeliegt. In Übereinstimmung mit dieser Vorstellung entwickelte Leontjew das Konzept der „funktionellen Hirnorgane", die er als beständige Systeme beschreibt, die in der Ontogenese entstehen und dazu dienen, bestimmte Akte zu vollziehen. Sie sind durch folgende Eigenschaften charakterisiert:

a) wenn solche Systeme gebildet sind, vollzieht sich ihre weitere Funktion als einheitliches Organ;
b) sie sind relativ beständig;
c) sie weisen durch die Möglichkeit des Ersatzes einzelner Elemente große Plastizität und Kompensierbarkeit auf.

Ähnliche Auffassungen über die Funktionsweise des Gehirns werden auch von anderen Autoren vertreten. Cunningham (1972) beschreibt die „cell assembly" (Hebb) als eine Gruppe von Neuronen, die aufgrund von Erfahrung in Verbindung treten und dann auch die Tendenz haben, einige Zeit als Einheit zu funktionieren.

Die Ausbildung derartiger funktioneller und struktureller Verbindungen ist offensichtlich die Grundlage dessen, was als *Reifung* zu beschreiben ist.

Tierversuche und anatomische Korrelate

Wenn wir nun diesen Gedanken weiterverfolgen mit der Frage nach den Entstehungsbedingungen für derartige Verbindungen, so scheint eine von K. Akert entwickelte Arbeitshypothese eine sinnvolle Synthese zwischen den Konzepten genetischer Prädetermination und Umwelteinflüssen zu bieten. Diese Arbeitshypothese geht auf die Forschung über sensomotorische Deprivation zurück. Einige Ergebnisse dieser Forschungsrichtung, die aus der Tierphysiologie stammen, sollen hier beispielhaft angeführt werden.

Verschließt man bei Katzen während einer bestimmten Entwicklungsperiode (sensitive Periode) durch Lidnaht ein Auge, so werden in der Folge die kortikalen Zellen im visuellen System nicht wie normalerweise binokular, sondern nur monokular aktiviert (Hubel u. Wiesel, 1962). Nimmt man Versuchstieren die Möglichkeit, während ihrer Entwicklung Erfahrungen in der Koordination zwischen dem visuellen Bereich und dem Ablauf ihrer eigenen Bewegungen zu machen (Abschirmung des Blickes auf die eigenen Extremitäten), so unterscheiden diese Tiere später gewisse Formen schlecht voneinander und können z. B. bewegte und stationäre Punkte ebenfalls nicht unterscheiden, unabhängig von der Fähigkeit der räumlichen Orientierung. Vermutlich fehlte unter diesen Versuchsbedingungen die Möglichkeit, eine angeborene Fähigkeit einfacher Verhaltensorientierung im Raum zu präzisieren und zu verfeinern (Ganz, 1975). Ratten, die für die Dauer von 8 Monaten unter Bedingungen lebten, die einen Schallpegel von weniger als 15 Dezibel anboten, zeigten eine reduzierte Tonsensitivität im Bereiche von 500–10 000 Hertz (Batkin, Groth, Watson, 1970). Am Menschen wurde gefunden, daß bei längerdauerndem Bestehen eines unkorrigierten Astigmatismus auch nach Korrektur des astigmatischen Brechungsfehlers Unterschiede im visuellen Auflösungsvermögen bestehen, was als Konsequenz einer umgebungsinduzierten Spezialisierung der Zellen des visuellen Kortex interpretiert wurde (Freeman, Mitchell u. Milledot, 1972). Eine zusammenfassende Darstellung über die Folgen sensorischer Deprivation während der Entwicklung gibt Riesen (1975).

Diesen Befunden aus der Neurophysiologie analoge Ergebnisse liefert auch die Neuromorphologie. Valverde referiert neuromorphologische Befunde nach visueller Deprivation von Mäusen, die zur Folge hatte, daß die Dendritenstämme im visuellen System dünner und die Zahl der dendritic spines, der Träger der exzitatorischen Synapsen, geringer war als bei normal aufgewachsenen Versuchstieren. Eine tabellarische Übersicht über die einschlägigen Forschungsergebnisse der Jahre 1932–1968 gibt Chow (1973). Hiervon ausgehend, entwickelt Akert (1979) die Hypothese über die Existenz von 4 Dendritentypen:

Typus A: Die Struktur der Dendritenverzweigung ist genetisch festgelegt.

Typus B: Die Grobstruktur der Verzweigung ist genetisch festgelegt, die Feinverästelung von Umweltbedingungen abhängig.

Typus C: Die Verästelungsstruktur ist zur Gänze von den Umweltbedingungen abhängig.

Typus D: Die Verästelung erfolgt nach Zufallsgesichtspunkten.

Nach dieser Hypothese von Akert bliebe neben einer genetischen Vorgabe der Grundstruktur zerebraler Verbindungen ein weiter Spielraum für den Einfluß von Umweltbedingungen und Erfahrung.

Konsequenzen für Teilleistungsstörungen bei Kindern

Diese Kenntnisse können als Modell für die zerebrale Steuerung komplexer psychischer Funktionen, ihre Entstehung sowie Ursachen der Störung dienen. Wenn wir nun anhand eines konkreten Beispiels zum Problem der Teilleistungsschwächen zurückkehren, können wir wiederum anhand einer Beschreibung von A. R. Luria den Prozeß des „Schreibens nach Diktat" analysieren. Der Prozeß des Schreibens beinhaltet eine akustische Analyse der Phoneme, Elemente des Aussprechens des Wortes im Sinne einer kinästhetischen Analyse sowie eine räumliche Analyse der Elemente der phonetischen Komposition, die das Wort graphisch repräsentiert (Luria et al., 1970). Das bedeutet, daß die komplexe Funktion „Schreiben" durch das Zusammenwirken einer Reihe von kortikalen Arealen erbracht wird. Bekanntlich erfordert der flüssige Ablauf dieses Prozesses vielfache und langdauernde Übung. Ähnliches gilt für jede Form höherer psychischer Leistungen, die aus einer Reihe von sensorischen und motorischen Komponenten bestehen, die im Sinne von kybernetischen Regelkreisen verknüpft sind.

Analytisch-synthetischer Perzeptionsvorgang

„Jede Wahrnehmungstätigkeit ist nicht einfacher Akt, sondern assimilatorische Aktivität, die wiederholt und geübt werden kann und die Wiedererkennen und Generalisation ermöglicht" (Piaget, 1969).

Ein Beispiel für die komplexe Struktur dieses Perzeptionsvorganges ist die optische Formwahrnehmung: bei optischer Fixation laufen 3 Typen von Augenbewegungen ab – involuntary saccades, driftes, tremor – diese Bewegungen sind essentiell für normales Sehen; werden sie ausgeschaltet, kommt es zu einer sofortigen Verschlechterung der Akuität und Formwahrnehmung (Stone u. Freeman, 1973). Formwahrnehmung ist also nicht allein durch die einfache Abbildung auf der Netzhaut möglich, sondern erfordert eine Vielzahl von Informationen, die unter anderem durch die genannten Augenbewegungen ermöglicht werden. Erst die Synthese dieser Einzelfunktionen ermöglicht eine adäquate optische Wahrnehmung von Formen. Auch die *Entwicklung der Raumwahrnehmung* ist ein Beispiel für das Gesagte. Sie spielt sich nach Luria in einem mindestens 3stufigen Prozeß ab; die 1. Stufe ist die praktische Tätigkeit des Kindes, die Sammlung von Erfahrung auf taktil-kinästhetischem Wege; später kommt es zu einer koordinierten Funktion von optischem, kinästhetischem und vestibulärem Analysator, und erst zuletzt dominiert die visuelle Orientierung im Raum als späteste und am stärksten reduzierte Form (Luria, 1970).

Junkala (1972) beschreibt Wahrnehmung als einen Vorgang der Auswahl aus den Stimuli, die das Kind umgeben, Integration und Strukturierung der Stimuli, so daß das Kind sie genau identifizieren kann, und schließlich die Fähigkeit einer Zuordnung eines Namens oder verbalen Konzeptes zu dieser Struktur (zit. nach Cruickshank, 1975).

Hält man sich die Komplexität dieser Prozesse vor Augen und berücksichtigt gleichzeitig, daß die Steuerung und Synthese der Einzelschritte vor allem vom Kortex aus geleistet wird, so wird die Bedeutung auch geringfügiger kortikaler Funktionsstörungen für den Ablauf dieser Vorgänge klar. Motorische und sensorische Prozesse stellen eine fest verknüpfte Einheit dar. Der Erfolg jedes efferenten Impulses wird erst durch eine entsprechende Reafferenz kontrolliert, jedes afferente System (visuell, akustisch) enthält auf allen Ebenen auch efferente Neurone. Die über verschiedene Sinnesgebiete einlaufenden Informationen werden durch den Vorgang der supramodalen Integration im Kortex zu einer Einheit verarbeitet (s. auch Kap. IV).

Reafferenzprinzip

Das Verhältnis zwischen Zentralnervensystem und Peripherie wurde ursprünglich von Pawlow in Form der Reflextheorie mit Hilfe des Konzeptes

„Reflexbogen" beschrieben. Später verfeinerte und erweiterte Anochin (1935) dieses Konzept zum Reafferenzprinzip. Unabhängig davon formulierten Holst und Mittelstaedt (1950) aufgrund ihrer Forschungsergebnisse an Insekten ebenfalls ein Konzept der Wechselwirkung zwischen ZNS und Peripherie, das sie auch als „Reafferenzprinzip in Antithese zur Reflextheorie" formulierten. Der inhaltliche Kern dieses Konzepts besteht darin, daß efferente Impulse eine Bewegung auslösen, in deren Verlauf jeweils reafferente Rückmeldungen zum ZNS gelangen, die der Kontrolle des Bewegungsablaufes dienen. Trotz seines hypothetischen Charakters ist dieses Prinzip geeignet, sensomotorische Phänomene zu beschreiben.

Dieses Prinzip permanenter Wechselwirkung zwischen ZNS und Peripherie, die sich in Form kybernetischer Regelkreise vollzieht, ist für motorische ebenso wie für perzeptive Vorgänge von allgemeiner Gültigkeit. Ursachen für die Beeinträchtigung einer Leistung im motorischen oder perzeptiven Bereich können jeweils sowohl auf dem afferenten als auch auf dem efferenten Schenkel des Regelkreises auf jedem Funktionsniveau lokalisiert sein. Als praktisches Beispiel sei nochmals auf die Bedeutung der Augenbewegungen für die optische Wahrnehmung verwiesen sowie andererseits auf die von Luria beschriebene afferente oder kinästhetische Apraxie. Die Lokalisation der Störung auf einem der beiden Schenkel kann für die Entwicklung therapeutischer Ansätze nicht bedeutungslos bleiben.

Supramodale Integration

Bereits Sherrington (1951) wies darauf hin, daß das entscheidende Element der stammesgeschichtlichen Entwicklung die zunehmende kortikale Verknüpfung von Einzelinformationen aus verschiedenen Sinnesgebieten ist. Birch u. Belmont (1964) heben aufgrund experimenteller Untersuchungen die Fähigkeit zur Integration von auditiven und visuellen Informationen hervor. Nach den Beobachtungen von Piaget treten erste Koordinationsvorgänge zwischen dem taktil-visuellen und auditiv-visuellen Bereich im 4. Lebensmonat auf (Piaget, 1969, S. 92). Affolter nimmt einen hierarchischen Entwicklungsprozeß in der Wahrnehmung an: die genannte intermodale Stufe folgt auf eine vorhergehende modale Stufe der Wahrnehmung, in der es noch keine Verknüpfungsvorgänge zwischen verschiedenen Sinnesbereichen gibt, und wird schließlich von einer serialen Stufe gefolgt, die neben der intermodalen Integration auch einen Prozeß der Integration der zeitlichen Abfolge ermöglicht.

Diesen Integrationsvorgängen entsprechen neurophysiologische Strukturen im Kortex. Die visuelle Area 18 des menschlichen Kortex ist durch Assoziationsfasern mit mehreren nicht visuellen Arealen des Kortex und subkortikalen Arealen verbunden (Crosby, Humphrie, Laurer, 1962). Luria (1970) beschreibt im Bereiche des kortikalen Analysators eines bestimmten Sinnesgebietes (im Sinne von Pawlow) 3 verschiedene Areale – primäre, sekundäre und tertiäre Rindenfelder. Während die Zellen des primären Rindenfeldes nur über das jeweilige Sinnesorgan erregbar sind, sind die Zellen im Bereiche des sekundären und tertiären Rindenfeldes auch über andere Sinnesgebiete aktivierbar, stehen also offensichtlich mit diesen in Verbindung.

Bereits an früherer Stelle, bei der Beschreibung der Entwicklung der Raumwahrnehmung, wurde auf die Bedeutung derartiger supramodaler Integrationsprozesse hingewiesen. Wilson u. Wilson (1967) stellen in den Schlußfolgerungen einer Untersuchung an zerebralparetischen Kindern fest, daß eine Störung im Objekterkennen mittels einer bestimmten Modalfunktion nicht mit einem Basisdefekt dieser Modalität (z. B. Schwellenwertveränderungen) verknüpft sein muß, sondern daß die Grundstörung eventuell auch an einem Mangel in der sensorischen Synthese oder Integration des sensorischen Inputs liegen kann.

Kodierung

Wenn wir nun zusätzlich beachten, daß in der Informationsaufnahme, insbesondere im akustischen Bereich, aber auch in der Erbringung motorischer Leistungen (Sprechmotorik, Feinmotorik) die zeitliche Aufeinanderfolge eine entscheidende Rolle spielt, so müssen wir unsere Aufmerksamkeit den Vorgängen zuwenden, die im allgemeinen als Kodierung bezeichnet werden. Kodierung bedeutet die Zusammenfassung von Einzelelementen zu größeren Gruppen, was die Voraussetzung dafür darstellt, daß afferente und efferente Vorgänge mit großer Geschwindigkeit ablaufen können. Einzelelemente müssen nicht einzeln aus dem Kurzzeitspeicher abgerufen werden, ein einzelner Reiz bewirkt automatisch die Abrufung einer ganzen Gruppe gespeicherter Einzelinformationen (Graichen, 1973, Oerter, 1972, Kirk und Kirk, 1976).

Der rasche Ablauf von Bewegungsfunktionen, wie sie beispielsweise bei der Sprachproduktion und beim Schreiben etc. erforderlich sind, beruht auf diesem Phänomen. Ebenso die Fähigkeit, innerhalb einer Handlungssequenz die nächstfolgenden Schritte zu antizipieren, ohne dadurch den Handlungsplan zu stören. Graichen findet die Auswirkungen von Kodierschwächen sowohl in der sequentialen Sprachproduktion als auch im sequentialen Ablauf feinmotorischer Funktionen.

Sprach- und Sprechstörungen zählen ebenso wie verschiedene motorische Störungen zu den häufigsten Formen von Teilleistungsschwächen. Welches neurophysiologische Phänomen dem Prozeß der Kodierung zugrundeliegt, kann noch nicht mit hinreichender Sicherheit gesagt werden. Offenbar handelt es sich jedoch um ein in verschiedenen Bereichen wirksames Steuerungsphänomen.

Höhere psychische Funktionen

In diesem Abschnitt stehen wir nun vor der Aufgabe, von den beschriebenen elementaren Prozessen wieder zu komplexen psychischen Funktionen zurückzukehren und nach Möglichkeit die Verbindung zwischen den beiden Ebenen herzustellen.

Motivation, Aufmerksamkeit

Es ist bisher nur unzureichend gelungen, für den aus der Psychologie der Verhaltensbeschreibung stammenden Begriff der Motivation ein entsprechendes neuropsychologisches Korrelat zu definieren. K. J. Ehrhardt (1975) stellt fest, daß der hypothetische Begriff der Motivation mehrdeutig ist. Neben dem Aspekt der Verhaltensaktivierung beinhaltet er zum Teil spezifische kognitive Funktionen. Der Begriff der Antriebe, wie er in der Psychologie verwendet wird (der aber vom psychiatrischen Begriff des Antriebes zu unterscheiden ist), bezieht sich auf eine niedrigere Komplexitätsstufe. Die reizexperimentelle Erhöhung einer Anstriebsspanne kann offenbar den Organismus in den entsprechenden Motivationszustand versetzen. Hinsichtlich der hirnphysiologischen Korrelate sind Antriebszonen bei höheren Säugetieren und beim Menschen im Bereiche des Hypothalamus nachgewiesen, durch deren Reizung komplexe Handlungsabläufe ausgelöst werden können, die den jeweiligen Situationsbedingungen angepaßt sind und von natürlichen Handlungsabläufen nicht unterschieden werden können.

Nach der Ansicht von Oerter lassen sich Aufmerksamkeit und Wahrnehmung nicht voneinander trennen, da die explorierenden Aktionen von den auffälligeren Merkmalen zu den unauffälligen wechseln, bestimmte Strategien beim Abtasten von Objekten einschlagen und die so gewonnene Information mit dem vorhandenen Wissensstand vergleichen; Aufmerksamkeit gehört somit wesensmäßig zur Wahrnehmungsleistung (Oerter, 1973, S. 187).

Ein anderer Versuch, sich dem Problem der Motivation zu nähern, stammt aus der Entwicklungsneurologie. Motivation ist eine bestimmte Sichtweise der Input-Output-Relation bzw. der Empfänglichkeit des Organismus für Außenreize. Diese Empfänglichkeit ist nun anhand einiger physiologischer Parameter (EEG, Atmung, Augenbewegungen, motorische Aktivität) ablesbar. Beim Kind schwankt der Zustand der Empfänglichkeit mit einer intern gesteuerten hohen Regelmäßigkeit. Dieses Phänomen wird in der entwicklungsneurologischen Literatur als Konzept der behavioral states beschrieben (Übersicht s.

Prechtl, 1974). Prechtl definiert einen Verhaltenszustand als „distinkte, sich gegenseitig ausschließende funktionale Modalitäten des Organismus bzw. des Nervensystems von mehr als 20 Sekunden Dauer". Die Reaktionen des Organismus auf jeden beliebigen Außenreiz sind vom jeweiligen Verhaltenszustand des Organismus abhängig.

Dieses Konzept der behavioral states ist beim Neugeborenen durchaus geeignet, als Antwort auf das Problem der Motivation zu dienen. Da jedoch die möglichen Verhaltens- und Aufmerksamkeitszustände des älteren Kindes oder Erwachsenen wesentlich vielschichtiger und komplexer sind, reicht ein derart einfaches Modell nicht aus. Eine entsprechende Weiterentwicklung dieses Ansatzes erscheint jedoch durchaus sinnvoll.

Wahrnehmung – Sprache – Denken

Wahrnehmung, Sprache und Denken sind aufs engste miteinander verknüpfte und untrennbar verbundene Vorgänge. Sprache beeinflußt die Genauigkeit und Differenziertheit von Wahrnehmungsvorgängen, räumliche Strukturen, die der optischen Wahrnehmung entnommen sind, bilden die Grundlage abstrakter Denkprozesse.

Wilson u. Wilson (1967) konnten nachweisen, daß Sprache oder Symbolmanipulation zusätzlich zu mehreren sensorischen Faktoren eine entscheidende Rolle bei stereognostischen Funktionen spielt; das taktil-kinästhetische Wiedererkennen von Objekten ist besser, wenn seitens der Versuchsperson eine willkürliche Namensgebung erfolgte. Es besteht ein Einfluß der Sprache und damit der Kultur auf die Differenziertheit der Wahrnehmung in spezifischen Bereichen; z. B. bestehen bei Volksstämmen unter entsprechenden Lebensbedingungen differenzierte Bezeichnungen für verschiedene Grünnuancen bzw. für verschiedene Schnee- und Eisqualitäten, was letztlich die Grundlage für die Wahrnehmung derart geringfügiger Unterschiede ist (Oerter, 1973). Auch Junkala (1972) (s. o.) stellt die Benennung eines wahrgenommenen Objektes als integralen Bestandteil des Perzeptionsvorgangs dar.

. Die Entwicklung einer praktikablen Raumwelt ist offenbar die Grundlage späterer Denk- und Problemlösungsprozesse; Kausalitätskonzepte haben ebenso räumlichen Charakter wie Denkmodelle räumlich strukturiert sind; Raum- und Zeitbeziehungen sind die Grundlage zur Strukturierung der Umwelt. Auf diese generelle Bedeutung räumlicher Beziehungen für Denkstrukturen weisen Strauss u. Kephart (1955) hin.

Da nun Störungen der sprachlichen Entwicklung bzw. Störungen der Raumwahrnehmung und Raumorientierung bekanntlich häufige Formen von Teilleistungsschwächen sind, stellen die hier aufgezeigten Zusammenhänge eine plausible Erklärung für die Entstehung globalerer Leistungsminderungen und Verhaltensauffälligkeiten dar.

Konsequenzen aus den neuropsychologischen Forschungsergebnissen

Der hier entwickelte neuropsychologische Ansatz der Teilleistungsschwächen vertritt folgendes zentrales Anliegen: es ist unzureichend, Diagnostik und Therapie von Teilleistungsschwächen allein anhand pädagogischer Konzepte zu betreiben. Auch die üblichen psychologischen Testverfahren stellen eine unzureichende Methode dar. Diagnose und Therapie von Teilleistungsschwächen muß nach unserer Ansicht auf dem Hintergrund eines neuropsychologischen Konzeptes erfolgen, was in der Praxis das Vordringen zu elementaren Prozessen bedeutet, die die Bausteine komplexer psychischer Funktionen darstellen.

Literaturverzeichnis

Affolter, F.: Wahrnehmungsprozesse, deren Störung und Ausweitung auf die Schulleistungen, insbesondere Lesen und Schreiben Z. Kinderpsychiat. Jgdpsychiat. 3 (1975) 223–234.
Akert, K.: Probleme der Hirnreifung in R. Lempp (Hrsg.): Teilleistungsstörungen im Kindesalter. Huber, Bern 1979.
Anochin, P. K.: Probleme des Zentrums und der Peripherie in der Physiologie der Nerventätigkeit. Gork: 1935 (zit. n. Luria 1970).
Batkin, Groth, Watson: Effects of auditory deprivation on the development of auditory sensitivity in albino rats. Electroenc. clin. Neurophysiol. 28 (1970) 351–359.
Berger, E.: Das Problem der Teilleistungsschwächen in seiner Bedeutung für die Schule. In: Berger, E. (Hrsg): Teilleistungsschwächen bei Kindern. Huber, Bern 1977.
Birch, H., L. Belmont: Auditory-Visual Integration in normal and retarded readers. Amer. J. Orthopsychiat. 34 (1964) 852–861.
Bortner, M., H. Birch: Perceptual and perceptual-motor dissociation in cerebral palsied children. J. nerv. ment. Dis. 134 (1962) 103–108.
Chow, K. L.: Neuronal Changes in the Visual System. Following Visual Deprivation. In: Jung, R. (ed.): Handbook of Sensory Physiology, Vol. VII/3/A. Springer, New York 1973.
Crosby, E. C., T. Humphrie, E. W. Lauer: Correlative anatomy of the nervous system. MacMillan, New York 1962.
Cruickshank, W. M., D. P. Hallahan: Perceptual and learning disabilities in children, Vol. I, II. Syracuse Univ. Press, Syracuse 1975.
Cunningham, M.: Intelligence: its organisation and development. New York 1972.
Ehrhardt, K. J.: Neuropsychologie, „motivierten" Verhaltens. Enke, Stuttgart 1975.
Freeman, Mitchell, Milledot: A neural effect of partial visual deprivation in humans. Science 175 (1972) 1384–1386.
Gaddes, W. H.: Neurological Implications for Learning. In: Cruickshank, W. M., D. P. Hallahan, (eds.) 1975, a. a. O.
Ganz, L.: Orientation in visual space. In: A. H. Riesen (ed.) 1975, a. a. O.
Graichen, J.: Teilleistungsschwächen, dargestellt an Beispielen aus dem Bereich der Sprachbenützung. Z. Kinder- u. Jgdpsychiat. 1 (1973) 113–143.
Guttmann, G.: Einführung in die Neuropsychologie. Huber, Bern 1972.
Hallahan, D. P.: Comparative research studies on the psychological characteristics of learning disabled children. In: Cruickshank, W. M., D. P. Hallahan, (eds.) 1975, a. a. O.

Holst, E., H. Mittelstaedt: Das Reafferenzprinzip. Naturwiss. 37 (1950) 464–476.
Hubel, D. H., T. Wiesel: Receptive fields, binocular interaction and funktional architecture in the cats visual cortex. J. Physiol. 160 (1962) 106–154.
Junkala, J. B.: Task analysis and instructional alternatives. zit. n. Cruickshank, W. M., D. P. Hallahan, (eds.) 1975, a. a. O.
Kirk, S. A., W. D. Kirk: Psycholinguistische Lernstörungen. Beltz, Weinheim 1976.
Leontjew, A. N.: Probleme der Entwicklung des Psychischen. Fischer Athenäum, Frankfurt 1973.
Luria, A. R.: Die höheren kortikalen Funktionen des Menschen und ihre Störungen bei örtlichen Hirnschädigungen. VEB, Dt. Verl. f. Wiss., Berlin 1970.
Luria, A. R., et al.: The Structure of Psychological Processes in Relation to cerebral organization. Neuropsychol. 8 (1970) 13–19.
Oerter, R.: Moderne Entwicklungspsychologie. Auer, Donauwörth 1973.
Piaget, J.: Nachahmung, Spiel und Traum, Klett, Stuttgart 1969.
Prechtl, H. F. R.: The behavioral states of the newborn infant (a review). Brain Res. 76 (1974) 185–212.
Riesen, A. H. (ed.): The developmental neuropsychology of sensory deprivation. Acad. Press, New York 1975.
Rourke, B. P.: Brain Behavior Relationship in Children with Learning Disabilities. Amer. Psychol. (1975) 911–920.
Sherrington, C. S.: Man on his Nature. Cambridge Univ. Press, Cambridge 1951.
Stone, J., R. B. Freeman: Neurophysiology of Form Discrimination. In: Jung, R. (ed.): Handbook of Sensory Physiology, Vol. VII/3/A. Springer, New York 1973.
Strauss, A. A., N. C. Kephart: Psychopathology and Education of the brain injured child, Vol II. Grune & Stratton, New York 1955.
Valverde, F.: Apical dendritic spines of the visual cortex and light deprivation in the mouse. Exper. Brain Res. 3 (1967) 337–352.
Wilson, B. C., J. J. Wilson: Sensory and perceptual functions in the cerebral palsied. I, II. J. nerv. ment. Dis. 145 (1967) 53–68.